本书为全国统计科学研究重大项目"宏观视角下我国数字经济总题研究"（2017LD05）的研究成果；同时感谢国家社科基金重大据价值链效能识别与统计测度研究"（22&ZD163）、国家社科基目"数据要素纳入国民账户体系的核算问题与改革研究"（22CTJ004）和全国统计科学研究重大项目"SNA下数据资产及其核算问题研究"（2021LD05）对本书的资助。

数字经济统计与核算研究

RESEARCH ON THE STATISTICS AND ACCOUNTING OF DIGITAL ECONOMY

彭刚　朱莉　主编

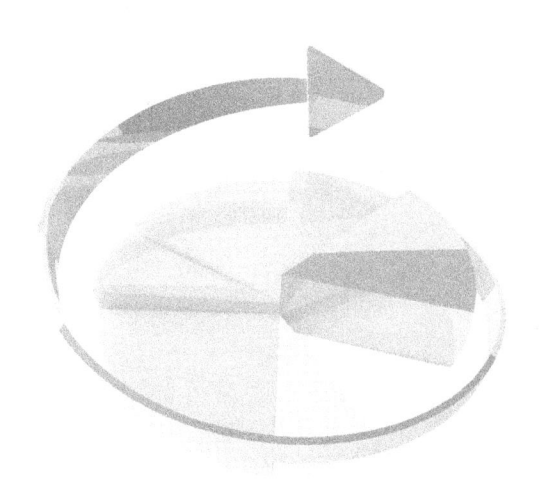

经济管理出版社
ECONOMY & MANAGEMENT PUBLISHING HOUSE

图书在版编目（CIP）数据

数字经济统计与核算研究/彭刚，朱莉主编.—北京：经济管理出版社，2023.6（2025.1重印）
ISBN 978-7-5096-9110-6

Ⅰ.①数… Ⅱ.①彭…②朱… Ⅲ.①信息经济—经济统计—研究—中国 ②信息经济—经济核算—研究—中国 Ⅳ.①F492

中国国家版本馆 CIP 数据核字（2023）第 120517 号

组稿编辑：王玉林
责任编辑：高　娅　王玉林
责任印制：许　艳
责任校对：陈　颖

出版发行：经济管理出版社
（北京市海淀区北蜂窝 8 号中雅大厦 A 座 11 层　100038）
网　　址：www.E-mp.com.cn
电　　话：（010）51915602
印　　刷：北京虎彩文化传播有限公司
经　　销：新华书店
开　　本：720mm×1000mm/16
印　　张：15.75
字　　数：274 千字
版　　次：2023 年 7 月第 1 版　2025 年 1 月第 3 次印刷
书　　号：ISBN 978-7-5096-9110-6
定　　价：78.00 元

·版权所有　翻印必究·
凡购本社图书，如有印装错误，由本社发行部负责调换。
联系地址：北京市海淀区北蜂窝 8 号中雅大厦 11 层
电话：（010）68022974　邮编：100038

序 一

近年来，以数字技术为重要支撑、以数据资源为关键生产要素的数字经济蓬勃兴起，已成为全球经济发展的重要引擎和主要增长点。世界主要国家竞相将数字经济作为抢抓新一轮科技革命和产业变革的重大机遇，纷纷制定战略和规划，加快构建国家竞争新优势，抢占国际竞争制高点。党的十八大以来，习近平总书记多次强调数字经济发展的重要性。《中华人民共和国国民经济和社会发展第十四个五年规划和2035年远景目标纲要》从顶层设计上明确了我国数字经济发展的总体思路、发展目标、重点任务和重大举措。党的二十大报告深刻地指出："加快发展数字经济，促进数字经济和实体经济深度融合，打造具有国际竞争力的数字产业集群。"中共中央、国务院印发的《数字中国建设整体布局规划》指出，建设数字中国是数字时代中国式现代化的重要引擎，是构筑国家竞争新优势的有力支撑。加快数字中国建设，对全面建设社会主义现代化国家、全面推进中华民族伟大复兴具有重要意义和深远影响。数字经济统计测算是反映数字经济发展状况、制定数字经济发展战略和政策的基础性工作，也是当前亟待解决的重要课题。有关国际组织、一些国家官方统计机构、研究机构和学者对数字经济统计测算展开了较为丰富的探索研究，但仍有诸多理论与实践问题有待深入探讨。

《数字经济统计与核算研究》是彭刚副教授主持的全国统计科学研究重大项目"宏观视角下我国数字经济总量核算问题研究"的研究成果。该书围绕数字经济相关统计核算及数字经济的影响效应等问题展开研究，既有方法层面的理论探讨，也有应用层面的实证研究。在理论层面探究了数字经济生产核算、分享经济增加值核算、数据资产核算、人工智能核算方法问题；在应用层面对中国数字经济总量进行实际测算，并进一步研究了由数字技术支撑的数字经济、工业智能化、人工智能、智能制造对高质量发展、城乡要素配置、碳排放、对外贸易及全球价值链分工地位的影响。该书对科学认识数字经济、理解数字经济及相关新兴经济的内在机理、促进数字经济统计核算研究和实践发展具有较强的参考价值。

中国数字经济发展迅速，成为中国经济增长的新动能，深刻地影响着企业的生产经营方式、居民的生活方式和政府的治理模式，推动着中国经济社会发展，关于数字经济统计核算理论与实践的研究具有现实性与紧迫性。在数智化浪潮席卷全球的背景下，该书对相关问题的探讨具有一定前沿性，但多为探索性研究，关于数字经济的一些基础性统计核算问题，如产业数字化程度测算、数据生产要素统计、数据价值评估等方面的探讨还有待进一步深入；一些创新性的统计问题，如数字贸易与数字全球价值链、数字经济背景下价格指数的重估、数字固定资产折旧方法、元宇宙产业相关统计还有待进一步扩展。总体而言，该书对数字经济统计与核算问题做了许多探索性研究，对于在这一领域做进一步深入研究具有较强的借鉴意义。

未来，随着数字技术不断变革，数字经济活动将无处不在，一种新的文明正在数字经济中崛起。在这样的时代背景下，进一步加强数字经济统计与核算问题研究，以客观准确地反映数字经济的发展状况，为数字经济发展战略和政策的制定，促进数字经济持续健康发展提供更好的支撑，具有重要的理论价值和现实意义。希望彭刚副教授带领团队不断将这一研究工作推向深入。

许宪春

2023 年 3 月 15 日

序 二

时光荏苒，自 2017 年立项全国统计科学研究重大项目"宏观视角下我国数字经济总量核算问题研究"（项目编号：2017LD05），正式开启数字经济领域的统计与核算问题研究，已经过去了五年多。数字经济并非一个全新的概念和现象，从 1995 年 Tapscott 将诞生的新经济形态命名为数字经济算起，已有近 30 年的时间。但是，数字经济在国内高速发展，并成为新时期我国经济增长的重要引擎，实则时间并不太久远。近几年，国家出台了一系列支持数字经济发展举措，不断推进数字技术与实体经济融合发展。发展数字经济作为我国当前和未来必须坚持的核心战略，是在国际竞争中赢得有利位置并推进中国式现代化的关键举措。

《数字经济统计与核算研究》一书，是我和团队成员过去五年围绕数字经济相关问题的部分研究成果。从研究视角来看，本书可以分为上、下两篇共十章内容。上篇为数字经济相关核算研究，主要侧重于理论方法层面的探讨，具体包括我国数字经济生产核算问题研究、分享经济增加值核算问题研究、数据资产核算问题研究和人工智能核算问题研究共四章内容；下篇为数字经济相关统计测算研究，主要侧重于实证应用层面的探究，具体包括中国数字经济总量测算研究、数字经济对高质量发展的影响研究、数字经济对城乡要素流动影响研究、工业智能化对碳排放的影响、人工智能对进出口贸易的影响和智能制造对全球价值链分工地位的影响共六章内容。

尽管本书围绕数字经济、分享经济、数据资产、人工智能等前沿问题进行了一定探究，但受限于作者所具备知识的广度和深度，本书仍然有很多不足。首先，数字经济或数字化变革是一个内涵十分丰富的命题，对于加密资产、数字贸易等诸多内容，本书尚未涉及，有待进一步扩展和研究；其次，数据资产、人工智能等均为当下前沿热点问题，对经济社会的影响和作用越发重要，但包括 SNA 最新修订在内尚未建立起成熟适用的统计方法和制度体系，未来仍然需要持续进行探究；再次，各类数字技术仍处于蓬勃发展变革阶段，不断引发出新的数字经济及其应用现象，给数字经济统计与核算问题持续带来各类挑战；最后，本书的诸多内容均为探索性研究，相应的思考和观点可能并不成熟，希望能够借此抛砖引玉，让更多的学者加入数字经济相关统计问题研究中来。

每部著作的成书都不容易，本书亦如此。首先，我要感谢本书每一章内容撰写的主要合作者们。他们有朱莉和陈榕（第一章）、李希和朱莉（第二章）、李杰和朱莉（第三章）、彭肖肖和陈丹丹（第四章）、赵乐新（第五章）、赵忠豪（第六章）、高劲松（第七章）、刘叶（第八章）、代艾玲（第九章）、林旭东（第十章）。其次，我要感谢我指导的几位硕士研究生高劲松、杨德林、付子怡、丁杰、张德沛和唐潇。他们在书稿整理和校对中做了很多工作。再次，我要感谢我的家人。他们给了我无私的包容，让我能够有更多时间经常待在办公室做一点自己的事情。最后，我也要感谢工作单位和师长们这些年对我的支持。学院这几年给我提供了一个较为宽松的工作环境，并通过立项给予了本书出版一定的经费支持；许多师长的指导和鼓励也让我更有信心去尝试一些前沿问题的探索性研究。

道路漫漫，学无止境。在不断发展的数字经济道路上，我们的研究也同样需要延续下去，希望未来能够依托正在研究的国家社科基金青年项目"数据要素纳入国民账户体系的核算问题与改革研究"（项目编号：22CTJ004）和全国统计科学研究重大项目"SNA 下数据资产及其核算问题研究"（项目编号：2021LD05），研究并产出更多统计成果。

彭　刚

于成都温江柳林

2023 年 2 月 10 日

目 录

第一章　SNA 视角下我国数字经济生产核算问题研究 ……………… 1

　　第一节　引言 …………………………………………………………… 2
　　第二节　数字经济对 SNA 生产核算范围的延续与突破 …………… 3
　　第三节　从 SNA 生产核算平台看数字经济核算的各个要素 ……… 7
　　第四节　数字经济生产核算具体实践讨论——对接我国当前
　　　　　　实务处理 …………………………………………………… 11
　　第五节　结论与展望 ………………………………………………… 18

第二章　分享经济增加值核算问题研究 ……………………………… 23

　　第一节　引言 ………………………………………………………… 24
　　第二节　认识分享经济：内涵、特征、模式与识别 ……………… 27
　　第三节　分享经济增加值核算机理 ………………………………… 34
　　第四节　分享经济增加值核算方法 ………………………………… 41
　　第五节　结语 ………………………………………………………… 47

第三章　SNA 视角下数据资产及其核算问题研究 …………………… 51

　　第一节　引言 ………………………………………………………… 52
　　第二节　从数据到数据资产：概念与属性辨析 …………………… 54
　　第三节　SNA 中数据资产核算处理探究 …………………………… 59
　　第四节　数据资产核算实践探索：以××高校为例 ……………… 65
　　第五节　结论与展望 ………………………………………………… 71

第四章 人工智能统计与核算问题研究 ························ 75

第一节 引言 ························ 76
第二节 文献综述 ························ 78
第三节 人工智能的界定与内涵认知 ························ 79
第四节 人工智能核算范围和产业分类 ························ 85
第五节 人工智能卫星账户构建 ························ 97
第六节 结语 ························ 107

第五章 中国数字经济总量测算问题再研究
——兼论数字经济与我国经济增长动能转换 ························ 113

第一节 引言 ························ 114
第二节 文献综述 ························ 115
第三节 测算方法和数据来源 ························ 118
第四节 中国数字经济总量测算结果 ························ 122
第五节 数字经济与我国经济增长动能转换 ························ 130
第六节 研究结论与启示 ························ 133

第六章 数字经济对高质量发展的影响 ························ 137

第一节 引言 ························ 138
第二节 研究假设 ························ 140
第三节 研究模型、变量选择和数据来源 ························ 143
第四节 实证结果与分析 ························ 147
第五节 异质性和影响路径分析 ························ 150
第六节 结论与建议 ························ 152

第七章 数字经济、数字鸿沟和城乡要素配置
——基于我国257个城市的实证研究 ························ 157

第一节 引言 ························ 158
第二节 理论分析与研究假设 ························ 160
第三节 研究设定 ························ 162

第四节　实证分析 165
　　第五节　异质性分析和门槛变量检验 169
　　第六节　结论与建议 174

第八章　工业智能化如何影响碳排放
——基于我国细分行业面板数据的实证 179

　　第一节　引言 180
　　第二节　研究设计 181
　　第三节　实证分析 182
　　第四节　异质性分析和影响机理检验 185
　　第五节　结论与建议 190

第九章　人工智能如何影响进出口贸易 195

　　第一节　引言 196
　　第二节　文献综述 197
　　第三节　理论分析与研究假设 199
　　第四节　研究设计 202
　　第五节　实证分析 205
　　第六节　结论与建议 213

第十章　智能制造与全球价值链分工地位 219

　　第一节　引言与文献综述 220
　　第二节　机理分析和研究假设 222
　　第三节　研究设计 224
　　第四节　计量结果与分析 226
　　第五节　异质性和机理检验 231
　　第六节　结论与政策启示 236

第一章

SNA 视角下我国数字经济生产核算问题研究

我国尚未建立起数字经济生产核算体系，缺乏数字经济增加值等官方统计数据，这不利于全面反映数字经济发展状况及制定相应政策。本章基于 SNA 视角来探究我国数字经济生产核算相关问题，研究发现：数字经济发展离不开数字技术及其应用，不同阶段其内涵表现不同，相应的生产核算范围既是对现有 SNA 的延续，又具有一定的发展和突破；从核算目的、核算主体、核算客体和核算方法等要素来看，数字经济生产核算既应遵循传统 SNA 生产核算并与传统 SNA 生产核算保持协调，又分别表现出特殊之处；我国应分阶段推进数字经济生产核算实践，新生型数字经济可借助"三新"统计工作实施，融合型数字经济需借鉴 R&D 核算制定专门的核算和调查制度。本章能够为我国统计部门开展数字经济生产核算工作和认知数字经济提供一定的借鉴和参考。

第一节 引言

2020年以来，新型冠状病毒在全球大范围传播，对世界经济造成了巨大冲击，各国经济遭受严峻考验，经济增速放缓甚至出现大范围负增长情况。目前，我国统筹新型冠状病毒感染疫情防控和经济社会发展取得积极进展，为数字经济的加速发展提供了重要支撑。在线购物、网上零售、餐饮外卖逆势上扬，在线办公、在线教育、视频平台等也被广泛接受，新型冠状病毒感染疫情倒逼我国传统行业加速向数字化、网络化和智能化转型升级。近年来推出的"新基建"七大领域中，5G、大数据中心、人工智能、工业互联网四项内容，都属于数字经济的范畴。

实际上，数字经济已经成为驱动各国经济增长的重要力量，在提高经济增长质量、加快实体经济转型升级、促进创新创业和节能减排等方面发挥了巨大作用（马化腾等，2017）。为争夺数字经济发展先机，世界主要国家均制定并出台了数字经济发展战略，发展数字经济、实现传统产业的数字化转型，构成了新时代国际竞争力的关键要素（吴翌琳，2019）。我国政府高度重视数字经济发展，出台了一系列重大战略，着力于促进数字经济创新发展，力求将数字经济作为未来我国经济新动能的主要构成部分和新旧动能转换的主要动力（李晓华，2019）。习近平总书记在多次讲话中指出，要构建以数据为关键要素的数字经济，推动实体经济和数字经济融合发展；要加快推进数字产业化、产业数字化，努力推动高质量发展。[①] 可见，数字经济不仅关乎我国供给侧结构性改革中的产业转型升级，同时也将成为我国未来经济高质量发展的重要引擎（任保平，2020）。

然而，与当前数字经济发展态势及其重要性相比，统计测度层面仍然存在较大缺口，缺乏相应的统计数据用于反映数字经济运行状况，为数字经济发展政策制定提供数据支撑（彭刚和赵乐新，2020）。目前，尽管已有不少研究机构对我国数字经济总量进行了测算，但测算结果差异甚大（蔡跃洲，2018）。中国信息通信

---

① 《习近平主持中共中央政治局第二次集体学习并讲话》，http：//www.gov.cn/xinwen/2017-12/09/content_5245520.htm；习近平在致首届中国国际智能产业博览会的贺信中强调"加快推进数字产业化、产业数字化"，http：//www.gov.cn/xinwen/2018-08/23/content_5315879.htm。

研究院（2019）的测算结果显示，2018年我国数字经济总量达到31.3万亿元，占GDP比重高达34.8%。但该研究主要是基于生产函数进行的估算，对中间测算数据的获得进行了大量假设，测算结果具有很大争议。目前，官方统计仅有美国经济分析局（BEA）对1997~2017年美国的数字经济规模进行了试验性估计（Strassner，2019），但在实际核算范围、价格统计等方面仍然有一系列问题有待解决。为此，二十国集团（G20）在《二十国集团数字经济发展与合作倡议》（以下简称《倡议》）中提出"期待包括经合组织在内的相关国际组织和感兴趣成员做出努力，加强宏观经济统计中的数字经济测度问题研究"。

已有的关于我国数字经济统计测度的研究，大都集中在如何对我国数字经济实际总量进行估计（康铁祥，2008；蔡跃洲，2018；彭刚和赵乐新，2020），并且有学者认为部分研究对数字经济定义和分类混乱，测算方法违背了国民经济核算的基本规范（高敏雪，2020）；另有少量研究，如杨仲山和张美慧（2019）、向书坚和吴文君（2019），对国外和我国数字经济卫星账户编制进行了介绍和研究。而基于国民经济核算体系对数字经济总量进行核算的研究，仅有向书坚和吴文君（2018）梳理并介绍了经济合作与发展组织（OECD）最新的数字经济核算进展，并对我国未来如何开展数字经济核算提出了相关建议。尽管目前围绕我国数字经济的学术研究已不少，但由于在国民经济核算层面尚未取得重要突破，因此我国数字经济核算的理论和实践系统性研究成果仍然较为缺乏。

鉴于我国现有对数字经济核算研究工作的不足，本章尝试基于现有国民账户体系（SNA）框架，对我国数字经济生产核算有关问题展开探究。在比较各个核算要素的基础上，创新性给出新生型数字经济分类思路和实践方案，并提出对基础型、新生型、融合型数字经济循序渐进地开展测度的路径，以期能够推进数字经济统计测度研究，同时为官方统计部门开展数字经济专项统计工作提供一定参考。

第二节 数字经济对SNA生产核算范围的延续与突破

研究数字经济生产核算，需要形成对数字经济本质及其主要特征的基本认知，并进一步明确数字经济的内涵。数字经济是通信信息技术发展到一定阶段的产物，我们对数字经济本质的认知不能脱离技术创新及其应用这一基本现实。

一、数字经济与技术革新

技术革新一直是生产力发展的核心推动力量，经历了 20 世纪中叶以数字技术为代表的新一轮产业和技术变革，人类已不再满足于突破肌肉力量和金属力量，转而寻求对大脑智慧的拓展和延伸（埃里克·布莱恩约弗森和安德鲁·麦卡菲，2016）。数字经济是信息革命发展到数字化阶段的产物，其产生与数字技术变革息息相关，是继农业经济、工业经济之后的一种新的经济社会形态（向书坚和吴文君，2018）。所谓数字技术是指囊括各类数字化技术的集合，其本质是实现对各类信息进行识别、转化、存储、传播、分析和应用等功能。数据信息从自然存在到应用开发，需要经历数据收集—传输—处理—应用（薛洁和赵志飞，2012），在此过程中会涉及一系列数字技术的应用。

最初的数字技术应用范围较为狭窄，仅是互联网领域和通信领域的应用，但如今由于传感器等新材料的产生，互联网的连接范围更为广泛，数字技术在各个产业均有了应用。事实上，无论是农业经济还是工业经济抑或是数字经济时代，一直都存在着对信息的应用，区别只在于应用程度以及信息存在的载体不同。以前的信息存在于纸面上，而现在的信息可以以数字化的形式存在并浓缩到集成元件中，通过互联网广泛传播和共享。伴随着计算机的诞生，数字技术也得到了应用。但那时并没有"数字经济"的说法，这是因为数字技术尚未普遍使用。只有当多数领域使用了数字技术，且数字技术是带动经济增长的主要动力时，才能将"数字化"作为该经济形态的特征。因此，要理解如今的数字经济是什么，必须观察如今的数字经济处于何种数字技术背景之下。

目前，包括大数据、云计算、区块链、人工智能、生物识别、量子计算等在内的一系列重要数字技术，都经历了颠覆式突破和变革，以指数级速度展开，形成多种技术整体演进、群体性突破态势（马化腾等，2017），不断引领并促进数字经济快速发展。具体而言，在数据信息收集阶段，以核心制造元件为例，传感器越来越小，但其能集成的信息越来越多，功能也越来越丰富。在数据信息传输阶段，从覆盖程度来看，移动网络信号实现从初始的少数覆盖到如今的全面覆盖；从传播速度来看，网络信号从慢速的 2G 信号升级到如今的 4G 信号甚至 5G 信号。在数据信息处理阶段，计算功能经历了从集中计算到独立计算再到并行计算最后到云计算的转变。在数据信息应用阶段，一方面许多家庭已经实现了手机、平板、移动电脑、互联网电视等终端设备的多样化；另一方面应用范围广义化，从国防军事、企业生产经营，到如今生产生活的各个方面。

由于云—网—端的共同发展，分散的数据信息得以高度集中到一个服务器中，实现了数据信息的即时互联互通，数据成为关键的生产要素。随着数据作为一种资源要素越来越为人们所重视，人们利用数字技术数据能够实现无限复制和共享。无论是数据还是数字经济，最为关键的都是背后数字技术的突破发展和应用深化。

二、数字经济的内涵与发展

研究数字经济生产核算问题，需要进一步明确数字经济内涵，即何为数字经济。数字经济概念的提出已有 20 多年了。1995 年，Tapscott 探讨了美国"国家信息基础设施"计划施行背景下诞生的新经济形态，并将其命名为数字经济（彭刚和赵乐新，2020）。此后，他又在其著作成果中强调 B2B 和 B2C 等电子商务在新经济形态中的作用越来越重要，进而引起大量学者对数字经济的关注和研究。数字经济最早被认为与电子商务等同，包括支持设施、电子商务过程和电子商务交易三个组成部分（Mesenbourg 和 Atrostic，2000）。美国政府早期的几份官方测度报告，也是围绕通信技术和以电子商务来界定数字经济的（Margherio 等，1998；Henry 等，1999）。可见，早期的数字经济概念多局限于通信技术的应用和以电子商务为代表的互联网经济。

随着数字技术的深入发展，其内涵不再只局限于通信技术与电子商务层面。Atkinson 和 Mckay（2007）认为，数字经济不局限于互联网，还包括信息通信技术（ICT）（硬件、软件、应用和电信）在机构（商业、政府和非营利组织）的内部应用、组织间的交易和个体间的交易等经济各方面的广泛使用。Dahlman 等（2016）认为，数字经济的概念植根于数字技术、信息网络和人们通过网络所进行的活动，主要涵盖以下四个层面：数字技术所基于的物理基础设施（如宽带线路和路由器）、用于访问网络的设备（如计算机和智能手机）、应用程序（如谷歌浏览器）及应用数字化产品的领域（如物联网和云计算）。

数字经济不仅覆盖面越发广泛，也表现出很强的层级性特征。2016 年，G20 在《倡议》中，将数字经济定义为以使用数字化的知识和信息为关键生产要素、以现代信息网络为重要载体、以信息通信技术的有效使用为效率提升和经济结构优化的重要推动力的一系列经济活动。由此，数字经济不再仅特指某些经济领域，只要运用数据要素和数字技术，就应纳入数字经济范畴。中国信息化百人会课题组（2016）根据 ICT 起到的作用不同，将信息经济①划分为五个层次：第一层次为以 ICT 为内核的基础型信息经济，主要体现为信息货物与服务的生产；第二层次为以 ICT 渗透进传统产业而形成的融合型信息经济，主要表现为对传统产业改造升级而产生规模效应；第三层次为效率型信息经济，体现为 ICT 技术对全要素生产率的促进作用；第四层次为新生型信息经济，包括信息技术应用催生的新的经济业态与模式；第五层次为福利型信息经济，体现了信息技术带来的福利增加。

可见，在不同的时期，数字经济的内涵会随着数字技术及其应用而变化，从早期的信息通信和电子商务，到如今几乎涉及社会经济的所有领域，数字经济的多层次内涵正在不断发展和深化。

三、数字经济对 SNA 生产核算范围的延续与突破

要研究数字经济生产核算，准确界定其核算范围极为关键。随着数字技术在各领域应用的拓展和深化，相应数字经济的内涵和范围也在不断向外延伸。当前，数字技术在传统经济活动中并非只是简单应用，其对生产方式、产业链、供应链等的改造，不仅引发了智能工厂、智慧农业等颠覆性变革，还形成了以数字产业为主的新经济业态和模式。可见，数字经济正在不断突破传统经济生产活动范围。数字经济作为当前经济形态的一种表现形式，强调的是货物服务生产过程中的数字化特征，数字经济生产活动相应构成了国民经济生产活动的重要部分。美国对数字经济生产核算的界定和处理，也充分说明大量数字经济活动包括在传统国民经济生产核算范围内。美国早期在核算数字经济增加值对经济增长的贡献时，将核算范围界定为信息技术和电子商务（Margherio 等，1998；Henry 等，1999）；而美国 BEA 最新对数字经济增加值核算，则是从数字化基础设施、电子商务和数字媒体三个方面来界定数字经济核算范围。这也充分说明数字经济的范围在不断拓展。

从美国 BEA 当前对数字经济核算范围的界定来看，数字经济生产核算范围相较于传统 SNA 生产核算有以下特点：一是绝大部分数字货物和服务产品在现有 SNA 生产核算范围之内，这是因为数字经济自始至终都是国民经济的特定有

---

① 该研究将信息经济定义为以数字化信息为关键资源、以信息网络为依托的经济类型，从定义上看与这里所要研究的数字经济概念有许多共同之处。

机组成部分；二是数字技术的发展和应用使传统生产核算对象范围持续扩大，包括物联网、P2P等大量新的生产模式和数字产品不断被催生，也给实际核算工作带来巨大挑战；三是数字经济的发展对传统SNA界定的生产核算范围产生了巨大冲击，信息和数据、免费数字服务等未来是否应当纳入核算范围并对其价值进行核算，也是需要逐步解决的重要问题。

如果仍然遵循现有SNA的基本框架和规则，那么数字经济生产核算研究最为关键的是要将数字经济活动从当前国民经济生产活动中识别出来，也需要考虑将数字经济催生的新的货物和服务产品纳入生产范围。由此，数字经济生产核算与现有国民经济生产核算既一脉相承，又有其独特之处，在核算范围上表现为既是对现有SNA生产核算范围的延续，又有一定的发展和突破。

第三节 从SNA生产核算平台看数字经济核算的各个要素

既然数字经济是国民经济的有机组成部分，数字经济生产核算必然也与国民经济生产核算有许多共同之处。本节借助现有SNA生产核算平台，来比较并认识数字经济核算目的、核算主体、核算客体、核算方法各个要素，相信能够为数字经济生产核算体系的形成提供诸多参考和借鉴。

一、核算目的比较

国内生产总值作为反映一个国家或地区在一定时期内产出成果的一个综合指标，其核算目的在于从宏观上了解经济运行的总体情况，为国家或地区制定发展战略和宏观调控政策提供依据，同时也能够在一定程度上检验已实行宏观政策的有效性。通过核算不同地区和不同行业的增加值，能够反映出不同地区间的经济发展差距以及各产业对GDP增长的贡献率，以便于国家实行区域发展战略和产业结构调控。利用支出法中的最终消费支出、资本形成总额和净出口来核算GDP，能够分别反映"三驾马车"对宏观经济运行的影响。

开展数字经济生产核算的目的是，测度与数字产品和数字技术相关联的那部分生产活动的产出成果总量（数字经济增加值），以便准确反映数字经济发展情况，揭示其对国民经济增长的贡献。实际操作中，同样可以依据核算目的不同，从多个维度对数字经济生产活动及其产出成果的结构状况进行反映。首先，数字经济具有多层级性特征，核算不同层级下的数字经济生产活动，能够反映出数字经济各部分发展的基本情况；其次，数字技术与不同产业的融合程度和效果会有所差异，如何克服产业层面"索洛悖论"以及推进数字技术的产业融合，需要借助产业层面的数字经济增加值作为形势研判和政策制定依据；最后，数字经济发展在地区间存在差距，不同地区发展数字经济的侧重点也会有所不同，政府在制定宏观调控政策时需要将不同地区的数字经济增加值核算数据作为支撑。

从现有国民经济和数字经济的生产核算目的来看，两者都是为了核算经济活动的产出成果总量，反映对应经济活动的结构状况，为相应宏观经济运行监测和政策制定提供数据依据，以促进国民经济和数字经济更快、更好地发展。但两大生产核算的核算范围具有明显区别，现有生产核算关注的是国民经济中所有应纳入生产范围的生产活动，而数字经济生产核算只关注其中与数字产品和数字技术相关联的那部分生产活动。延伸到政策制定层次，基于数字经济产出核算制定的政策重点关注的是数字技术和数字产品对经济的促进作用，引领社会资本向高数字化领域投资，促进传统产业向数字化产业转型，更大程度发挥数字技术对经济的促进作用；基于国民经济生产核算制定的政策则是要面向经济总体，不仅关注数字技术和数字产品对经济增长的作用，也关注传统非ICT资本和劳动等对经济增长的作用。

二、核算主体比较

在SNA中，经济活动的主体有机构部门和产业部门两种分类方式。机构部门分类侧重的是机构单位权力的同类性，在使用时调查者更容易获得企业的生产和经营数据，但更多关注的是其主要活动，次要活动和辅助活动容易被忽略。产业部门分类更为强调生产产品的同类性，在使用时调查者能获得更为同质的一类生产活动的数据，但对基层单位进行调查往往较为困难。

（一）机构部门分类比较

非金融公司和金融公司部门是主要的生产主体，过去住户部门可参与的生产活动类型比较少，主要包括货物的自给性生产、自有住房服务和雇用付酬家政人员提供的家庭和个人服务，因此在核算产出时，相比于金融公司和非金融公司，住户部门并非重点对象。但在数字经济时代，由于网络的普及，住户部门可以参与更多的生产活动，对就业和失业统计会产生重大影响（宋旭光和周远翔，2019）。这些活动在本质上与金融公司和非金融公司的生产活动类似，当资料完备时应该将这些生产主体从其所有者中分离出来，参照SNA2008将其处理为准公司。

与传统生产核算相比，数字经济生产核算尤其需要关注辅助活动。现有生产核算，并未专门对辅助活动的产出成果进行核算，所使用的人力、固定资本消耗等均被处理为最初投入。例如，企业数据处理分析活动，是将数据作为核心生产要素的生产活动，理应属于数字经济生产活动范畴。但如果仍然基于传统生产核算的处理方式，不从一般性生产活动中分离出此类辅助活动并专门核算，此部分数字经济生产活动成果将难以得到反映。SNA2008建议，当有完备的产出资料时，可以将辅助活动从机构单位中独立出来，作为基层单位单独核算。因此，将辅助活动从机构单位中独立出来，对于核算数字经济生产活动有其必要性。

（二）产业部门分类比较

现有的国民经济行业分类，已包含了部分数字货物与服务内容，如信息传输、软件和信息技术服务业以及制造业中的计算机、通信和其他电子设备制造业。然而，数字技术及其产品已经渗透到各个产业中，甚至许多产业都已经形成"互联网+"产业模式。"互联网+"强调数字技术在货物或服务生产前期、中期和后期的应用，使传统产业实现数字化转型。例如，在互联网金融业中，交易双方通过互联网平台完成货币与服务的流通过程。该种模式与传统的存在实体中介机构的金融业模式有着质的区别，通过第三方中介平台的担保效应，打破了交易地点和交易双方熟悉程度的限制，这种质的区别正是数字技术应用的结果。

对于已经完全实现数字化转型的产业，从数字经济生产核算方面考虑，有必要将其从传统产业中分离出来构成数字产业，这一部分的实际处理相对来说也并不难。需要注意的是，目前这一类完全数字化的产业并不多，更多的情况是数字产品和数字技术在生产过程中仍然扮演着辅助的角色。在数字经济生产核算中，如何从不同产业中分离出数字技术的贡献部分作为数字经济产出，既是核算数字经济增加值的重点内容，也是难点所在。

三、核算客体比较

货物可见而服务只可想，传统货物和服务的边界一般较为清晰。数字经济时代，生产核算中产品的范围和分类将面临巨大挑战。首先，数据本身的价值越发凸显，且具备了产品和资产的基本性质，但现有SNA并未对数据的价值进行核算，未来需要考虑将其纳入生产核算范围；其次，当前 SNA 未核算企业部门提供的互联网等免费数字服务价值，这部分免费数字服务实际上对生产生活具有重大影响，同时也大幅度提高了整个社会的福利，然而这部分网站提供服务的最终消费被忽略或严重低估（许宪春，2016）；最后，数字经济催生大量数字产品，如新兴的各类智能对话机器人等，这些产品往往具有货物（外在物理结构形态）和服务（内在的服务功能使用）的双重属性，无论将其划分为货物或服务都不太合适，这为货物与服务的产品划分方式带来挑战①。

若仍然将数字货物和服务产品核算置于 SNA2008 核算框架体系下，既不对数据本身的价值进行核算，也不处理免费数字服务，剩下也就是双重属性数字产品的类型归属问题。需要注意的是，无论将这些产品定性为货物还是服务，只要其由一个单位生产并提供给另一个单位，在核算时能够充分捕捉到这部分价值，就不会对数字经济生产核算结果产生影响。② 对于数字经济生产核算的客体，最需要关注的是如何准确识别出一般性产品中属于数字经济的货物与服务部分。从数字经济生产核算范围来看，下述三个方面的货物或服务应当纳入：一是基础性数字经济产业（已明确的数字经济产业）创造的最终货物和服务产品，可全部将其纳入数字经济生产核算范围；二是主要依靠数字技术维持的产业所生产出的货物和服务产品，如互联网银行提供的金融服务；三是由于数字产品或技术在其他产业应用而生产出的中间产品，如一般企业的数据处理分析服务。

四、核算方法比较

在我国现行 GDP 核算中，农业和工业核算主要采取生产法，服务业则是以收入法为主。由于数字产品在三大产业中均有分布，绝大部分数字经济活动包括在国民经济生产活动中，因此为了使各年的产出核算具有一致性，数字经济增加值的核算方法也需要与其保持协调。但数字经济生产核算有其特殊性，与传统生产核算相比，不仅在产品分类上有一定差异，还需要核算数字产品和技术应用形成的中间产品价值，在核算方法的选择上可能也会有所区别。

在数字经济生产核算中，以支出法核算增加值会面临较多困难，这是因为最

---

① SNA2008 对知识载体产品的货物和服务分类问题进行了讨论，认为其具有货物和服务的双重性质，准确分类具有很大的难度。

② 尽管如此，改变现有产品货物和服务分类，将具有双重属性的产品单独划分为一类，或许未来会是一种更好的选择。

终消费支出与资本形成总额的核算都会涉及边界的确定问题,且相关数据往往难以获取。数字经济增加值在核算方法选择上,可以与现有生产核算保持一致,即货物产品选择生产法,而服务产品则以收入法为主、生产法为辅。对于货物型数字产品,以生产法核算总产出时方法选择有一定特殊性。在我国现有国民经济生产核算中,农业和建筑业产品种类较少,一般使用产品法来核算总产出;而工业产品种类繁多、质量差异较大,则使用企业法来核算总产出。当前,工业企业跨行业生产的情况十分常见,可能产出中只有一部分为数字产品,此时若使用企业法显然并不合适。

特别需要关注的是具有双重属性的数字产品和中间数字产品。若将双重属性数字产品归为货物类型以生产法进行核算,由于数字产品往往十分容易复制,边际生产成本极低,从最终产品角度来核算总产出时无论是使用产品法还是企业法可能都不合适。因此,核算双重属性数字产品总产出,需要借助与服务有关的核算方法,包括追加价值法、营业收入法、服务费用法、成本费用法、虚拟推算法等(杨灿,2015)。数字产品或技术在其他产业应用而形成的中间产品,由于未表现为最终产品不发生实际市场交易,其总产出和增加值核算相对而言较为困难,只能利用成本费用法、虚拟推算法等进行间接测算。

第四节 数字经济生产核算具体实践讨论

——对接我国当前实务处理

通过比较数字经济与国民经济生产核算在核算目的、主客体和核算方法上的共性和差异,我们可以发现数字经济生产核算仍然需要以现有国民经济生产核算为基础,但数字经济本身的特殊性又决定了其在上述方面均会具有一定独特之处。基于SNA视角探讨我国数字经济生产核算,可以避免对核算方法尚未成熟的数据、免费数字服务等产品价值核算的讨论,从而将关键问题聚焦到如何从现有国民经济生产活动中分离出数字经济的内容。

一、我国数字经济生产核算范围界定

对数字经济生产范围的理解和界定,不能脱离数据的应用过程,即数据收

集、传输、处理、应用四个阶段，都需要相应的货物和服务支持，才能最终发挥出数据的价值。数据的应用领域和程度不同，会导致数字经济形成多层级性特点，相应数字经济的范围也会有狭义和广义之分。广义的数字经济范围，包括数字技术应用对生产效率及社会福利的提高，而这些在核算层面上往往难以被准确识别和测度，现有条件下并不具备条件将其纳入数字经济生产核算范围。因此，在 SNA 需要满足核算对象可测度的原则下，对数字经济生产活动与生产范围的界定，只能基于狭义内涵的数字经济定义。

由于本章是基于现有 SNA 框架研究数字经济生产核算，并没有对现有国民生产核算范围进行拓展，相应地，也就没有将数据和免费数字服务等纳入生产核算范畴。借鉴一般性国民经济生产范围的界定，考虑数字技术在我国经济活动中的应用以及数字经济的可测度性，我们将我国数字经济生产活动做以下范围和层次界定：一是最终产出为数字货物和服务产品的生产活动，即基础型数字经济活动；二是数字技术应用催生的新商业模式所涉的相关生产活动，即新生型数字经济活动；三是数字产品或数字技术在其他传统产业生产过程中被应用，仅形成中间产出的辅助生产活动，即融合型数字经济活动。对应各层次数字经济活动的货物和服务产出成果，则为数字经济生产核算的范围。

新生型数字经济活动和融合型数字经济活动之间的边界并非固定不变，两者的主要区别在于数字技术的应用是否对传统经济生产活动造成深刻甚至颠覆性变革。在融合型数字经济活动中，数字技术的应用处于初级阶段，数字经济主要是以中间产品的形式出现。例如，传统银行中的存贷、转账等业务使用了一些数字技术进行辅助性应用，当数字技术占据主导地位并完成对传统银行业务的全面改造时，互联网银行这种新生型的数字经济形态也就出现了。因此，对新生型数字经济和融合型数字经济的界定和区分，需要借助数字技术在经济活动中的应用程度来甄别。与传统 GDP 核算以最终货物和服务产品为核算对象有所不同，融合型数字经济增加值的核算对象主要是以服务形式呈现的中间产出，对这部分的核算只能深入到具体生产过程中，而无法直接基于生产主体的最终产出成果。目前，BEA 将数字经济生产核算范围界定为数字化基础设施、电子商务和数字媒体三个部分。其中，数字化基础设施与这里所界定的第一层次基础性数字经济的具体内容大体上是对应的，电子商务和数字媒体构成第二层次新生型数字经济的主要内容，但后者包括的范围更广。可见，虽然是基于狭义的定义来界定数字经济生产核算范围，但相比 BEA 所界定的数字经济核算范围仍然要大一些，特别是

BEA 尚未将融合型数字经济部分纳入核算范围。

二、我国开展数字经济生产核算实务探讨

第一层次基础型数字经济活动在产业分类及核算处理上相对较为成熟，只需参照现有国民经济行业分类标准和增加值核算方法将其分离出来。能够从门类和大类中直接分离出的行业包括①：①C-39 计算机、通信和其他电子设备制造业；②I-信息传输、软件和信息技术服务业；③R-87 广播、电视、电影和录音制作业。其他一些基础型数字货物和服务包含在中类和小类中，如 C-3874 智能照明器具制造，也具备分离的可能。第二层次新生型数字经济活动没有在现有产业分类中直接体现，但由于这些新生的商业模式相较于传统生产活动具有显著区别，如电子商务、互联网银行等活动的核算主体往往也较为明确，若通过实行专门的数字经济产业分类，将归属于这部分的数字经济生产活动单独分离出来，就能够核算出该部分增加值。第三层次融合型数字经济增加值核算较为困难，这是由于现有国民经济生产核算都是核算最终产出成果，并未对各生产环节的中间产出做专门性核算，需要设计专门的统计和调查制度以收集相关数据。由于基础型数字经济生产核算较为成熟，下面将主要对新生型数字经济和融合型数字经济生产核算展开探讨。

（一）新生型数字经济生产核算与"三新"经济②统计

新生型数字经济的出现，主要是因为数字技术的持续创新和应用，不断催生新技术、新产品和新业态，进而形成对传统业态和商业模式的颠覆和新创。新生型数字经济具有区别于传统经济的显著特征，即以数据和数字技术构成核心生产要素和竞争力，有别于依赖传统资本和劳动的经济形态。以互联网银行为例，互联网、物联网、搜索引擎、云计算和大数据等数字技术的深入应用，对传统银行经营业务模式进行了全新的改造和颠覆性的变革，从而实现资金融通、支付和信息中介功能（孙杰和贺晨，2015）。互联网银行汇集了大量数字技术，以在线形式取代了传统线下业务模式，数据分析人员取代了传统银行业务工作人员，整个银行业务模式、流程、组织实现了颠覆和再造。

新生型数字经济的生产主体具有较为明显的特征，实际中对这部分主体的识

---

① 《国民经济行业分类》（GB/T 4754—2017），具体请参见 http：//www.stats.gov.cn/tjsj/tjbz/hyflbz。
② "三新"经济是新产业、新业态、新商业模式的简称，是经济中新产业、新业态、新商业模式生产活动的集合。

别并不难，相应实践中对该部分产出成果进行核算也不会存在困难。实际上，国家统计局围绕"三新"经济统计已经做了大量工作，包括组织实施专项统计、建立统计分类标准以及开展相应增加值核算等，能够为新生型数字经济核算工作开展提供很好的借鉴和支持。目前实行的"三新"统计分类标准《新产业新业态新商业模式统计分类（2018）》，是以《国民经济行业分类》（GB/T 4754—2017）为基础，将现有产业分类中反映创新内容的"三新"经济部分抽离出来重新组合而成的。新生型数字经济作为数字产品和数字技术在各产业创新应用下的生产活动，其产出成果在核算范围上则自然是"三新"经济的重要组成部分。由此，核算新生型数字经济增加值，只需要从现有"三新"统计分类标准中合理分离出属于新生型数字经济部分，即可大致核算出该部分增加值规模。

需要特别注意的是，在第一层次基础型数字经济中同样也存在属于"三新"经济的内容，因此为了避免重复核算，在分离过程中应当排除属于"信息传输、软件和信息技术服务业"及"计算机、通信和其他电子设备制造业"[①]的新经济部分。具体而言，首先，借助"三新"统计分类中的"说明"列信息，来甄别该小类是否属于数字经济，判定的主要标准是是否涉及数字技术和数字产品；其次，根据"国民经济行业代码（2017）"列信息，将前两位代码为39、63、64、65的排除掉；最后，将筛选出的各类行业汇总，即可得到新生型数字经济的统计范围与行业分类，具体如表1-1所示。尽管我国现有"三新"经济统计仍然存在不少问题，漏算和错算的现象在一定程度上均存在（李金昌和洪兴建，2020），但以此为基础开展新生型数字经济生产核算或是现有条件下的最优选择。

表1-1 "三新"统计分类中部分属于新生型数字经济的行业

小类	名称	说明	国民经济行业代码（2017）	国民经济行业名称
010302	农林牧渔业智能管理服务	指利用大数据、物联网、互联网等现代信息技术对种植业、林业、畜牧业、渔业等生产经营的管理和信息服务活动	05*	农、林、牧、渔专业及辅助性活动

---

① "信息传输、软件和信息技术服务业"在《国民经济行业分类》（GB/T 4754—2017）中的前两位代码为64、65和66，"计算机、通信和其他电子设备制造业"的前两位代码为39。

续表

小类	名称	说明	国民经济行业代码（2017）	国民经济行业名称
050501	数字内容设计服务	指基于文化资源基础，运用现代数字、网络、通信等技术进行的文化价值创造和传播服务，不含数字动漫和游戏设计服务	7485* 7491* 7492*	规划设计管理 工业设计服务 专业设计服务
060101	新一代信息技术研发	仅包括新一代信息技术研究和试验发展活动	7320*	工程和技术研究和试验发展
070301	互联网支付		6930*	非金融机构支付服务
070302	网络借贷服务	包括个体网络借贷（P2P网络借贷）和网络小额贷款。个体网络借贷是指个体和个体之间通过互联网平台实现的直接借贷。网络小额贷款是指互联网企业通过其控制的小额贷款公司，利用互联网向客户提供的小额贷款	6637	网络借贷服务
080404	互联网生活服务	指通过互联网（含移动互联网）联络、承接业务、签单、付款等，提供的美容、美甲、美睫，网店装修，网店模特，互联网拍卖，互联网代购，钟点工等服务	5189* 7299* 8010* 8030* 8040*	其他贸易经纪与代理 其他未列明商务服务业 家庭服务 洗染服务 理发及美容服务
080500	互联网教育	指通过运用信息科技和互联网技术进行内容传播和快速学习的方法，即以在线培训、网络学院、网络教育和在线学习等为主的互联网成人教育和互联网职业技能培训	8342* 8391*	成人高等教育 职业技能培训

注：受限于篇幅，本表仅展示了部分新生型数字经济内容，完整的行业分类表已留存备索；在国民经济行业类别中，仅部分活动属于"三新"统计分类的，行业代码后加"*"做标识。

（二）融合型数字经济生产核算探析

基础型数字经济和新生型数字经济可以基于我国现有产业分类展开，具有较好的统计基础。由于数字技术在生产过程中参与更多的是中间生产和辅助活动，所以相应产出成果是以中间产出而非最终产出的形式表现出来。该部分中间产品在实际中往往是企业内部自产自用，并未进行各类市场交易，因而也缺乏实际的价格数据，对于融合型数字经济产出成果的核算往往较为困难。更为具体地，从产业分类视角来看，核算融合型数字经济就是要从基础型数字经济和新生型数字经济以外的产业中，核算出相应的数字经济中间服务的总产出和增加值。因此，开展融合型数字经济生产核算，必须制定专门的核算和调查制度，以获取相应的基础数据。

一方面，应当以收入法为主要方法来核算融合型数字经济增加值。利用生产法核算增加值需要分别掌握总产出和中间消耗数据，而融合型数字经济服务产出一般为自产自用，不发生实际交易而无交易价格数据，对总产出直接核算并不现实。利用收入法核算增加值，关键是需要获取劳动报酬、固定资本消耗、生产税和营业盈余等方面的基础数据，这些数据在理论上有可能从企业相关财务数据中拆分得到。值得注意的是，以收入法核算融合型数字经济增加值，对营业盈余的处理可能会与传统非市场性服务增加值核算有所不同。目前，对非市场性服务的总产出进行核算，通常使用的是成本费用法，即以投入替代产出，其隐含假定是上述活动均不会形成营业盈余。但是，与非市场性服务的非营利性不同，企业使用数字产品和数字技术的终极目标就是实现追求利润，该假定也难以站住脚。对此，可以借助专门性调查从企业财务数据中分别将参与数字经济活动的相关劳动报酬和固定资本消耗分离出来，并利用企业全部劳动报酬、固定资本消耗和增加值数据，按投入比例反推属于融合型数字经济的增加值规模。

另一方面，在专项调查过程中需要充分借鉴研究和开发（R&D）核算的相关做法与经验。SNA2008 的主要变化之一是把 R&D 支出确定为固定资本形成，而不再作为中间消耗处理，这是由于大部分 R&D 为自产自用，相应按照实施成本进行估值并计入 GDP。融合型数字经济与 R&D 生产核算有许多类似之处，都是基于某种特殊目的需要借助专门性调查来收集特定经济活动的统计数据。R&D 调查已经研究和开展了很长一段时间，积攒了大量经验，OECD 关于 R&D 调查实施标准《弗拉斯卡蒂手册》第 6 版，对人员的测度、经费的测度、调查方法和程序等，都做出了极为清晰和详尽的规范和要求，能够为融合型数字经济生产核算基础数据的调查提供参考。当然，实际调查的制度制定和开展需要充分考虑数字经济的自身特殊性，如将调查内容重点落实到劳动报酬和固定资本消耗方面，以及可能需要将调查对象从机构单位进一步细化到基层单位等。

（三）我国未来开展数字经济生产核算的几个原则

数字经济的生产核算与现有国民经济生产核算既有密切联系又有一定区别。因此，我国在构建数字经济生产核算体系和具体实施核算时，应充分借鉴现有生产核算体系及其实践做法。同时，考虑到开展数字经济生产核算实践的紧迫性以及核算工作本身的复杂性，新建立的数字经济生产核算体系难免会有所偏颇，需

要在核算实践过程中不断完善。具体来看,我国未来数字经济生产核算工作的开展需要遵循下述几个原则:

第一,我国数字经济生产核算体系应与现有国民经济生产核算相协调。数字经济是国民经济的有机组成部分,尽管数字经济生产核算具有一定特殊性,但无论是核算主体、核算客体还是核算方法,都与国民经济生产核算具有密不可分的联系。数字经济生产核算的本质是将数字经济生产成果从现有国民经济中分离出来,其实现必须立足于现有国民经济生产核算体系。此外,只有在上述方面使两大生产核算保持协调,才能保证最终数字经济增加值与全国GDP数据具有可比性,用以分析数字经济对经济增长的影响等问题,为相关数字经济发展政策制定服务。需要注意的是,随着数字技术的不断创新与发展,数字经济的核算主体、客体都在不断变化,相应地,生产核算范围也需根据实际做出动态调整,以求更加准确地开展核算。

第二,我国数字经济生产核算体系的建立应充分借鉴和吸收国外经验,但需注重本土与国际相结合。国外较早就开始了数字经济核算研究,已经积累了不少可供借鉴的经验。我国建立数字经济生产核算体系时,应多加强与OECD等国际组织、发达国家统计部门间的交流与合作,充分借鉴相关核算做法和经验。但是,由于各国数字技术发展与应用程度、生产核算实践等均有所差异,数字经济生产核算体系的构建也不能盲目照搬他国经验,必须建立既符合我国实际又兼具国际可比性的核算体系。另外,一直以来我国都是相关宏观经济统计国际标准的接受者,较少参与到国际统计标准的制定中,对SNA等标准的应用水平落后于发达国家。目前,我国数字经济发展迅猛,许多数字技术率先在我国得到应用和推广,"三新"经济统计工作的开展也积攒了大量经验,都为我国参与制定全球性数字经济核算统计标准创造了极为有利的条件。

第三,应当由易到难、由窄至宽地分阶段开展数字经济生产核算实践。数字经济生产核算范围具有多层级性,各层次核算难度区别较大:第一层次基础型数字经济核算较为容易;第二层次新生型数字经济核算在"三新"经济统计基础上也具有很强的可行性;第三层次融合型数字经济核算目前还具有很大难度,需要制定并实施专门的调查以获取基础数据。BEA正在开展的数字经济生产核算,采用的就是先易后难的策略,数字化基础设施中的建筑物和物联网、电子商务中的P2P以及数字媒体中的免费服务和大数据,虽在核算范围中但均未被正式纳入核算实践。由此,现阶段我国官方统计部门一方面可先行开展第一层次和第二层次的数字经济核算，并发布相应数字经济增加值数据，以满足政府政策制定和社会需求；另一方面应尽快研究建立融合型数字经济生产核算和调查制度，并尽早开展试调查工作以求完善相应核算工作，待时机成熟便可正式实施范围更广的数字经济生产核算。

第五节 结论与展望

数字经济对我国经济增长的作用已越发突出，培育数字经济产业并加快传统产业的数字化转型升级，成为促进我国未来经济高质量发展的关键。由此，建立我国数字经济生产核算制度并测度数字经济增加值，用于反映数字经济发展状况并服务数字经济政策制定，已刻不容缓。本章对我国数字经济生产核算有关问题的研究，是对该前沿问题的一次重要尝试性探究，但也存在一定不足。数字经济的本质在于数字技术及其应用，核算数字经济增加值需要将数字经济从纷繁复杂的国民经济活动中分离出来，由此科学准确地对数字经济增加值核算是一项十分复杂的系统工程，特别是实际中如何对融合型数字经济生产活动进行核算，仍然还需要解决一系列问题。此外，随着数字技术的不断创新及其应用范围的拓展，数字经济在不同的阶段的内涵会发生变化，由此对数字经济本质的认识也需不断丰富和深化，未来围绕我国数字经济生产核算仍然还有很多非常重要的议题需要持续研究和探索。目前来看，下述三个方面的核算重点和难点问题亟待深入研究：

第一，加快我国数据资产及其价值核算标准研究和制定。数据已经成为一种非常重要的新型生产要素被各方所认可，但现有 SNA 和各国核算实践均尚未专门核算数据的价值。2020 年 4 月 9 日，《中共中央 国务院关于构建更加完善的要素市场化配置体制机制的意见》，明确将数据作为与土地、劳动力、资本、技术并列的第五大生产要素。在此背景下，国民经济核算层面必须开展数据资产及其价值核算工作，将此作为相关制度和政策制定的主要依据。开展数据资产核算，一是需要在大的方向上对现有 SNA 中生产核算范围、资产的界定、资产范围和分类等内容进行修订，解决纳入核算的兼容性问题；二是具体应当围绕数据资产核算范围和分类、数据资产确权、估价计值及核算数据来源等系列难点展开深入研究。当然，由于目前大部分数据均为自产自用，数据的交易市场尚处于培育阶段，数据的市场交易行为发生较少，且微观企业层面数据记录处理的会计准则尚不完善，这都将为数据资产及其价值核算实践工作的开展带来巨大的困难和挑战。

第二，开展免费数字服务核算问题与我国核算实践研究。数字经济时代的一个重要特点是消费者可以免费获取大量数字服务，这些免费数字服务已经渗透人们生活的各个方面。政府提供的免费数字服务，在核算时以投入替代产出而纳入生产核算范围，但企业提供的许多免费数字服务却没有被统计和反映，如互联网公司免费提供的电子邮箱、信息检索、在线音乐等服务。哪些免费数字服务需要纳入核算范围、如何对其进行分类和计值等一系列问题都有待进一步探究和明确。BEA已将免费数字服务纳入其所界定的数字经济范围，许多国外学者也尝试对此进行了系列探索（Brynjolfsson等，2019），但我国目前对免费数字服务的统计核算研究明显失位，相关研究成果并不多见，亟须在相应科研领域有所行动，以弥补对部分数字经济统计研究的不足。

第三，强化数字经济领域相关产品的价格统计和指数编制研究。无论是对数字货物和服务产品的可比价格物量核算，还是对数字经济资产及其总量的测算，都需要使用各类数字经济产品的价格指数。我国目前尚未直接编制各类数字产品价格指数，相关数据较为匮乏，无法准确进行物量核算和比较。数字货物和服务产品的价格指数编制与传统产品存在较大差异，需要对产品进行繁杂的质量调整，这也是数字产品价格指数编制的难点所在。数字产品种类过多，质量提高速度很快，具有很强的异质性，这给及时编制数字产品价格指数带来较大困难。数字产品价格指数编制应当分类开展，有市场交易价格的可以通过质量调整方法直接进行编制，自产自用和中间服务则通过构建投入成本价格指数间接反映。我国官方统计部门应当尽早开展数字产品价格指数研究和编制工作，为更加准确地核算我国宏观经济指标提供数据支撑。

参考文献

[1] 埃里克·布莱恩约弗森，安德鲁·麦卡菲. 第二次机器革命——数字化技术将如何影响和改变我们的经济与社会 [M]. 蒋永军，译. 北京：中信出版社，2016.

[2] 蔡跃洲. 数字经济的增加值及贡献度测算：历史沿革、理论基础与方法

框架［J］．求是学刊，2018，45（5）：65-71.

［3］高敏雪．国民经济核算与供给侧宏观经济观察［J］．统计研究，2020，37（2）：15-25.

［4］康铁祥．中国数字经济规模测算研究［J］．当代财经，2008（3）：118-121.

［5］李金昌，洪兴建．关于新经济新动能统计研究的若干问题［J］．现代经济探讨，2020（4）：1-10.

［6］李晓华．数字经济新特征与数字经济新动能的形成机制［J］．改革，2019（11）：40-51.

［7］联合国，欧盟委员会，经济合作与发展组织，等．2008年国民账户体系［M］．北京：中国统计出版社，2012.

［8］马化腾，孟昭莉，闫德利，等．数字经济：中国创新增长新动能［M］．北京：中信出版集团，2017.

［9］彭刚，赵乐新．中国数字经济总量测算问题研究——兼论数字经济与我国经济增长动能转换［J］．统计学报，2020，1（3）：1-13.

［10］任保平．数字经济引领高质量发展的逻辑、机制与路径［J］．西安财经学院学报，2020，33（2）：5-9.

［11］宋旭光，周远翔．分享经济对国民经济核算发展的影响［J］．统计研究，2019，36（2）：3-10.

［12］孙杰，贺晨．大数据时代的互联网金融创新及传统银行转型［J］．财经科学，2015（1）：11-16.

［13］吴翌琳．国家数字竞争力指数构建与国际比较研究［J］．统计研究，2019，36（11）：14-25.

［14］向书坚，吴文君．OECD数字经济核算研究最新动态及其启示［J］．统计研究，2018，35（12）：3-15.

［15］向书坚，吴文君．中国数字经济卫星账户框架设计研究［J］．统计研究，2019，36（10）：3-16.

［16］许宪春．新经济的作用及其给政府统计工作带来的挑战［J］．经济纵横，2016（9）：1-5.

［17］薛洁，赵志飞．物联网产业的统计界定及其分类研究［J］．统计研究，2012，29（4）：16-19.

[18] 杨灿. 国民经济统计学——国民经济核算原理（第二版）[M]. 北京：科学出版社，2015.

[19] 杨仲山，张美慧. 数字经济卫星账户：国际经验及中国编制方案的设计 [J]. 统计研究，2019，36（5）：16-30.

[20] 中国信息化百人会课题组. 信息经济崛起：区域发展模式、路径与动力 [M]. 北京：电子工业出版社，2016.

[21] 中国信息通信研究院. 中国数字经济发展与就业白皮书（2019年）[EB/OL]. 2019-04-17. http：//www.caict.ac.cn/kxyj/qwfb/bps/201904/t20190417_197904.htm.

[22] Atkinson R D, Mckay A S. Digital Prosperity：Understanding the Economic Benefits of the Information Technology Revolution [J]. Social Science Electronic Publishing，2007（2）：64.

[23] Barefoot K, Curtis D, Jolliff W A, et al. Defining and Measuring the Digital Economy [R/OL]. 2018-03-15. https：//www.bea.gov/research/papers/2018/defining-and measuring-digital-economy.

[24] Brynjolfsson E, Collis A, Diewert W E. et al. GDP-B：Accounting for the Value of New and Free Goods in the Digital Economy [R]. NBER Working Papers，2019.

[25] Dahlman C, Mealy S, Wermelinger M. Harnessing the Digital Economy for Developing Countries [R]. OECD Development Centre Working Papers，2016.

[26] Henry D, Cooke S, Buckley P. The Emerging Digital Economy II [R]. Washington DC：US Department of Commerce，1999.

[27] Margherio L, Henry D, Cooke S, et al. The Emerging Digital Economy [R]. Washington DC：US Department of Commerce，1998.

[28] Mesenbourg T, Atrostic B K. Measuring the U.S. Digital Economy：Theory and Practice [R]. U S Census Bureau Working Paper，2000.

[29] Strassner E H. Measuring the Digital Economy：Plans and Progress [R]. Advisory Committee Meeting，2019.

第二章

分享经济增加值核算问题研究

近年来，分享经济已深入交通、住宿、医疗、教育、餐饮等多个领域，其统计与核算问题也引起了广泛关注。当前，国内外关于分享经济的核算研究刚刚起步，在概念、核算范围、核算方法等方面都未形成一致定论。本章立足于增加值核算的理论与实践，对分享经济增加值核算进行了系统性的理论探析。主要贡献在于：第一，探究了分享经济内涵、特征、交易模式，归纳得到分享经济的统计定义与识别方法；第二，深入系统剖析分享经济核算机理，明确了SNA视角下分享经济核算对象及核算范围；第三，基于SNA2008和CSNA2016，从生产法和收入法两个角度给出分享经济增加值核算的处理方法。以上工作对推动新经济统计制度方法改革创新具有重要借鉴意义。

第一节 引言

2020年，面对严峻的抗疫考验和错综复杂的国内外形势，我国GDP仍然保持了2.3%的增长，中国成为全球唯一实现经济正增长的主要经济体。以分享经济为代表的数字经济，对疫情防控和经济增长都发挥了极其重要的作用。线上教育、医疗、零售等服务为人们提供了足不出户的便利，同时这些产业发展逆势而上，成为推动我国经济增长的新动能。不仅如此，互联网营销师、在线学习服务师、网约配送员等大量新职业[①]应运而生，分享经济为保就业也做出了巨大贡献。显然，分享经济正在创造出巨大的财富（Frenken和Schor，2017），其对宏观经济的影响已难以忽视。然而，分享经济作为一种新经济形态，在发挥巨大作用的同时，也对国民经济核算理论、方法和实践提出了新的挑战。如何准确测度分享经济及其对经济增长的贡献程度，已成为核算理论界和实务界均亟须解决的关键问题。

"十三五"时期，国家统计局致力于推动统计制度方法改革创新，建立新经济统计调查体系，分享经济、数字经济、平台经济等新经济统计核算工作受到了政府的重视和学术界的广泛关注。但是，科学对分享经济进行核算面临着大量难题，特别是分享经济生产核算较传统生产核算范围更加宽泛、计值更为困难（万东华等，2017）。近年来，国外统计部门虽开已展了系列分享经济的核算研究，但仍处于探索阶段未形成较成熟的核算方法；国内关于分享经济增加值的探究更是刚刚起步，分享经济的概念和范围尚未达成统一认识，核算主体、客体、原则和方法都有待进一步明确，探讨分享经济的核算具有现实性和紧迫性。

分享经济概念的起源，涉及协同消费、交易成本和多边平台等理论。协同消费理论是由Felson和Spaeth（1978）提出的，意为多人同时参与消费产品或服务的行为，强调形式上个人与个人共同消费。而后，Botsman和Rogers（2010）将

[①]《人力资源社会保障部、市场监管总局、国家统计局联合发布智能制造工程技术人员等16个新职业》，http：//www.mohrss.gov.cn/SYrlzyhshbzb/dongtaixinwen/buneiyaowen/202003/t20200302_361093.html；《人力资源社会保障部、市场监管总局、国家统计局联合发布区块链工程技术人员等9个新职业》，http：//www.mohrss.gov.cn/SYrlzyhshbzb/dongtaixinwen/buneiyaowen/202007/t20200706_378513.html。

协同消费由"点对点"的形式扩展到具有一定规模的"多对多"交易,并指出分享经济是通过分享未充分利用的资源获取收益的经济活动。Belk(2014)认为,协同消费是互联网时代产生的现象,是人们为了一种收费或其他补助而协调资源的获取和分配。Frenken 等(2015)则将分享经济定义为,消费者相互临时允许对方使用未充分利用的实物资产(闲置产能),目的可能是获利。

交易成本降低是驱动分享经济发展的关键因素之一(Henten 和 Windekilde,2016)。数字技术的出现使分享经济克服了交易成本、信任和声誉等障碍(Schor 和 Fitzmaurice,2015;Stokes 等,2014)。Friedman(2014)指出,居民个人利用闲置资源承担起生产者的职责,"零工经济"由此兴起,这一转变将分享经济的交易范围扩展到企业中。Frenken 等(2015)认为,分享经济具有三维特性:C2C、临时使用和实物,如果分享的不是实物而是提供的个人服务,如跑腿、做饭等,则称为按需经济。

从平台视角来看,分享经济的定义涉及交易成本、多边平台等理论。Henten 和 Windekilde(2016)认为,有利于降低交易成本的平台可以创造双边市场,也可以发展为多边平台,这些商业模式在互联网的推动下变得越来越普遍。多边平台概念是双边市场的延伸,多边平台存在超过两种不同类型的客户互相依赖的现象。Hagiu 和 Wright(2015)通过不同客户群体之间的直接互动来区分多边平台和经销商、供应商。Frenken 和 Schor(2017)指出分享经济的参与者包括提供方、需求方和平台方,分享的参与形式由传统的线下交易扩展成为线上交易。分享经济平台相较于传统企业具有边界流动性,组织边界较为模糊(Constantiou 等,2017),平台成员可自主选择何时提供何种服务,这使分享经济平台具有更强的竞争力。

关于分享经济的内涵特征,多数学者认为分享闲置产能是分享经济定义的核心,须将其与提供个人服务区分开。例如,通过 UberPop 预订出租车和通过 BlaBlacar[①] 安排乘车之间有根本性区别(Meelen 和 Frenken,2015)。Friedman(2014)发现,越来越多的美国工人寻求更灵活的工作时间和工作方式,不再遵循企业协定的雇佣关系,而往往只签订短期合同,利用零散时间完成工作。分享经济供给者的就业性质多为兼职,即与平台签订依赖性合同,依赖平台的订单提

---

① UberPop 是一种成本较低、适合普通大众的低端专车服务。BlaBlaCar 是一个顺风车平台,有跨城旅行需求的用户可通过平台提前预订有空座资源的私家车,分摊出行费用。

供分享服务。在分享经济中，人们在选择贸易伙伴或合作者时存在各种排他行为（Schor 和 Fitzmaurice，2015）。大多已有观点认为，分享经济具有"让渡闲置资源使用权""基于互联网平台""获取收益"等特征（万东华等，2017；余芳东，2018）。

关于分享经济核算，国外已经开展了一系列理论和实践探索。英国统计局自 2016 年起，启动了对分享经济规模测度的系列研究，将分享经济分为物业租赁、点对点服务、合作金融三个领域，基于个人调查数据、政府数据和大数据，反映分享经济发展状况（Office for National Statistics，2017）。Canada Statistics（2017）以住宿服务平台、运输服务平台为例，说明了分享经济产出的核算步骤，并归纳总结了核算问题的难点。Australian Bureau of Statistics（2017）重点关注分享经济中的产业分类，通过构建"分享经济决策树"，以分享住宿服务为例，说明了如何实现与共享经济有关的业务部门进行特有的行业分类。OECD（2019）针对私人平台机构与官方平台机构不同受访者进行了调查，并提出了更科学、系统的测算改进方法。

国内对分享经济核算的研究大多停留在理论和方法探讨阶段。许宪春（2016）指出，分享经济参与者大都不是法人单位和个体经营户，而是居民个人，传统的统计调查方法不再适用。金红（2017）从统计视角，将共享经济限定于居民个人通过互联网数字平台进行的有偿的闲置资产使用权的转移。向书坚和吴文君（2018）基于 OECD 官方统计实务的研究成果，以 P2P 形式的住房分享和乘车分享服务为例，分析了分享经济核算数据的两类主要来源：官方税务局和抽样调查数据。平卫英和罗良清（2018）借鉴加拿大统计局的研究成果，对交通运输服务、私人住宿服务的核算过程进行了初步研究，详细分解了这些分享活动在宏观核算中的主体分类、生产活动的类别以及与现行国民核算体系的关系，并提出构建分享经济卫星账户的基本架构。另外，李静萍和高敏雪（2018）对网约打车交易核算的研究也为分享经济的核算提供了一些思路。较新的成果为向书坚等（2021）对分享经济的生产与产出核算问题的探讨，该研究创新性设计了分享经济产品和行业的统计分类标准。

从已有研究来看，关于分享经济增加值核算的研究并不多，且面临诸多困难：一是缺乏统一定义，分享与共享概念的混用降低了相关文献的科学性，同时也导致闲置资源在不同视角下的界定不同；二是核算对象不明确，存在着消费者同时也是生产者、消费品转变为投资品等角色转换问题，生产、消费范围都得到了极大拓展，当前行业分类体系无法反映和区分；三是核算方法不适用，针对传统企业的产出核算方法，不适用于以居民个人为主体的分享经济模式。基于此，本章将首先对分享经济特征及相关概念进行辨析，并尝试给出分享经济的统计定义；其次进一步对分享经济增加值核算主体与客体、核算范围及核算规则等进行探究；最后在SNA2008和CSNA2016框架下，给出分享经济增加值核算方法。

第二节 认识分享经济：内涵、特征、模式与识别

一、分享经济内涵与辨析

对于何谓分享经济，学术界、官方机构等目前尚未形成统一的定义。通过对分享经济定义的梳理（见表2-1）可以发现，现有对分享经济的理解可分为广义与狭义两大类。广义的分享经济是指以分享交换或营利为目的，通过线下或数字化平台，整合海量、分散的资产或技能与相关需求方以"点对点"形式进行分享，以寻求资源合理配置、互利共赢的一种经济活动；狭义的分享经济则是指个人与个人之间通过数字化平台，基于闲置资源使用权，以获取经济利益为目的的一种经济活动。

表2-1 国内外官方机构关于分享经济的定义与特征

	来源	定义	特征
国外	英国国家统计局	一种借助数字平台，人们或企业可以共享财产、资源、时间或技能，"解锁"先前未使用或未充分使用的资产的活动	• 通过数字平台 • 点对点使用权交易 • 未被充分利用资源
	澳大利亚统计局	一种通过使用网站或应用程序将从事经济活动的买方（用户）和卖方（供给者）联系起来的活动	• 通过数字平台 • 点对点交易 • 营利性
	加拿大统计局	通过数字平台的普及使商品和服务供给者与消费者建立联系，通常采取个人交易的形式，利用现有资产出租或借用产品而不是购买和拥有产品，在市场上提供服务	• 通过"第三方"数据平台 • 租赁或借用 • 企业和个人作为生产供给者

续表

	来源	定义	特征
国外	欧盟委员会	协作经济是促进经济活动的一种商业模式，为物品和服务的临时使用开放市场，不涉及所有权变更的交易活动，包括营利性与非营利性活动	• 通过在线平台 • 点对点使用权交易 • 闲置资源 • 营利性/非营利性
	美国商务部	以数字匹配公司概念定义分享经济——从事分享或协作经济活动的数据匹配企业	• 利用信息技术系统 • 闲置资源点对点交易 • 获利，非免费分享 • 平台不提供分享服务资产 • 平台与就业者无雇佣关系
国内	中国统计科学研究所	分享经济是经济主体通过互联网平台分享闲置资源，以低于专业性组织者的边际成本提供服务并获得收益的经济现象，其本质是以租代卖，资源的所有权与使用权分离	• 互联网平台 • 使用权交易 • 闲置资源
	国家信息中心	利用互联网等现代信息技术整合、分享海量的分散化闲置资源，满足多样化需求的经济活动总和	• 基于互联网 • 按需交易 • 闲置资源
	国家发展改革委	现阶段主要表现为利用网络信息技术，通过互联网平台对分散资源进行优化配置，强调所有权与使用权相对分离，实现动态及时、精准高效的供需对接以及消费使用与生产服务的深度融合的新型商业形态	• 通过互联网平台 • 使用权交易 • 按需交易 • 配置闲置资源

注：表中内容根据英国国家统计局、澳大利亚统计局、加拿大统计局、欧盟委员会、中国统计科学研究所、国家信息中心、国家发展改革委的相关论文及文件资料整理而成。

分享经济广义和狭义界定的主要区别有四个方面：一是交易目的。狭义的分享经济不同于礼物经济，不存在以慈善为目的的赠予式分享活动，是出于商业目的的分享；而广义的分享经济带有礼物经济色彩。二是参与对象。分享经济是以"点对点"形式进行的活动，即具有去中心化的特征，狭义的定义认为分享经济为个人与个人之间的活动，而广义的定义还存在着企业—个人、企业—企业、个人—企业三种形式。三是交易方式。狭义的分享经济依赖于互联网；而广义的界定则认为即使没有网络平台，点对点的分享行为仍然存在，如个人私下之间的分享活动。四是交易对象。狭义的基于闲置资源的使用权交易是现有官方机构及大多学者对分享经济达成的共识，但一些学者及企业认为分享经济不应局限于闲置资源，分散、海量资源的产权交易，诸如二手市场、线上购物网站的买卖也应纳入其中。

分享经济与传统经济具有明显差异（见表2-2）。首先，传统经济中买方与卖方的身份往往是固定的，而分享经济中的买方也可以是卖方。其次，传统经济下，企业在交易中占据主导地位，消费者往往不具有很强的议价空间；而分享经济下，买卖双方可角色互换，注重消费者的需求，分享双方地位平等。最后，传统经济下，存在大量经济剩余；而分享经济轻资产的特征不仅加快了市场交易效率，也提高了整体社会的产品使用效率。

表2-2 传统经济与分享经济的比较

主要特征	传统经济	分享经济
资源特征	经济资源	未被充分利用的经济资源
参与主体	买方、卖方	资源供给者、互联网平台、消费者
消费观念	拥有才能使用	使用而不占有、不使用即浪费
组织架构	法人或社会实体主导	去中心化—再中心化
发展理念	实现价值获取	闲置资源再利用
用户体验	消费者被动	消费者需求推动发展
运营特征	重资产	轻资产
交易成本	高	低
社会环境	较多经济剩余	高效、可持续

分享经济也有别于共享经济。首先，从经济活动性质来说，共享经济"共"而享之相比于分享经济的"分"而享之，具有公共经济所注重的资源的公平性分配特征。分享经济是按需经济，重在闲置资源的再分配，释放市场经济剩余来满足消费者的需求，注重分享活动的有效性；而共享经济重在资源的分配，互联网通过加速市场交易效率使资源得以重复利用，以提高利用效率，强调"人人能享用"，注重公平性。其次，分享经济是基于资源主要用途之外的非排他性服务（向书坚等，2021），对闲置资源使用权进行交易，使用权和所有权分离；而共享经济是利用大量零碎、分散的经济资源进行使用权共享，是将受众的产权（使用权和所有权等）与他人共同拥有，切割了产权主体（张文明和张孝德，2018），一般由企业掌握所有权，却不享受使用权。最后，两种经济活动充分条件不同。基于闲置资源供给、闲置资源对于供需双方能够产生不同效用是分享经济活动的

两个充分条件；而在共享经济中，资源供给更为充足，只要消费者愿意支付对价便可做到人人共享。

二、分享经济的主要特征

认识分享经济需要依据其所具有的主要特征进行辨别。在现有的分享经济定义中，归纳起来，有些特征已经基本形成了共识，包括基于闲置资源、使用权分享、通过平台交易和依赖性合同工等。

第一，资源特征：具有非市场价格的闲置资源。闲置资源既可以是基于实物资产的使用权的转移，也可以是基于产能或基于人力资本（如认知盈余）的分享。闲置资源能够被提供、其剩余使用价值对需求者和供给者能够产生不同的效用是分享交易进行的两个条件。当闲置资源供给者在消费了能够满足其需要的使用价值之后，无论该资源以何种形态存在，对供给者来说剩余的使用价值都是相对无用的，由此便形成了闲置资源。对需求者来说，闲置资源的剩余价值能够产生传统经济中同等或更高的效用，这样分享交易才得以进行。闲置资源的实质在于非市场价格，即以免费、低于或高于市场的价格交换。一方面，消费者追求能够以更低的成本获得服务，如分享住宿；另一方面，消费者通过付出高报酬以追求传统市场难以提供的差异化服务，如外卖、跑腿服务。上述两种情况都会驱使分享经济活动的产生。

第二，交易对象：使用权分享。随着人们的产权意识的转变，逐渐出现了使用权与所有权分离的交易形式，分享经济就是这类交易活动的一个体现。分享的核心是鼓励人们互相租用彼此的东西，本质是让个人或企业拥有的闲置资源，为更多人所用，指权力的拥有者只在一定条件下让渡一定期限的使用权，而不改变所有权。在分享经济中，闲置资源具有非排他性，消费者不具有所有权，消费者仅仅是为了获取使用权而付费，资源利用率得到极大提高。

第三，运营特征：去中心化—再中心化。分享经济活动一直都存在，分享是与人类一样古老的现象（Belk，2014），最初为个体间线下形式，随着"互联网+"时代的来临，数字技术的巨大变革使点对点交易规模化，如区块链技术创造了"比特币"市场，分享经济也从小规模线下交易发展成为大规模的线上交易。过去，闲置产能通常可以免费提供给家人和朋友；但现在，因为可以赚取高额租金（Frenken 和 Schor，2017），这种产能将更多地在平台上提供。阿鲁·萨丹拉彻（2017）提出分享经济活动是基于一种"网"开展的，这种"网"允许任何节点在任何方向上互相连接，即具有去中心化的特征。另外，分享经济平台系统能够快速进行供需匹配，主要为供需双方提供信息，并构建评价机制和支付安全机制，又具有再中心化的特征。

第四，就业特征：依赖性合同。分享经济的供给者与分享经济平台的协定关系不同于传统企业，其雇佣模式也遵循"使用而不占有"的特征，即不会签订固定期限或无固定期限合同。分享经济平台与就业者之间依靠签订依赖性合同而建立雇佣关系，闲置资源供给者即为依赖性合同工。依赖性合同工是指依靠商业订单，为其他经济单位或通过其他经济单位进行生产或服务的人，他们没有生产经营决策权，在组织和执行工作、获取收入或进入市场方面依赖其他单位，但并不是雇员。

三、分享经济的主要模式

认识分享经济，需要进一步对其在实践中的主要交易模式进行探究。一般而言，分享经济的交易流程主要包括：首先，由平台进行大数据匹配或由供需双方依靠平台自行匹配，生成订单，这种订单是随机的，具有点对点特征；其次，闲置资源供给者为需求者依照订单提供分享服务，待交易完成后，消费者向平台支付报酬；最后，平台扮演着信息要素提供者和担保方的角色，免费或依据一定比例从所获款项中提取信息服务费，清算后向服务供给者支付报酬。除了供给者、需求者和平台外，实际交易中往往还会有广告商参与其中。归纳起来，按照参与主体及交易方式的不同，分享经济可分为三类，即无广告商参与模式、有广告商参与的免费信息服务模式和有广告商参与的付费信息服务模式。

图2-1为无广告商参与模式，消费者为服务买单后，分享经济平台依据合同扣除一定的中介费用，即提供信息要素所产生的收益，最终将剩余报酬向供给者进行支付。

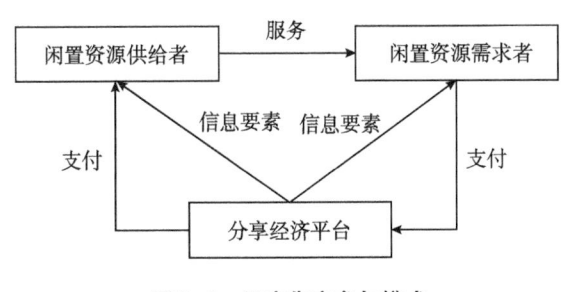

图 2-1 无广告商参与模式

图 2-2 为通过广告商进行融资，分享经济平台提供免费信息服务的模式，涉及分享经济平台、闲置资源供给者、需求者和广告商之间的四角关系。广告商为分享经济平台提供资金，分享经济平台为广告商提供营销服务，并为需求者提供免费产品。因此，分享经济平台产生的销售额对应于广告服务的价值，相应地，也等于提供给消费者的免费服务价值。

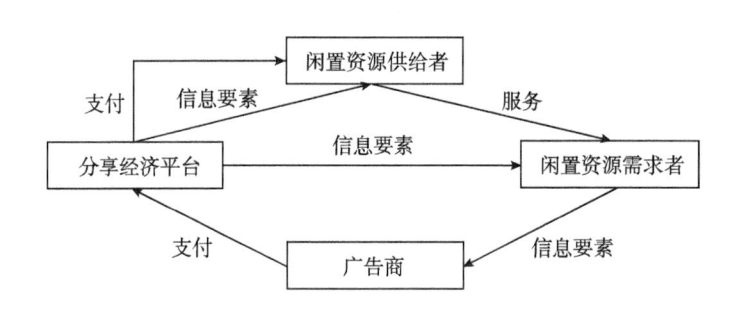

图 2-2　有广告商参与的免费信息服务模式

图 2-3 为有广告商参与的付费信息服务模式，这是分享经济最主要也是最普遍的交易模式。分享经济平台存在两种获利方式：一方面为闲置资源供给者、需求者提供信息要素，从消费者支付对价中按比例扣除信息服务费；另一方面以出售营销服务的形式获取广告收入，涉及分享经济平台、闲置资源供给者、需求者和广告商四个参与主体。

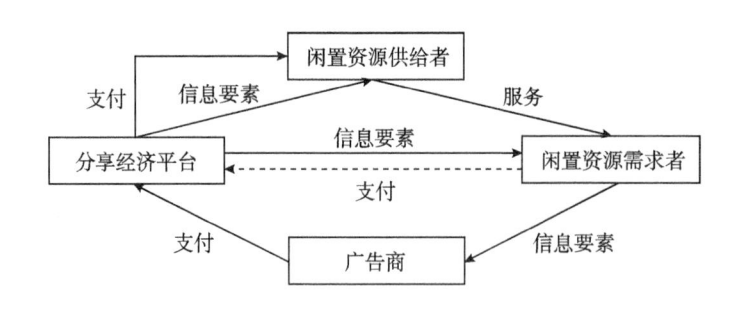

图 2-3　有广告商参与的付费信息服务模式

另外，按交易对象进行划分，分享经济模式可分为 C2C、C2B、B2B、B2C 四种（平卫英和罗良清，2018）。C 代表 Customer，B 代表 Business。C2C 模式表现为个体与个体之间的交易,如点对点住房分享活动,供需双方直接在平台上进行对接,典型企业有"蚂蚁短租""天使汇"等。C2B模式表现为个体与企业之间的交易,类似于传统经济下的"外包服务",在分享经济中主要表现为"众包服务"。两者的不同在于,外包服务由企业参与,提供专业化资源以提升生产效率,但众包服务的任务由个体承担,通过平台接单以提供认知盈余,典型企业有"阿里众包""猪八戒网""任务中国"等。B2B模式表现为企业与企业之间的交易,如企业之间进行设备、闲置产能的分享:"Cohealo"分享闲置医疗设备,"淘工厂"利用停产时间分享闲置产能,"创客空间"分享闲置空间,等等。B2C模式资源供给方为企业,需求方为个体,平台类似于传统经济下的"承包商",建立交易双方的对接,典型企业如"滴滴巴士"等拥有闲置巴士的公司通过该平台为上班族提供接送服务。各种交易模式如表2-3所示。

表2-3 分享经济交易模式

交易模式		典型企业
C2C	个体—个体	蚂蚁短租、天使汇
C2B	个体—企业	阿里众包
B2B	企业—企业	淘工厂、创客空间
B2C	企业—个体	滴滴巴士

四、分享经济的定义与活动识别

尽管分享经济有广义和狭义之分,且现有定义和主要特征不尽相同,但从核算的角度出发,我们仍需要给出分享经济的统计定义。通过对其主要特征和模式进行探讨,我们可以发现分享经济的定义不宜太宽,并且在对分享经济实际活动进行识别时应当具有一定的可操作性。对此,分享经济可以被界定为:由闲置资源供给者(可以是个人也可以是企业),通过与互联网平台签订依赖性合同,采取点对点交易的形式,以非市场价格让渡闲置实物资产的使用权或提供认知盈余,以低于专业组织的边际成本提供服务并盈利的相关经济活动。

这一定义强调了闲置资源的属性,是以非市场价格让渡的、未被充分利用的资源,包括基于使用权分享的设备等有形资产,以及基于认知盈余分享的知识、技能等人力资本;分享的目的是获取经济利益,并非无偿的分享;在参与主体中，供给者可以是个人也可以是企业；互联网平台是不可或缺的因素，发挥着核心作用，其只提供信息服务而不拥有闲置资源，正是这种特性使分享经济具有去中心化的特征。

按照所给出的分享经济定义，我们可以进一步对分享经济活动进行识别。由于分享经济活动涉及平台，因此只需要将平台活动中属于分享经济的部分分离出来。借鉴 Office for National Statistics（2017）对分享经济企业的识别方法，我们可以采用决策树对分享经济活动进行识别。考虑到分享经济的复杂性，一般来说，平台的业务大部分是混合业务，并不都归属于分享经济，因此需要对分享经济平台的不同业务进行识别，划分出分享经济活动。决策树如图 2-4 所示，若被调查平台有一项不满足分享经济的活动特征，则不属于分享经济范畴。

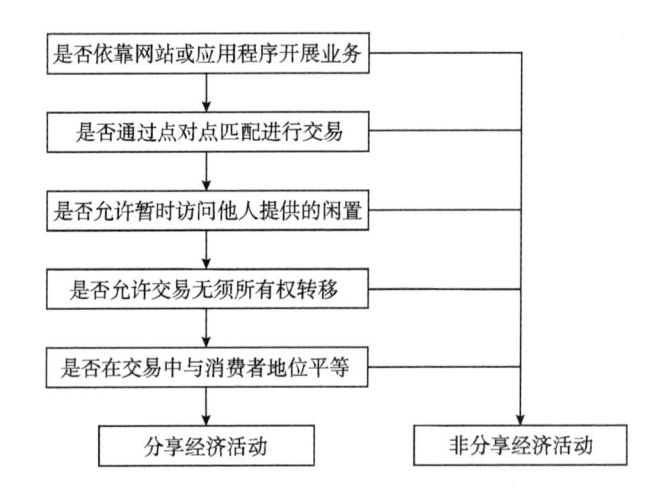

图 2-4　识别分享经济活动的决策树

第三节　分享经济增加值核算机理

分享经济与传统经济的模式存在较大差异，现有国民经济核算理论不能满足分享经济增加值核算，本节以 SNA2008 与 CSNA2016 为基准，探讨分享经济增加值核算相关理论基础。

一、核算困境

分享活动的复杂性为分享经济增加值核算带来诸多困难，主要表现为以下几点：

第一，现行核算方法不适用。分享经济的核算对象主要是闲置资源供给者所提供的服务以及由分享经济活动延伸产生的互联网平台提供的信息服务。一是核算主体及客体发生改变，如个人生产活动取代了部分传统产业，或增加了一些新兴行业。二是一些新经济活动缺乏对应产品及产业分类，与传统经济活动难以区分。例如，滴滴出行平台按经营模式应划分为现代互联网平台行业，但因其业务复杂，运输业务收入超出作为互联网平台的营业收入，归为传统的交通运输业，显然这样的行业划分有悖于企业性质。三是采用非市场价格交易的闲置资源如何计价也是一大难题。

第二，生产边界扩大，生产者与消费者角色转换频繁。由于分享经济的生产者不再由企业主导，而是以个人、家庭等为主体，如在传统经济中被称为"黑车"的自有汽车运营、家庭将房间租给客人数晚等活动，由非正规经济转而被纳入合规的生产范围，分享经济的生产边界扩展，这使在 SNA 中由于住户部门忽略了居民个体生产性活动所得到的增加值被低估。再者，关于生产边界，在分享经济下，由于物联网技术的发展，分享经济平台能够非常便捷地记录交易数据，这解决了自给性服务的估价问题，如司机在回家途中搭载乘客。此类具有分享性质的"自给性生产服务"是否仍应排除在生产范围之外，需要重新探讨（宋旭光和周远翔，2019）。同时，在互联网与分享经济的作用下，诸如数据分析、处理等辅助活动已不能视为附带活动，因此具有分享性质的辅助性活动也应被纳入增加值核算范围。

第三，耐用品与投资品界限难以划定。对于个人实物资产的分享行为，如当私家车被用于搭载乘客时，传统模式下的个人耐用消费品转变为生产模式下的固定资产，支出法中本应计入最终消费支出的份额转变为固定资本形成的份额，如何合理地进行处理需要考虑，且实际情况中耐用品与投资品角色转换频繁。

第四，雇员与自雇工作者难以界定。分享经济是基于闲置资源的交易活动，不影响供给者的主要活动，在分享经济活动中无论就业者、失业者都可以提供劳动成为另一形式下的"就业"，因此，闲置要素供给者应被归为雇员还是自雇工作者需做探讨。

第五，免费服务核算的困难。依托于互联网发展的分享经济平台为交易双方提供免费的信息服务，大大提高了市场交易效率，这些看似"免费"或"低价"的服务实际上是分享经济平台赖以从市场获取收益的产出，核算时若将其忽略势必会造成增加值的低估，如何进行处理一直是学术界的研究热点，现有的核算方法一般是将其以广告投入的形式纳入统计。

第六，数据收集的困难性。一方面，分享经济活动具有跨行业特征，社会分工模糊，难以从传统行业中进行剥离。另一方面，传统统计多运用企业法，以企业为单位，结合政府统计数据，辅以居民抽样调查数据进行增加值核算，但在分享经济下，居民个人是主要参与者，规模庞大，数据难以收集；同时，随着经济全球化的发展，非常住居民在我国境内的分享经济活动也越来越多，这也会对数据收集带来较大困难。

二、基层单位和机构部门

分享经济的参与者主要有闲置资源供给者、需求者及分享经济平台。依据SNA2008，分享经济的核算主体为分享经济生产者，包含闲置资源供给者和分享经济平台。

(一) 关于闲置资源供给者范围的争议

当闲置资源供给者以依赖性合同工的身份，以接近于零的边际成本，提供闲置资源，而消费者能够获得传统市场下所没有的"个性化"服务或以低于传统市场价格获得同等或更高的效用时，交易便会发生。当前，关于闲置资源供给者的范围主要有两个争议。

第一，"是否包括全职工作者或传统企业所提供的专业化资源"。一些学者认为分享经济活动是一种兼职活动，不能影响本职工作，全职工作者所提供的服务是专业化的，传统企业进行产能共享所提供的资源也是专业化的，如专业汽车租赁公司借助分享经济平台进行接单、传统专营酒店借助平台提供住宿服务，专业化资源不属于闲置资源。而笔者同张蒙（2020）等的观点一致，认为全职工作者通过平台系统所分享的专业化资源应包括在分享经济内，而传统企业所提供的专业化资源并不属于分享经济。对于全职工作者来说，借助分享经济平台接单一定是在待业状态下进行的，可以将这种状态视为时间的分享，这是传统市场下的经济剩余，是未被充分利用的资源，是相对闲置的资源；再者，分享经济的去中心化特征，使排除在传统GDP核算主体之外的住户部门成为分享经济活动的主要参与者，住户部门大规模成为生产者的现象对传统经济产生了重要影响，需要将其产出纳入分享经济的生产范围之内，避免造成增加值的低估。而传统企业所提供的专业化资源仅仅是该资源在闲置状态下的再配置。例如，专业汽车租赁公司借助平台所提供的汽车与司机，仍然属于传统租赁业务。判断是否是闲置资源的关键在于把握闲置的实质，在于非市场价格。消费者通过分享经济平台获取专业汽车租赁公司的服务一定是高于或低于传统市场价格的。正如滴滴出行中所提供的出租车服务并不属于闲置资源，出租车司机仅依靠平台获取信息，仍按照传统既定价格提供运输服务，消费者也仍支付与市场价相同的对价。因此，分享经济的用户特征是大众参与，其中包括满足条件的全职工作者，但不包括提供的专业化资源的传统企业。

第二，"分享经济平台是否提供闲置资源"。本章认为分享经济平台不应拥有闲置资源，分享经济具有对等网络的特征，对等网络是指一种在对等者（Peer）之间分配任务的分布式应用架构，强调依靠用户群相互交换信息，每个参与者地位对等，具有同等能力。分享经济模式不同于传统企业配置，是以点对点交易方式进行的，更接近于市场配置，若分享经济平台拥有闲置资源所有权，直接提供给消费者，则变成传统中介模式，而不是分享经济模式。通过以上分析可知，分享经济平台不拥有提供分享服务所需的闲置资源。

（二）关于分享经济平台必要性的争议

分享经济平台指基于互联网技术，通过群聚效应将分散化、碎片化的分享活动进行整合，通过为交易双方提供信息要素以降低搜寻成本、提高效率、提供直接对接机会的一类企业（Constantiou 等，2017）。大多以社会学为研究视角的学者认为，非数字化的点对点分享活动是一种社会文化，互联网平台参与并非充分条件。向书坚等（2021）也认为，平台是推动分享经济规模化的重要条件，但非必要条件。李凯（2019）指出，网络分享平台的信息服务被用于分享经济生产活动时，平台企业也应属于分享经济的生产者。Benoit 等（2017）认为，分享经济具有"三元结构"，互联网平台参与是必要因素，这与本章观点一致。其一，分享经济是一种新商业模式，是主要依赖于互联网技术而得以创造出的新经济活动形态，传统分享活动的规模化才能被称为"分享经济"；其二，基于产出核算的角度，传统经济下住户部门的分享活动并没有被纳入 GDP 核算中，主要原因在于其是存在于个体之间的小规模活动，对其他部门的影响有限，而分享经济在互联网技术的推动下已大规模化，从对传统产业的冲击到政府部门的监管困境，带来的影响已不容忽视，通过数字平台能够对规模化的分享活动进行量化。因此，分享经济的参与主体包括互联网平台，且其具有仅提供信息资源不提供闲置资源的特征。

（三）基层单位和机构部门分类

SNA 中的核算主体以机构部门和产业部门两种方式进行分类。其中，以机构部门为分类标准时，数据易于获得，但关注的是主要活动，不利于次要、辅助生产活动的统计；以产业部门为分类标准时，统计基层单位的数据，分类更为全面，但获取完整的核算资料比较困难。在分享经济核算中，更需关注辅助活动，现有生产核算并未对辅助活动产出进行专门核算。SNA2008 建议有条件时可将辅助活动作为基层单位单独核算。在分享经济中，当居民个人开展生产活动时，由于此生产活动具有特定场所且居民个人独立从事此项生产活动的，相关收入支出数据可由分享经济平台记录获得，因此可以将个人生产者视为一个基层单位；当企业为生产者时，可虚拟一个基层单位，将企业按所从事的具有同质性的分享活动视为一个基层单位。

在闲置资源使用权的分享活动中，居民个人占据主导地位，也存在基于产能、设备、空间分享的企业参与。分享经济平台的特征是不拥有也不提供闲置资源，其担任信息中介服务以协助分享经济交易，在 SNA 中被划分为非金融企业。相较于传统 SNA 生产者，分享经济生产者中增加了住户部门，另外，分享经济"营利性"特征将政府排除在生产者之外。因此，企业、住户应作为分享经济的核算主体。企业包括提供信息服务的分享经济平台，也包括提供分享服务的企业；住户包括提供分享服务的居民个人和住户成立的非法人企业。

三、生产范围

分享经济活动的发生需要具备两个条件：当闲置资源供给者让渡闲置资源使用权获得的收益大于其机会成本时，该资源会由自有消费品转变为商品被提供；再者，只有当闲置资源的剩余价值对供需双方能够产生不同效用，需求者愿意支付相应对价时，交易才会达成，即进行了生产。因此，"基于闲置资源使用权""营利性""同他人交易"等重要特征，使货物产出、纯粹留作自身最终使用而进行的生产排除在分享经济的生产核算范围之外。与 SNA2008 生产范围相比较，分享经济的生产范围如表 2-4 所示。

表 2-4　SNA2008 的生产范围与分享经济的生产范围比较

SNA2008	分享经济
1. 提供或准备提供给他人的货物或服务生产，包括在生产这些货物或服务过程中所消耗的货物或服务的生产	1. 提供给其他单位的符合分享性质的服务生产，包括在生产这些服务过程中所消耗的货物或服务的生产
2. 为自身最终消费或资本形成的货物自给性生产	2. 不包括生产者为了自身的最终消费或资本形成所保留的所有货物的自给性生产
3. 为自身最终消费或资本形成的知识载体产品的自给性生产，但不包括住户部门的自给性产品生产	3. 最初为了自身最终消费或资本形成所保留的知识载体产品发生了分享行为，符合分享性质的生产
4. 自有住房者的自给性住户服务	4. 符合分享性质的自有住房者的自给性住户服务
5. 雇佣付酬家政人员（不包括住户成员）提供的家庭和个人服务的生产。	5. 符合分享性质的雇佣付酬家政人员（不包括住户成员）提供的家庭和个人服务的生产

对于提供或准备提供给其他单位的货物或服务的生产，SNA2008 建议都应纳入生产范围；而在分享经济中，只包括已经提供给其他单位的符合分享性质的服务生产。这主要涵盖了两类生产者的服务产出：其一是基于闲置资源提供服务的生产者，需要满足"基于闲置资源使用权""营利性""同他人交易"的分享性质；其二是分享经济平台，其提供的信息协助了分享经济的生产活动，是一种中介服务，产出即为信息服务，这种信息服务可以是免费的也可以是付费的。

对于自给性货物生产，SNA2008 将所有为自身最终消费或资本形成所保留的货物的自给性生产纳入统计，但这些应排除在分享经济的生产范围之外，其一是因为自给性货物生产不存在分享行为，其二是因为分享经济的产出仅包括服务。

对于知识载体产品的自给性生产，SNA2008 不包括住户部门自给性产品生产，原因在于，住户部门在生产服务的同时便进行了消费，不存在生产出一项服务后再决定是否出售的情况，且这部分生产极少发生。但随着信息网络时代的来临，分享经济打破传统界限，如现有的知识分享平台——知乎、威客等，自媒体平台——喜马拉雅、百度百家等，居民个人利用自有知识和闲暇时间自创音频、文章、视频以供自身娱乐，当其通过网络等途径向外发布新闻、原创作品进行分享以获取收益时，即是生产行为，居民个人转变为生产者，此类分享活动为他人提供了服务，实现了服务的生产与消费相分离。因此，住户部门的知识载体产品自给性生产是否被纳入分享经济生产范围，需要进行具体讨论，若不发生分享行为，纯粹用于自身消费或资本形成，不纳入核算范围；若满足分享性质，在自给自用的同时与他人产生了交易,则应纳入生产统计范畴。

对于自有住房服务的生产,需进一步探讨。SNA 的生产范围排除了住户部门绝大部分的自给性服务,但自有住房者为自身最终消费的住房服务是个例外,一般会虚拟自有住房服务的价值,目的是保障住房服务的生产与消费的国际比较和跨期比较。在分享经济中,自有住房者的自给性服务需进行分辨,若为单纯的自给性服务,不存在分享行为,则不纳入核算范围;若在自给自足的同时产生了分享行为,如将自有住房一部分出租给客人,其他单位相应地也享受到此类服务,则应纳入生产统计范畴。

对于雇佣付酬家政人员(不包括住户成员,如保姆、厨师、园丁、司机等)提供的家庭和个人服务的生产,涵盖在 SNA 的生产范围内。相应地,在分享经济中,付酬家政人员利用闲暇时间为住户部门提供服务以获取报酬,此类服务产生了分享行为,符合"基于闲置资源使用权""营利性""同他人交易"的特征,应将此服务计入分享经济产出。同时应注意,仅将家政人员的工资视为产出价值,其在工作中所消耗的其他材料不计入产出,原因在于难以确定材料的使用状况,究竟是由住户成员还是由家政人员消耗。

值得注意的是,SNA 中将住户部门大部分的自给性服务产出排除在统计范围之外,原因主要有三点:其一是住户部门的自给性服务具有生产和消费同时发生的特点,且对其他部门影响极小;其二是难以合理估价;其三是此类产出若纳入统计,会对政策制定、数据统计等各方面造成扭曲。宋旭光和周远翔(2019)认为,分享经济的规模化发展使住户部门的自给性服务在存在产出剩余时可进行分享,服务的生产与消费可分离;且分享经济平台数据能够提供详细的服务价格记录,不再难以估计;另外,分享经济下大量的自给性服务不仅受经济政策影响,也影响经济政策制定,带来的影响已不容小觑。本章考虑到核算的现实意义及可行性,认为对于住户部门的自给性服务生产,将剩余部分进行出售时,若满足分享经济性质,应划分为提供给其他单位的服务生产范围;若纯粹用于自身消费则同传统经济下处理方法相同,应排除在产出范围之外。

四、核算原则

(一)记录时间

分享经济增加值核算仍然适用 SNA 的权责发生制。基于闲置资源使用权让渡的分享交易活动不会产生物质产品,这决定了分享经济的产出只有服务。按照

SNA，服务在提供的同时便被消耗，因此在提供时便进行记录。对于如住房服务等持续性服务，应在合同或住房可使用期内持续提供时记录。分享经济活动以网络平台为交易媒介，无论参与者是居民个人还是企业，分享经济平台都拥有完整的交易信息，由此可利用大数据采用权责发生制进行记录。再者，分享经济的交易多为订单模式，即闲置资源需求者先下单再进行交易，但实际上订单对此交易并不具有约束作用，订单可随时取消，因此，按照企业会计准则，初次提交订单无须处理，在交易确定时，进行会计处理。故权责发生制适用于分享经济及网络平台发生的交易，销售服务的记录时间为应收应付的时间。

(二) 估价原则

SNA按照四式记账原则，对产出以双方约定的市场价格进行记录，此原则仍然适用于分享经济。对于分享经济中平台化交易，Constantiou等（2017）提出分享经济平台具有两种定价机制：依据实时供求变化定价及基于供应商成本定价。两种定价机制均是价格生成模式，即平台或资源供给者按照市场价格定价，需求者有权选择是否在合理预期内进行交易，此种定价机制没有议价空间。因此，分享经济的平台化交易能够由系统准确记录，其所决定的发生在市场上的货币支付能够按照市场价格进行记录。此外，由于分享服务产品的同质可比性差（向书坚等，2021），所以需要编制基于质量调整的价格指数以减小系统偏差。

对于分享经济中由于新模式的出现而缺乏市场价进行衡量的服务，如分享经济平台为供需双方提供的免费信息服务，需要对其进行合理估价。SNA中给出了对产出进行估价的两种方法，即基本价格和生产者价格，销售服务应按基本价格计算，若没有基本价格，则以生产者价格代替。

第四节 分享经济增加值核算方法

中国国民经济核算体系2016（CSNA2016）在SNA2008的基础上，扩展添加了新兴经济核算，并指出分享经济包括在这一体系之内，建议采用生产法和收入法进行核算。本节采用CSNA2016建议，分别从生产法和收入法两个视角探讨分享经济增加值核算，支出法的不适用性主要源于对一些经济活动的识别困难。其一，上文所提到的耐用消费品与投资品的边界模糊，在实际应用中两者角色转换频繁，这使最终消费支出与固定资本形成总额难以区分，虽然两者的此起彼伏并不改变增加值总量，但会影响消费和投资结构，影响资本指标进而影响全要素生产率；其二，对于分享经济平台提供的一些免费服务，收入主要源于广告商，如知乎、喜马拉雅等自媒体平台，广告商以投资支出对其进行支付，平台向消费者提供免费服务，消费者享受服务却没有进行付费，而公司无法作为最终消费者，这使最终消费支出被大大低估；其三，对于提供给国外部门的分享服务难以分辨，数据收集极具困难，这又会影响进出口数据的准确性。

一、生产法核算

（一）分享经济总产出

分享经济总产出指生产单位在一定时期内从事分享经济活动生产的所有服务的价值。参考 SNA 产出的概念，分享经济的总产出也可分为市场性产出、为自身最终使用的总产出及非市场性总产出。

市场性产出，包括闲置资源供给者以显著经济意义价格出售的分享服务的价值，也包括分享经济平台提供的信息服务价值。为自身最终使用的总产出，可进一步划分为部分用于出售的产出以及专门为自身最终使用的产出，前者若满足分享经济性质，则包括在分享经济总产出内；后者不应纳入分享经济范畴。非市场性总产出，包括分享经济平台以免费或没有显著经济意义的价格所提供的服务。

当分享经济服务数量易于计量且有明确的服务价格时，可采用产品总值法计算总产出，则有：服务业总产出＝服务数量×服务价格。比如在分享住宿业，服务交易的数量等于房屋出租数。由于短租平台属于 Constantiou 等（2017）提出的四种运营模式中的监护人（Chaperones）模式，服务单价由生产者基于实时供求变化进行规定，即每一次消费者支付的租金都可能不同，故分享住宿业的总产出等于房屋出租数乘以租金，其中包括分享经济平台的总产出及住房供给者总产出。

当服务数量难于计算或服务价格难以明确时，一般采用收入替代法进行总产出的计算，这也是服务业核算最普遍使用的方法。比如一些咨询、知识分享服务，由于其服务数量可能由点击量、浏览时长等方式衡量，难以统计服务发生的数量，即使生产者利用闲置资源提供同种服务，也无法用产品总值法进行计算。但收入总是可衡量的，生产者获取得到的总价款即为服务的总产出，是消费者（或消费者和广告商）花费的总支出。

参考高敏雪等（2018）的思路，这个总产出会分解为两个部分：一是闲置资源供给者（类似于按生产者价格计算的产值）；二是分享经济平台（类似于商品流通过程中的加价）。但在不同的分享经济交易模式下，这两部分的表现方式不同，在核算上的关系也存在差异，主要原则是按照供给者和平台获取的收入来分比例拆分。

对于具有完整会计核算资料的分享经济平台来说，总产出的计算没有困难，但对于住户部门的居民个人或非法人企业，需要分享经济平台提供相关数据——所有交易及付费记录均依赖于平台产生，将分享服务生产者的产出进行加总，即可得到其总产出。

（二）分享经济中间消耗

分享经济中间消耗是指生产单位在分享经济的生产过程中，所消耗和使用的资本形成以外的货物和服务的价值。按交易模式来说，分享经济的产出具有两种效用，如图 2-5 所示：当以 C2C、B2C 模式交易时产生消费效用，消费者享受的服务计入最终消费支出；当以 C2B、B2B 模式交易时产生生产效用，生产者无法进行最终消费，用于其他货物或服务的生产应计入企业的中间消耗。例如，在众包服务中，居民个人利用闲暇时间或认知盈余，为企业提供生产性服务，企业作为生产单位，消耗此类服务产出的效用以进行生产。因此，分享经济的中间消耗不但包括传统经济中的非耐用品消耗、同一企业的不同基层单位之间所提供的服务，还包括分享经济生产者基于闲置资源所提供的具有生产效用的服务。

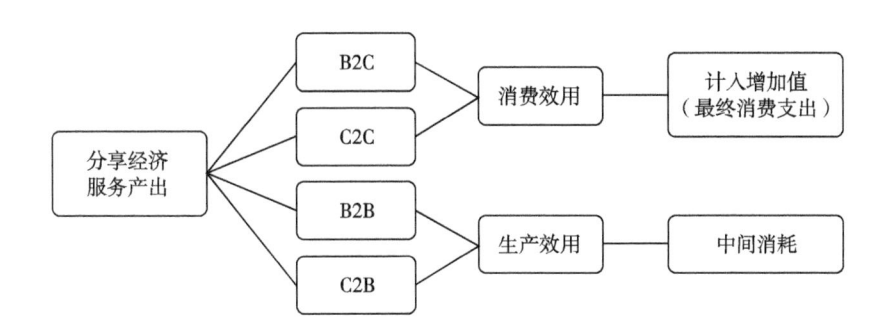

图 2-5 分享经济的产出效用

对于中间消耗的记录，企业传统的计算方式无法区分中间消耗用于主要活动还是分享经济活动，需要进行剥离计算，可参照计算固定资本消耗的工作量法，通过分享经济平台结合住户调查、就业统计等资料,估计中间消耗用于分享经济活动的所占比重。最为可行的是借助分享经济平台,获取闲置资源的基本信息,如住房使用年限、电脑设备状态等,在运营过程中也会记录短租所耗费的日用品数、用以推断耗油量的行驶里程数等交易数据。

(三)生产法下增加值核算的特殊处理

第一,固定资本消耗的处理需结合实际。基于闲置实物资产使用权的分享会产生固定资本消耗,针对个人耐用消费品出于经营目的转变为投资品的情况,需要进行特殊处理。例如,对于分享出行服务,当私家车自用时归类于耐用消费品;用于搭载乘客时转变为投资品,一旦服务结束,又归于消费品。频繁的角色转换使其既不能完全归入耐用消费品,又不能完全视为固定资产。SNA卫星账户中建议,在生产概念被扩大的情况下,最终消费和资本形成的界限也可以按照不同方式进行修改。因此,针对耐用品转为固定资产的不同情况,应依据实际采用不同方法提取固定资本消耗,如私家车采用工作量法,住房采用直线法。

第二,分享经济平台提供的优惠、补贴视为对分享服务供给者营销服务的购买。分享经济平台为了能够长时间获利,"黏住"大量用户,常常在营业初期提供高额的优惠和补贴,如打车券、外卖优惠券等,此类免费服务的效果正如广告,企业以提供优惠和补贴的方式获取更高的知名度,拓宽市场,使更多的服务生产者与消费者参与其中。此类优惠可分为生产端和消费端两类。生产端的优惠主要是针对分享服务供给者,网络平台以提供免费信息服务的方式加快市场交易效率协助分享交易;消费端优惠是针对消费者,平台给予各类优惠券,促使消费者参与分享经济活动。生产端的优惠等同于对生产者营销服务的直接购买,而消费端的优惠实际上是对生产者营销服务的间接购买。因此,闲置资源供给者在提供分享服务的同时也提供了营销服务,属于服务产出;对于平台来说,属于中间消耗,应计入销售费用。

第三,公司作为生产者的情况,需要虚拟一个基层单位单独进行。公司作为闲置资源供给者以B2B、B2C模式参与分享经济活动,主要提供闲置实物资产或闲置产能分享。这种情况下,可假设公司下设一独立的基层单位专门从事分享经济活动,所得收入即为提供闲置资源分享的报酬,在服务过程中发生的货物或服务的投入记录为分享经济中间消耗,相关固定资产消耗可按工作量法提取。能够这样处理的原因在于:其一是公司本身即为生产者,参与分享经济活动不会出现生产边界、耐用品与投资品、雇员与自雇者难以界定的问题,分享经济的产出均包括在传统经济产出范围内；其二是企业拥有完整的核算资料，只需将归于分享经济活动的数据进行单独记录，具备可行性；其三是基于闲置产能或闲置资源使用权的分享，与代加工服务或固定资产租赁的记录方法相同，此类活动在传统核算中以次要活动计入增加值，只需将符合分享性质的产出活动进行剥离计入分享经济产出即可。

二、收入法核算

SNA 收入形成账户将增加值分为雇员报酬、生产税净额、固定资产折旧和营业盈余（或混合收入）。宋旭光和周远翔（2019）指出，平台服务的兴起能够提供更多的就业机会，但由此产生了劳动雇佣类型的边界范围模糊等问题。上文提出生产范围的扩大使分享经济中雇员与自雇者界限模糊，这会影响企业及住户部门产出的统计。故探讨收入法前，需对分享经济中作为生产者的居民个人的就业角色进行界定。

（一）分享经济的雇员和自雇者

就业者可分为雇员和自雇者，自雇者又分为雇主和自雇工作者，自雇工作者进一步分为外包工和普通自雇工作者。分享经济就业者组织程度较低，很少或没有区分生产要素中的劳动与资本，大多属于个人生产者，其用于分享经济生产活动的支出通常很难从住户支出中区分出来，并且如私家车、住房等闲置资源可能也很难区分家用或是商用，劳动关系主要是基于临时雇用，而非通过有正式保障的合同安排。这与国际劳工组织（ILO）所定义的非正规部门活动极为相似。参考 SNA 及 ILO 所定义的非正规部门，本节将分享经济就业者进行分类，如图 2-6 所示。

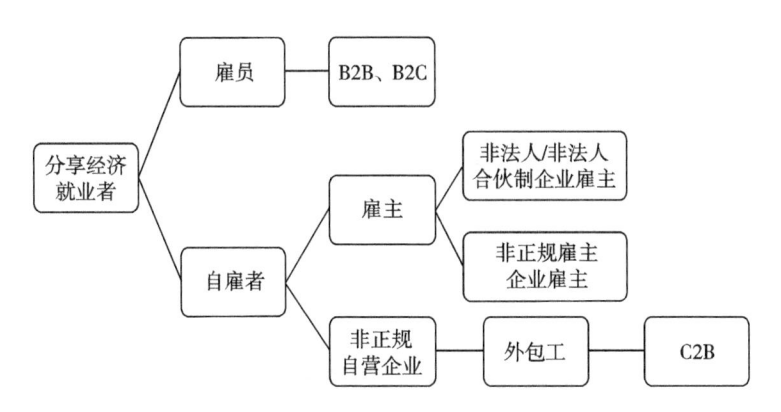

图 2-6 分享经济就业者分类

在一级分类下，分享经济就业者分为雇员和自雇者。雇员指受雇于企业，当企业利用闲置资源提供分享经济服务时，直接或间接参与的一类人，主要以 B2B、B2C 模式参与分享经济活动。自雇者是分享经济中以 C2C、C2B 模式参与生产活动的主体，按照是否雇佣劳动力，分为雇主和非正规自营企业。在一段连续时间内，雇佣付酬员工的自雇者称为雇主，雇主进一步可分为非法人或非法人合伙制企业雇主和非正规雇主企业雇主。前者以企业所有者或合伙人的形式存在；后者是有雇员的非正规企业，其雇员规模有限，企业未注册。上述两者的雇主都可以以个人名义利用闲置资源以 C2B、C2C 模式提供服务。非正规自营企业，是无雇员的非正规企业，由居民个人组成，不是一个独立法人实体，生产中使用的固定资本可能会被用于其他目的，如实施活动的经营场所可能就是其家庭住宅，汽车既用于家庭也用于分享活动，缺乏详细的核算账户。自雇者所拥有企业都归属于住户部门的非法人企业，即非正规企业是非法人企业的子集。分享经济的外包工只能归属于非正规自营企业而不能划分为雇员，主要以 C2B 形式提供服务。原因在于：其一，分享经济中的众包模式中，企业与外包工之间没有明确的协议或合同，外包工所得报酬取决于所提供服务的价值；其二，企业对其支付应构成企业的中间消耗而非雇员报酬。

（二）收入法下分享经济增加值的核算

收入法下的分享经济增加值核算可分为公司、雇主及非正规自营企业三类进行讨论。

对于公司来说，其主要以 B2C、B2B 模式参与分享经济活动，包括提供闲置资源的企业生产者以及分享经济平台。与生产法核算相同，公司可专门设立一个从事分享经济活动的基层单位进行核算，相应的服务增加值为分享经济中雇员报酬、生产税净额、固定资本消耗及营业盈余四项总和。

对于以 C2C、C2B 模式参与分享经济活动的住户部门生产者，按是否雇佣劳动力可分为雇主和非正规自营企业两类（见图 2-6 中的二级分类）。在收入法下，雇主从事分享经济活动的增加值与 SNA 中非法人企业的核算处理相同，其中，混合收入包括营业盈余和企业所有者或家庭成员因提供闲置资源所获的劳动报酬。

非正规自营企业因不存在雇员，仅包括生产税净额、固定资本消耗和混合收入（营业盈余）三项。当分享经济活动无须进行纳税处理时，对于非正规自营企业，计入混合收入的所得报酬即为分享服务的净增加值。根据学术界的已有研究，可以根据经验比例法、生产函数法和交叉表推算法等方法对混合收入中的营业盈余和劳动者报酬进行分析。

第五节 结 语

数字化浪潮的到来、居民消费观念的转变为分享经济的蓬勃发展提供了新动能。这次疫情大流行期间，分享经济在远程医疗、在线教育、协同办公等多个领域广泛应用，推动着我国服务结构与消费结构优化升级。与此同时，分享经济统计核算问题也引起了广泛关注。基于对国内外官方统计机构与学术界的成果梳理，本章对分享经济增加值核算进行了系统性的初步探析。首先，从核算角度给出分享经济的统计定义，认为分享经济是由闲置资源供给者，通过与互联网平台签订依赖性合同，采取点对点交易的形式，以非市场价格让渡闲置实物资产的使用权或提供认知盈余，以低于专业组织的边际成本提供服务并盈利的相关经济活动。其次，在剖析当前核算困境的基础上，从基层单位和机构单位出发界定了分享经济的核算主体，进而明确 SNA 视角下分享经济的生产核算范围及核算会计原则。最后，从生产法和收入法两个视角深入探究了分享经济增加值核算方法。但基于现有研究较少、数据匮乏等原因，本章在核算理论框架等方面的讨论不够系统全面，还有待进一步深入研究。

除此之外，关于分享经济核算还存在诸多方面有待进一步讨论：其一是统计视角的定义未考虑供需双方私下交易的问题，即分享平台没有解决用户的"黏性"问题，供需双方达成一次交易后，后续的交易可能会绕过平台，这部分目前难以纳入统计范围；其二是关于价格指数的探究，分享经济与传统经济中价格指数存在较大不同，在产品特征、质量调整等多方面具有挑战；其三是关于就业与失业的统计，在分享经济中，雇员与雇佣者的概念更加弱化，对收入分配、就业与失业的统计产生了极大影响；其四是关于社会福利的衡量，分享经济降低了交易成本，改善了环境条件，为数字化发展提供了新动能，同时，对传统行业转型的推动作用也具有极大的不确定性。

参考文献

[1] 阿鲁·萨丹拉彻. 分享经济的爆发 [M]. 周恂, 译. 上海: 文汇出版社, 2017.

[2] 高敏雪, 张如一, 洪旸, 等. 在线付费知识产品生产交易模式与宏观核算方法研究 [J]. 统计与信息论坛, 2018, 33 (7): 25-33.

[3] 金红. 共享经济对重要统计数据的影响——兼论统计视角的共享经济内涵 [J]. 调研世界, 2017 (3): 57-60.

[4] 李静萍, 高敏雪. 网约打车交易宏观核算机理研究 [J]. 统计研究, 2018, 35 (3): 93-102.

[5] 李凯. 分享经济增加值核算研究 [D]. 武汉: 中南财经政法大学, 2019.

[6] 联合国, 欧盟委员会, 经济合作与发展组织, 等. 2008年国民账户体系 [M]. 北京: 中国统计出版社, 2012.

[7] 平卫英, 罗良清. 分享经济统计核算: 一个初步的研究框架 [J]. 统计研究, 2018, 35 (9): 3-15.

[8] 宋旭光, 周远翔. 分享经济对国民经济核算发展的影响 [J]. 统计研究, 2019, 36 (2): 3-10.

[9] 万东华, 余芳东, 原鹏飞, 等. 分享经济若干统计问题研究 [J]. 调研世界, 2017 (6): 3-5.

[10] 向书坚, 孔晓瑞, 李凯. 分享经济核算需要厘清的几个基本问题 [J]. 统计研究, 2021, 38 (8): 3-15.

[11] 向书坚, 吴文君. OECD数字经济核算研究最新动态及其启示 [J]. 统计研究, 2018, 35 (12): 3-15.

[12] 许宪春. 新经济的作用及其给政府统计工作带来的挑战 [J]. 经济纵横, 2016 (9): 1-5.

[13] 余芳东. 国外分享经济统计实践探索 [J]. 调研世界, 2018 (1): 4-8.

[14] 张蒙. 共享经济统计问题探析 [J]. 调研世界, 2020 (6): 61-65.

[15] 张文明, 张孝德. 分享经济的经济学逻辑及理论蕴意 [J]. 宏观经济研究, 2018 (11): 169-175.

[16] Australian Bureau of Statistics. Industry Treatment of Sharing Economy Units [R]. UNSD, 2017.

[17] Belk R. You are What You Can Access: Sharing and Collaborative Consumption Online [J]. Journal of Business Research, 2014 (67): 1595-1600.

[18] Benoit S, Baker T L, Bolton R N, et al. A Triadic Framework for Collaborative Consumption (CC): Motives, Activities and Resources & Capabilities of Actors [J]. Journal of Business Research, 2017, 79: 219-227.

[19] Botsman R, Rogers R. What's Mine is Yours: How Collaborative Consumption is Changing the Way We Live [M]. NY: Harper Collins US, 2010.

[20] Canada Statistics. Measuring the Sharing Economy in the Canadian Macroeconomic Accounts [R]. Statistics Canada, 2017.

[21] Constantiou I, Marton A, Tuunainen V K. Four Models of Sharing Economy Platforms [J]. Mis Quarterly Executive A Research Journal Dedicated to Improving Practice, 2017, 16 (4): 231-251.

[22] Felson M, Spaeth J L. Community Structure and Collaborative Consumption: A Routine Activity Approach [J]. American Behavioral Scientist, 1978, 21 (4): 614-624.

[23] Frenken K, Meelen T, Arets M, et al. Smarter Regulation for the Sharing Economy [J]. The Guardian, 2015, 20 (5): 2015.

[24] Frenken K, Schor J. Putting the Sharing Economy into Perspective [J]. Environmental Innovation and Societal Transitions, 2017, 23: 3-10.

[25] Friedman G. Workers Without Employers: Shadow Corporations and the Rise of the Gig Economy [J]. Review of Keynesian Economics, 2014 (2): 171-188.

[26] Hagiu A, Wright J. Multi-sided Platforms [J]. International Journal of Industrial Organization, 2015, 43 (11): 162-174.

[27] Henten A H, Windekilde I M. Transaction Costs and the Sharing Economy [J]. Info, 2016, 18 (1): 1-15.

[28] Meelen T, Frenken K. Stop Saying Uber is Part of the Sharing Economy [EB/OL]. 2015-01-14. https://www.fastcompany.com/3040863op-saying-uber-is-part-of-the-sharing-economy.

[29] OECD. Measuring Platform Mediated Workers [R]. OECD Digital Economy Papers, 2019.

[30] Office for National Statistics. The Feasibility of Measuring the Sharing Economy [R/OL]. 2017-11-09. https://www.ons.gov.uk/economy/economicoutputandproductivity/output/articles/thefeasibilityofmeasuringthesharingeconomy/november2017progressupdate.

[31] Schor J B, Fitzmaurice C J. Collaborating and Connecting: The Emergence of the Sharing Economy [M]. Handbook of Research on Sustainable Consumption. Cheltenham, UK: Edward Elgar Publishing Limited, 2015.

[32] Stokes K, Clarence E, Anderson L, et al. Making Sense of the UK Collaborative Economy [R]. Nesta and Collaborative Lab, 2014.

第三章

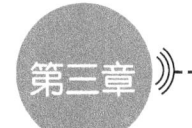

SNA 视角下数据资产及其核算问题研究

本章基于 SNA 围绕数据资产核算系列理论和实践问题展开探讨，首先对数据资产的概念与性质进行了讨论和辨析，其次探究数据资产核算范围界定、类别归属和列示处理、计值方法选择等问题，最后以高校为例探索了数据资产核算实践问题。本章的主要贡献有：第一，指出当今数据资产应同时具备可观测性、生产性、数字化和长寿命四个重要特征；第二，对住户部门所拥有数据、单条数据和少数若干条聚合数据、传统财会数据及用户隐私数据的纳入资产问题进行讨论，给出了数据资产核算范围的界定，提出应拓展知识产权产品范围、将数据和数据库合并分类、根据交易性和自给性选择数据资产计值方法、基于收入贴现的计值方法并不适用等观点；第三，提出对于外购交易性数据资产应根据访问部署方式来区分资产属性，进一步讨论了四种代表性的自给性数据资产的计值问题，最后给出了高校数据资产存量核算的方法和实现路径。本章研究可为宏观下开展数据资产核算理论研究和实践工作提供一定借鉴。

第一节 引言

近年来，随着大数据、云计算、人工智能、区块链、物联网等数字技术不断突破与发展，数字经济快速发展，成为促进经济增长的新的重要动力。在数字经济时代，数据的价值和作用不断凸显，成为最关键的核心生产要素，也日益成为企业和国家重要的战略资产和核心生产力。谁掌握了数据，谁就在数字经济发展浪潮中拥有更多的话语权。当前，数据规模正持续沿着摩尔定律方向进发，呈现出爆发式增长，大约每两年翻一番。数据驱动型生产和生活方式正在向各个领域渗透拓展，成为未来世界经济发展演变的潮流和趋势。2015 年 8 月，国务院印发《促进大数据发展行动纲要》，明确提出数据已成为国家基础性战略资源，要加大投入力度，加强数据存储、整理、分析处理、可视化、信息安全与隐私保护等领域技术产品的研发，打造较为健全的大数据产品体系；2020 年 4 月，中共中央、国务院印发《关于构建更加完善的要素市场化配置体制机制的意见》，明确提出将数据作为与土地、劳动力、资本、技术等并列的生产要素，并提出加快培育数据要素市场，提升社会数据资源价值。

鉴于数据所发挥的重要作用，无论是出于充分评估企业价值、推动数据市场交易、全面反映消费者福利的需要，还是从宏观层面测算数据对经济增长的贡献、更好地推动数字经济发展，都有必要对数据资产的价值进行核算（李静萍，2020）。然而，现有国民经济核算体系对数据及其资产的核算反映存在一定的迟滞性，大量数据及其资产尚未纳入核算范围，数据的价值及其对经济增长的贡献无法得到客观反映。这会带来一系列不良影响，如固定资本形成总额等重要宏观经济总量指标由此可能在一定程度上被低估，导致从需求角度解释经济增长的能力和可信度下降（许宪春等，2021）。国际组织也注意到了现有《2008 国民账户体系》（简称 SNA2008）在数据及其资产核算方面的不足，秘书处间国民账户工作组（简称 ISWGNA[①]）已经将数字化作为 SNA 未来更新的三大优先议题之一。探讨数据及其

[①] ISWGNA 是联合国统计委员会（UNSC）为加强在同一领域工作的国际组织之间的合作而设立的最古老的机构间机构之一，负责对 SNA 进行更新，包括五个成员：欧盟委员会、国际货币基金组织、经济合作与发展组织、联合国和世界银行。

资产核算理论和方法，已成为当前国民经济核算亟须解决的重要议题。

现有围绕数据及其资产核算的研究，主要有企业会计核算和国民经济核算两个维度，前者在一定程度上可视作后者的微观基础，但两者关注的重点有一定差异。关于企业数据资产会计核算，已有研究主要集中在基于会计准则的数据资产确认、计量和记录等问题探讨上（吕玉芹等，2003；唐莉和李省思，2017；张俊瑞等，2020）。尽管数据资产与专利等无形资产具有一定类似性（翟丽丽和王佳妮，2016），但数据资产的确认与无形资产存在多方面差异，应作为一项独立的资产进行确认，且外购数据资产和自主研发数据资产的确认处理也有一定差异（李雅雄和倪杉，2017）。数据资产是一种典型的虚拟性和资源性资产，因此其定价机制更加复杂（韩海庭等，2019）。数据资产的计量一般包括初始计量、后续计量和期末列报三个环节。如何进行初始计量，目前尚存在一定分歧：一种观点认为不宜采用原始投入价值，建议采用收益现值法（唐莉和李省思，2017）；另一种则认为能在大数据交易平台获得公开报价的可以采用公允价值计量，否则应采用成本法进行计量（李雅雄和倪杉，2017；张俊瑞等，2020）。

目前，宏观层面如何在国民经济核算体系中纳入数据资产的研究还很少（李静萍，2020），在国家实践方面也仅有加拿大开展了对数据价值的实验估计（Statistics Canada，2019a）。开展数据资产核算需要重点解决三个问题，即数据资产的统计范围、资料来源和价值测度方法（许宪春，2020）。在字典网中，数据被界定为：为参考或分析而收集的事实和统计资料；计算机执行操作所依据的数量、字符或符号，以电信号的形式存储和传输，并记录在磁性、光学或机械记录媒体上（Reinsdorf 和 Schreyer，2019）。对于数据资产分类，Ahmad 和 Ven（2018）认为，数据应继续被视为非生产资产，这是因为如果处理为生产性资产，则会在概念上打开其他形式知识资本化的大门，这可能会扭曲对 GDP 结果的有意义分析；而当数据被视为非生产资产时，这种"扭曲"就显得不那么重要了。高敏雪（2019）也认为，虽然数据资源具有巨大价值，但并非经济生产的产出，其产权没有确定的归属，所以无法将其纳入核算范围，不能作为资产核算。Reinsdorf 和 Schreyer（2019）进一步根据 SNA2008 中资产的定义，给出了确定数据是否为资产及其资产类型的决策树，包括是否在一定时期内为经济所有者提供了一项利益或一系列利益、是否从生产过程中产生、是否用于生产以及是否重复使用超过一年。

开展数据资产的价值核算具有很大困难。Viscusi 和 Batini（2014）将数据价值分解为信息能力和信息效用，信息能力又可细分为质量、结构、扩散和基础设施，信息效用则是基于财务价值、专门性和交易成本。估算数据价值的方法非常多，但归结起来主要有基于市场、基于成本和基于收入三类方法（Li 等，2019）。按照 SNA 计值的一般原则，应当优先使用市场价格进行计值，SNA 计值的一般原则对于数据资产的计值同样适用。然而，由于数据是一种特殊的无形资产，缺乏明确的市场以及交易较少发生（Nguyen 和 Paczos，2020），基于市场方法的估价只适用于外购数据资产。实际上，许多统计机构是使用"成本总和"方法来衡量软件、数据库和研发中自有账户的总固定资本形成的（Reinsdorf 和 Schreyer，2019）。SNA2008 对所创建数据库的估值，也是推荐采用"成本总和"法进行估值，但不包括数据库管理系统以及获取或得到数据的成本。对此，Ahmad 和 Ven（2018）认为，不论就如何处理自有或交易性数据做出了何种决定，都应当扩展数据库的"成本总和"法，将收集数据、分析数据等全部成本都纳入其中。Statistics Canada（2019a）对加拿大数据资产价值的实验性估算也使用了"成本总和"法，相关成本包括生产过程中产生的人工成本加上相关的非直接人工和其他成本，如相关的人力资源管理和财务控制、电力、建筑维修及电信服务的成本。

宏观层面的数据资产核算理论及其实践作为一个前沿话题，尽管 SNA 咨询专家组（AEG）已就如何在国民账户中对数据记录和估值方面取得了不少研究进展，但目前仍然存在大量争议和问题有待进一步明晰。本章将基于 SNA 围绕数据资产及其资产核算，就下述三个问题展开探究：一是对数据及其资产的相关概念和属性进行辨析，特别是可观测现象的概念、数据的生产或非生产属性等；二是数据资产的核算处理问题，包括核算范围、分类与列示、计值等；三是以某高校为例，探究数据资产核算实践的一些问题，特别是数据资产的核算范围和总成本法中的成本确定。本章的相关探讨，有利于进一步推进数据资产的核算研究，同时能够为未来我国官方统计部门开展数据资产核算实践工作提供一定借鉴和参考。

第二节 从数据到数据资产：概念与属性辨析

一、数据概念与比较

从不同角度对数据及其概念的认识和界定可谓纷繁复杂，对于什么是数据，目前尚缺乏一致性定义。对数据概念的认识，难免会触及对数据与信息、知识之间复杂关系的理解。Liew（2007）认为，厘清三者间关系的关键在于数据和信息的来源。数据是观察的产物，但原始数据的事实或观察结果在以可用的形式（适当的形式组织和存储）出现之前，它们是无用的。为了变得有用，数据必须经过多个处理步骤，包括收集、记录、组织、结构化、存储、组合，以及与其他数据源或信息的集成（Reinsdorf 和 Schreyer，2019）。数据和信息之间的区别是功能性的，而不是结构性的。数据与信息能够互相转化，数据经过处理分析可以形成信息，信息是有组织的或结构化的数据（Rowley，2007）。对信息进行吸收和理解的内化处理，就能产生知识。数据只有在转化为知识后才能获得价值。知识可以进一步区分为显性知识（被存储）和隐性知识（被人所掌握）。数据、信息和知识的产生及其关系，具体如图 3-1 所示。

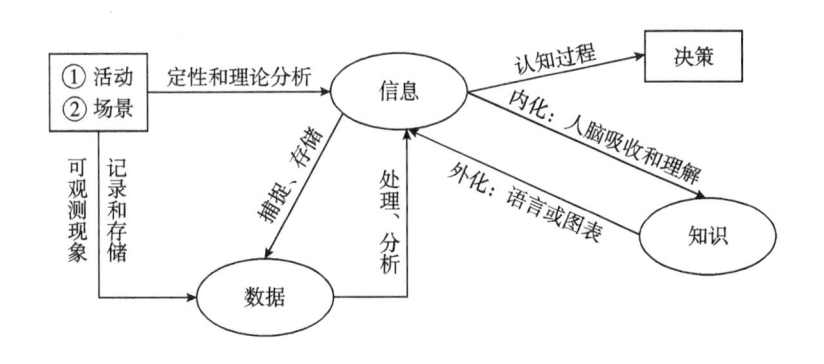

图 3-1　数据、信息和知识的产生及其关系

从对已有研究梳理来看，数据一般可分为狭义数据与广义数据。狭义的数据就是结构化数据；广义的数据则是指一切可以用一定形式记录和反映的客观事实，是信息的表现方式或载体，包括诸多非结构化数据及其他任何有可能被纳为统计学研究对象的可存在形式（李金昌，2017）。从此界定来看，农业经济时代的纸张印刷术、工业经济时代计算机的应用，实际上已经出现了文本、图片、音频、视频等众多非结构化的数据。那为何数据只有在数字经济时代才暴发出如此大的效用呢？最为根本的原因在于移动互联等一系列关键数字技术的突破发展。数据从自然状态到最终应用，一般需要经过数据的收集、存储、传输、处理、应用等一系列环节。只有在数字经济时代，移动互联等一系列数字技术得到突破发展和广泛应用时，才能实现将数字化形式数据快速、高效、低成本地浓缩到集成元件中，并借助计算机和网络实现广泛传播和应用。这也反映出数据具有非竞争特点，即数据能够在不同程度上被共享，许多人可以同时使用相同的数据，而不会耗尽它。

ISWGNA 数字化小组在总结 Statistics Canada（2019b）等数据定义的基础上，给出了一个更为具体的定义，即数据是通过以数字化形式收集、记录、组织和存储可观测现象而产生的信息内容，可通过电子方式访问以供参考或处理（ISWG-NA，2020）。这一概念具有以下几个特征：一是认为数据是信息内容，是将可观察现象转化为数字化形式生产过程的结果；二是区分了生产所产生的数据和非生产自然发生的可观测现象；三是概述了数据的用途，包括引用或处理；四是只包括数字化的数据，非数字化数据难以产生如此巨大的价值。

可见，数字经济时代数据的概念与之前并未发生根本性变化，但更加强调数据是以数字化形式对可观测现象的呈现（非数字化形式存储的数据被排除在定义外），各种结构化和非结构化类型的数据沿着摩尔定律，在诸多领域不断发挥越来越重要的作用。

二、数据资产及其性质辨析

SNA2008 给出了资产的一般性定义：资产是一种价值储备，代表经济所有者在一定时期内通过持有或使用某实体所产生的一次性或连续性经济利益，它是价值从一个核算期向另一个核算期结转的载体。考虑到数据资产应当属于非金融资产，其明显有别于存货和贵重物品，且以生产为目的，因而更倾向于将其界定为固定资产。结合上述资产定义，可以给出数据资产的定义：其经济所有者通过在生产中持有或至少使用一年并获得经济利益的数据（长寿命数据）为固定资产（ISWGNA，2020）。从给出的定义来看，数据资产除收益性特征外，下述几个性质也值得关注，或可为数字资产核算范围确定与核算处理提供重要依据。

一是可观测性。在对数据及其资产的定义中，可观测现象是其中极为重要的概念。可观测现象是普遍存在的，是指源于自然状态的单一事件或一条信息的发生，这可能是由于经济中的事件、互动和参与者的参与造成的，也可以通过一个人的行动或信息而存在，或者是双方互动的直接结果以及作为生产的副产品（ISWGNA，2020）。可观测现象并不是来自生产过程，而是置于数据生产的前端。例如，电话号码，一旦产生，它们就简单地存在，并成为可观测现象，可以被捕捉以产生一次或多次数据,然而由于号码相关生产已经包括在生产单位的市场或非市场产出中,此时它们将被视为非生产的可观察现象。

数据及其资产在本质上就是将大量可观测现象进行记录和存储,这反过来也赋予了数据资产可观测性特征。尽管可观察现象十分复杂,但一旦被记录和存储下来成为数据,至少意味着其类型、大小和结构等方面是被固定下来的,且可以借助计算机设备实现稳定可视化查看。从此角度来看,数据资产在形态上与一般性的无形资产(即没有实物形态的可辨认非货币性资产)具有较大差异,这是因为商誉等无形资产总量和结构等具体特征难以测度并被记录下来。

二是生产性。数据资产是否具备生产属性,决定了数据资产属于生产资产还是非生产资产,目前对这一问题尚存在一定分歧。SNA2008将资产分为金融资产和非金融资产,后者又分为生产资产和非生产资产。生产资产是SNA生产范围内作为生产过程的产出而形成的非金融资产;非生产资产是通过生产过程以外的方式形成的非金融资产[1]。因此,区分生产资产和非生产资产的关键就在于数据资产是否来自生产过程的结果。Ahmad和Ven(2018)认为,不应将数据处理为生产资产,这是因为这样做会导致人们暗中承认所有知识都是生产的,因此应将其视为对国内生产总值的贡献,这实际上会严重扭曲GDP作为宏观经济决策有意义的衡量标准的能力。李静萍(2020)将数据界定为未经开发的数据,具体表现为变量及其取值,在此之下的数据往往只是经济社会活动的客观伴生物,而非专门生产的产物,数据采集只是将数据记录下来,数据本身并非任何机构单位生产的产出,因而不应当通过生产资产进入国民经济核算体系。[2]

尽管上述将数据资产作为非生产资产处理的观点有一定道理,但一味地全部如此处理也会引发一系列难以承受的后果,数据资产的生产性不容忽视。第一,任何数据资产的形成都会涉及一系列生产活动。可观测现象本身是非生产性的,但从可观测现象到最终形成数据资产,会涉及诸多环节,包括数据源的选择和确定、数据的采集、数据的传输、数据的存储、数据清洗和处理为可用状态等,不仅仅是简单的采集或记录。在此之中,存在大量围绕数据的生产活动,且这些生产活动都是不可或缺的。第二,专门生产与否并非判断生产与非生产资产的主要标准,数据是否为专门性生产也往往难以甄别。鉴于数据资产日益重要的经济价

---

[1] SNA2008,第10.9段。
[2] 李静萍(2020)对数据的界定与本章有所不同,相应所研究的对象及其是否具备生产性也存在一定差异。

值，其经济所有者往往会主动开展数据生产活动，因而也很难明确数据究竟是伴生物还是有意为之的结果。第三，将数据资产处理为生产资产，并不因此就认定所有知识也都具有生产性。从图3-1可知，知识是人脑对信息内化吸收和理解形成的，如果人脑中的知识不被外化为语言和图表等信息，而被捕捉和存储为数据，那么实际上这些知识是不可观测的，相应其价值更是无从体现。而且，SNA也并没有一概否定知识的价值，当知识被外化并可被识别使用时，如形成知识产权产品，那其产出价值在现有核算体系是应当反映而且已被纳入核算中了。第四，成本法是实践中核算数据资产价值的重要方法，包括收集、组织、组装、清理和存储（长寿命）数据等生产过程所涉及的劳动力、资本和材料成本，从这一角度出发也体现了将其处理为生产资产的合理性。综上，数据资产是具有生产性的，更恰当的处理方式应是将其作为生产资产。

三是数字化。数据既可以通过数字化形式存储，也可以通过纸张、书籍等非数字化形式存储。然而，现有数据资产定义，强调"以数字化形式产生的信息内容""可通过电子方式访问"等特征，这也意味着其他非数字化的数据，如存在于纸质图书中的信息内容数据，则被排除到了SNA生产边界和资产范围之外。如此考量的原因主要有：首先，与数字化形式的强大存储能力相比，纸质化等非数字形式存储数据能力有限、成本较高，导致其只能存储极小部分经济活动数据，更多的数据需要借助数字化形式存储到计算机设备中；其次，伴随当代信息技术的发展，电子书、电子杂志、电子文献数据库和文摘等电子出版物逐渐取代印刷版出版物，成为知识和信息的主要载体（李静萍，2020）；再次，数字化的数据具有易于处理和出售、租赁、购买的能力，非数字化形式的数据要实现大规模范围的分享传播、生产应用或市场交易，往往需要先将其转化为数字化形式的数据，相较而言数字化的数据价值更大，对生产的效率和产出具有更大影响；最后，从非数字化的纸质图书等产品中，分离载体和数据并分别核算其价值往往较为困难，并且现有SNA中已经对图书的价值进行了反映。

四是长寿命。在不同的生产活动中，有些数据可以被长期使用，而在有些情况下有些数据需要不断被更新为新的数据去使用，旧的数据很快会被淘汰，数据的使用寿命具有很大差异。而根据资产的一般性定义，数据只有在生产过程中被长期使用时，即通常是指使用一年及以上，才能被视作为资产。在生产中使用时间超过一年的数据称为长寿命数据，使用时间少于一年的数据称为短寿命数据。长寿命数据具有资产属性，能够在SNA中被资本化；短寿命数据虽然也存在、产生并具有经济价值，但其并不具备资产属性。在 SNA 中如何处理短寿命数据，目前还存在较大争议，能够考虑到的选项是作为中间消耗（从第三方购买时）或辅助活动的产出。

第三节 SNA 中数据资产核算处理探究

一、核算范围界定

尽管前述已经讨论了数据及其资产的概念定义，但在具体核算中对于核算范围的界定，究竟是应该严格遵循数据资产的基本定义，还是应当进一步充分考虑核算环境和其他实践因素，需要从数据拥有主体、数据本体及一些特殊情形数据等方面展开进一步讨论和说明。

（一）住户部门所拥有数据的纳入问题

ISWGNA（2020）对数据资产的定义并未区分其所有者的主体分类，因而非金融公司部门、金融公司部门、广义政府部门、为住户服务的非营利机构部门和住户部门，都可以成为数据资产的所有者。李静萍（2020）也认为，无论数据主体为何者，只要经济所有权明确、可为其经济所有者带来收益的数据，都可作为数据资产的核算对象。由于生产活动主要集中在非金融公司部门、金融公司部门、广义政府部门和为住户服务的非营利机构部门四个机构部门，利用其所控制的数据开展生产活动，相应将此部分数据资产纳入 SNA 核算范围显然理所应当。对于住户部门所控制的数据，实践中是否应当纳入数据资产核算范围，目前还存在一定争议。实际中，住户部门同样可以控制数据，如网红主播的创作、摄影爱好者拍摄的作品等，并利用这些数据产生收益。因此，在理论上应当将住户部门拥有的数据纳入数据资产核算中。当然，此种处理方式在实际核算中可能会引发一些难点问题：一方面，住户或个人拥有数据具有规模较小、个性化程度高等特点，许多数据主要用于学习、娱乐等个人活动，且大部分是来自互联网公开数据或资源，相较于公司部门所控制的自有数据而言往往应用范围狭窄且数据价值较低，数据资产的识别和价值核算需要开展大量工作；另一方面，准确核算住户或个人利用各类设备存储的个性化数据价值具有较大难度，这主要由于除外购的电子书等数据，相关数据既不发生交易导致缺乏市场交易价格，也难以准确核算获取和存储数据所发生的各类成本。尽管对住户部门所拥有的数据进行核算会存在较多困难，但不将其纳入会影响到核算的完整性，因而有必要将符合条件的住户部门拥有的数据纳入数据资产核算范围中。

（二）单条数据和少数若干条聚合数据的纳入问题

单条数据和少数若干条聚合数据，是否能够单独被识别并纳入数据资产范畴，涉及数据资产的最小数量规模界定问题。笔者认为，数据的数量多少并非判定能否成为资产的标准，关键在于持有或使用该数据能否获得经济利益。对不同来源数据的处理应有所区别。若数据直接来源于可观测现象，则不宜将其处理为数据资产。可观测现象往往是大量存在的，虽然单个可观测现象可能是有价值的，但对其捕捉形成的单条数据的价值往往很低（接近 0），除非其包含非常特殊或稀缺的信息，因而单条数据或少数若干条聚合数据并不符合资产的定义。若数据源于对大量数据的分析处理结果以及信息或知识的捕捉和记录，且具有重要价值，则应将其处理为数据资产。单条数据如果并非直接来源于可观测现象，而是先经过处理等过程形成信息或知识，再借助数据形式对这些信息或知识进行捕捉和记录，且具有重要价值，能用于出售或生产，那其也就符合了资产一般定义，应当被处理为数据资产。

（三）传统财会数据的纳入问题

企业和政府在正常运行过程中，会涉及大量经济活动，出于相应的管理或监督需求，为企业业务经营和管理决策提供支撑，通常会将这些活动背后的经济往来借助会计分录的形式予以记录，并进一步编制资产负债表、利润表、现金流量表和所有者权益变动表等相关财务报表。实际上，各国政府和企业很早就开始推进信息化建设，力图借助计算机技术的运用来提高企业的生产运营效率[①]，其中一个重要内容就是实现财务和会计的信息化转型。因此，企业和政府都拥有大量的财会数据，随着信息化管理的推进，这些数据基本上都是以数字化形式呈现。笔者认为，应当将满足一定条件的企业和政府的财会数据处理为数据资产并核算其价值：首先，财会数据虽早已有之，之前未将其单独处理为资产主要是由于未设定数据资产类型，财务活动被视为一般性的企业管理活动，相应支出也被处理

---

① 尽管在 20 世纪出现过所谓的"索洛悖论"现象（又称"生产率悖论"现象），即企业虽然在 ICT 方面投入了大量的资源，但对生产率的提升作用也十分有限，但企业的信息化建设之路一直未曾停止，近年来又兴起了数字化和智能化转型。

为成本费用；其次，利用财会数据，企业可以及时掌握经营状况，从而不断提升经营能力，进而形成一定的潜在经济利益，符合资产的收益性特征；最后，从现有对数据资产的界定来看，财会数据也满足资产的其他要求，将其处理为资产也是遵循 SNA 在核算处理中实质重于形式的原则。

（四）用户隐私数据的纳入问题

实际中，对数据资产范围的界定难免会涉及企业或个人用户的隐私数据问题。此种隐私数据可分为两类：一类是数字身份数据，主要包括企业或个人特征的基本信息。这类数据往往较为稳定，不易发生变动，且是为了获取某些特定使用权而自愿提供的。另一类是数字足迹数据，是指企业或个人用户在线活动过程中留下的各类痕迹信息。从法律角度来看，用户隐私是需要得到充分保护的，因而对于用户隐私数据的开发和利用应当是受限的，如不能将数字身份数据对外出售获利。资产的经济所有权和法律所有权往往并不统一。例如，对于某公司利用平台收集的数字身份数据，该公司是不具备数据的法律所有权的，但公司事实上对数据进行了控制和使用，因而具有该数据的经济所有权。虽然 SNA 在对资产的界定中，仅强调了经济所有权，而没有强调法律所有权，但法律所有权会对经济所有权的界限形成重要影响，即某些经济用途会受到限制。以此来看，相关法律规定最终会影响隐私数据的使用路径，但这部分数据仍然可用于企业自身生产经营活动，数据的使用及经济利益的形成并未完全被限制。因此，用户隐私数据仍然可以被纳入数据资产的核算范围。

综上，结合前述数据资产的定义及其性质，笔者认为现阶段可将数据资产的核算范围界定为：非金融公司部门、金融公司部门、广义政府部门、为住户服务的非营利机构部门和住户部门拥有经济所有权、可电子化访问、被投入生产过程的数字化形式的信息内容，在生产中至少使用一年并持续产生经济利益的长寿命数据。

二、资产类型和列示处理

从现有 SNA 资产分类来看，由于数据资产具有生产性特征，因此应当将其处理为生产性资产且包括在非金融资产下的固定资产类别中，无论其是来自外购交易还是自给性生产。这是因为，它不能像其他存货一样退出资本存量，因此数据不能归类为存货；获取数据的主要目的不是存储价值，因此也不能归类为贵重物品（ISWGNA，2020）。在固定资产中，具体应当如何记录和处理数据资产则需要进一步讨论。

（一）数据与知识产权产品

在固定资产分类中，与数据具有高度关联的是知识产权产品。SNA2008将知识产权产品界定为研究、开发、调查或者创新的成果，这些行为会产生知识，开发者能够销售这些知识，或者在生产中使用这些知识来获利，这是因为通过法律或者其他保护手段，这些知识的使用是受限制的[①]。现有知识产权产品是对原无形资产概念的扩展，强调的是知识及其作用的发挥，这与数据及其资产的界定具有一定的差异性，因为数据与知识两者不能简单混同。此外，知识产权产品的生产过程具有较强创造性，其产品往往具有一定的新奇、独特性，很难再独立生产出相同或相似的知识产权产品；数据的生产则不然，不同主体能够借助不同的途径收集到同样的数据。因此，现有知识产权产品概念从范围上很难完全覆盖数据资产，若要将后者纳入，则需要进一步拓展现有知识产权产品概念。笔者认为，可以将目前SNA2008中的知识产权产品分类拓展为"数据与知识产权产品"，这样既不会对现有分类造成重大变化，也能够很好地囊括新的数据资产类型。

（二）"数据"还是"数据和数据库"

现有SNA2008知识产权产品细分类中的计算机软件和数据库，与数据资产的关系应该最为密切。所谓数据库，是指以某种高效访问和使用数据的方式组织起来的数据文件[②]。对数据的使用，一般都需要依托数据库来实现，在实践中，数据与数据库往往是同时出现的。因此，可以在"数据与知识产权产品"分类下设置细类"计算机软件、数据和数据库"。如何进一步在计算机软件、数据和数据库类型下记录数据资产，目前主要有两种类别归属处理选择，具体如表3-1所示。

表3-1　记录数据资产的两种类别归属选择

分类处理选择一	分类处理选择二
固定资产 　数据与知识产权产品 　　计算机软件、数据和数据库 　　　计算机软件 　　　数据 　　　数据库	固定资产 　数据与知识产权产品 　　计算机软件、数据和数据库 　　　计算机软件 　　　数据和数据库

---

① SNA2008，第10.98段。
② SNA2008，第10.112段。

第一种分类处理是在原有"计算机软件""数据库"两类基础上增加"数据"类型。这种方式仅是新增一个并列的细分类，并不会对原有分类造成很大影响，且将数据作为一种单独的固定资产处理，也更能突出其在当今经济中的重要作用。第二种分类处理则是将数据与原有的数据库进行合并，构成新的数据和数据库类别。这种处理的优点在于，在核算实践中，数据与数据库往往是捆绑在一起的，现有的微观会计数据难以准确地将数据库结构的成本与数据库内容（即数据）的成本独立做出分割。为了保证核算结果的准确性，更优的选择应当是将数据和数据库合并分类处理。

三、计值方法的选择

选择合适的计值方法测算数据资产的价值，是数据资产核算的重点和难点所在。按照 SNA 一般性估价方法选择的原则：当具有市场交易价格时，优先选择市场价格进行估价；当没有发生市场交易但具有相同或类似交易市场价格时，可以参照等价物的市场价格进行估价；当不存在市场交易也难寻合适的类比市场价格时，则选择生产成本方法进行估价；若上述方法都难以应用，则可考虑使用预期未来收益的贴现值等方法来估价[①]。可见，从 SNA 角度看，基于市场、基于成本和基于收入三类计值方法，在选择时并不是平行等价的，而是有一定的优先次序之分，对于数据资产的计值同样需要遵循这一原则。

那么，当数据的获取是通过市场交易时，应当按照实际交易价格对数据进行计值。这也意味着应当按照获取的来源，将数据资产分为交易性数据和自有账户（或自给性）数据。交易性数据的处理相对较为成熟，只需要参照一般性货物和服务的购买即可。从销售的角度来看，数据的价值反映了生产者收集、记录、组织、处理和分发数据的成本和利润（ISWGNA，2020）。需要注意的是，在交易中，数据往往是与数据库捆绑在一起进行销售的，数据的价值通常包含在数据库中，将两者价格分离往往具有很大的难度。

对于自给性数据，由于难以捕捉到可靠的市场交易价格，因此可以选择次优方法，即包括中间消耗、雇员报酬、固定资本消耗、固定资本净收益、其他生产税（减生产补贴）在内的各项生产成本之和[②]。ISWGNA（2020）认为，可以参

---

① SNA2008，第 3.118~3.139 段。
② SNA2008，第 6.125 段。

考数据价值链的形成过程（见图3-2），来确定哪些成本应当纳入核算。从价值链的实现来看，数据资产创建的成本主要发生在前三个环节（Reinsdorf 和 Schreyer，2019）。具体而言，在数据的收集和创建环节，成本包括获取数据的成本（调查、定位、捕获、提供免费服务或折扣、购买）；在数据存储环节，成本包括设计数据库管理系统（或购买数据库管理服务）的费用、以适当格式输入和准备数据以供存储的成本（包括组织和元数据）及存储/仓储数据的成本（包括在云中）；在数据处理环节，成本包括用于分析数据的工具的成本（如软件、算法）以及分析数据的成本（包括数据验证、清理和上下化）。除了数据资产的创建成本，数据的分配及应用环节，也是数据资产价值得以实现的不可或缺的部分。因此，数据的分配及应用所涉及的各项成本，也应当纳入并处理为数据资产的成本。

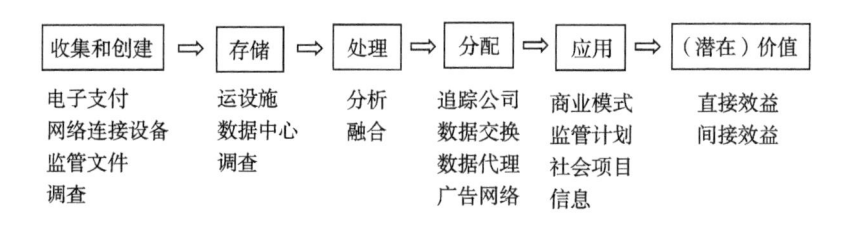

收集和创建	⇒	存储	⇒	处理	⇒	分配	⇒	应用	⇒	（潜在）价值
电子支付 网络连接设备 监管文件 调查		运设施 数据中心 调查		分析 融合		追踪公司 数据交换 数据代理 广告网络		商业模式 监管计划 社会项目 信息		直接效益 间接效益

图3-2 数据价值链的形成过程

资料来源：Visconti 等（2017）和 ISWGNA（2020）。

　　将相关劳动者报酬成本和费用进行加总，即可得到数据资产创建的成本。但在核算实践中，需要重点关注重复计算问题：首先，部分劳动者报酬可能已经包含在现有 R&D 当中。例如，员工为创建数据库从事的调查活动，有可能同时被视为研发活动。其次，一名员工可能同时具有多重身份，若其从事软件和数据库相关的职业与作为数据资产的相关职业重叠，那么其劳动者报酬在某种程度上可能已经被计入软件和数据库的生产中。最后，数据和数据库的许多成本和支出都交叠在一起，分别独立核算会涉及大量经验判断，同时也可能会产生重复计算问题。

　　基于未来预期收入贴现等计值方法，对数据资产可能并不适合。某些金融产品一旦创立，其未来收益率也就确定下来，或者可以在市场上找到同类资产的参考收益率，因而对于特定类型金融资产可以通过未来预期收入贴现方法来核算其价值。数据资产的价值主要来源于对数据的开发利用,且目前更多的数据为自产自用,并不像金融资产那样能够在一定程度上预估到其收益率情况,因而可能会导致计值结果极其不稳定甚至出现极大偏差。因此,在国民经济核算中,对于外购数据资产应当选择市场交易价格进行计值,而自有账户数据资产则应选择生产成本法进行计值。

数据资产还会涉及后续计值,即折旧和重估价问题。SNA2008 建议使用永续盘存法来核算资本存量及其随时间的变化量[①]。利用永续盘存法测算数据资本存量需要掌握几个关键的参数,包括数据资产的价格指数、使用年限和折旧方式等;需要构建合适的数据资产价格指数,将过去不同价格的数据资产转换为当期价格,从而使不同时期的资产价值具有可比性。不同类型的数据实际使用寿命会不同,但由于数据的特征众多,如果给每一数据都确定一个使用年限,在宏观核算上难以实现。因此,出于实际处理的难度和一致性考虑,最佳选择是设定一个平均的使用年限来确定折旧率并进行加总处理,甚至可以假定数据与数据库、数据软件具有相同的寿命。需要注意的是,若发现新的数据应用程序、更好的数据处理技术或数据价格变化等情况,也会使数据资产增值(ISWGNA,2020)。

第四节 数据资产核算实践探索:以××高校为例

高校拥有的数据资源十分丰富,各种类型数据十分具有代表性,因而以高校为例开展数据资产核算探讨,既能够覆盖核算实践中的一般共性问题,也可以从个案和特定情形中进一步挖掘并总结出特殊问题,为 SNA 宏观视角下开展数据资产核算实践提供一定借鉴参考。

一、高校数据主要类型与核算范围界定

高校是一个非常复杂的机构单位,涵盖了学生、教师、行政管理者、服务人员等诸多不同身份人员。各类型人员进一步组合,形成了学院(中心)、管理

---

① SNA2008,第 6.251 和 15.169 段。

（服务）部门等不同的子机构单位。不同的人员和机构拥有的具体数据类型情况十分复杂，这给数据资产核算范围的界定带来了很大挑战。由于个人拥有的电脑、手机等终端设备所存储的各种类型数据，以及纸质化图书、档案等非数字化数据，并不在界定的数据资产核算范围内，因此我们重点讨论学校各学院（中心）和管理（服务）部门所拥有数字化数据资产的核算问题。

（一）高校数据及其主要类型划分

根据数据是否来自市场交易，数据分为交易性数据和自给性数据。高校交易性数据资产根据数据形式，可分为交易性文本数据、交易性统计数据和其他交易性数据。交易性文本数据主要包括外购的文献数据、电子图书数据等类型。某高校外购的文献数据项目较多，包括中国知网、维普期刊、Wiley 电子期刊等数据库；外购电子图书数据包括超星电子图书库、中国基本古籍库等。交易性统计数据主要包括 CSMAR 中国股票交易数据、万得金融数据、CEIC 宏观经济数据等数据库。其他交易性数据包括外购的新东方多媒体学习库等各类在线学习课程视频。

高校自给性数据资产同样可分为自给性文本数据、自给性统计数据和其他自给性数据三类。自给性文本数据可分为论文数据（毕业论文、课程论文等）和二次文本数据。二次文本数据主要是指高校与外购文献、电子图书数据供应商签订协议，允许对外购文本资源按高校要求二次加工整理，形成的高校特色专题数据库。自给性统计数据可分为伴生统计数据和统计调查数据。伴生统计数据主要包括高校师生个人信息数据、教学科研专项活动形成的各类数据、学校相关财会数据、校园卡消费和其他活动产生的电子痕迹数据等，这些数据的特点是它们形成于高校运营管理过程中，部分数据并非专门刻意生产。自产统计调查数据主要是指高校通过问卷或电话调查、网络爬虫等方式获取和生产的各类数值数据，如某高校的中国家庭金融调查数据库。其他自给性数据包括录制的可供师生学习的各类视频课程等。

可以发现，高校数据具有这样几个特点：第一，高校自给性数据的种类要明显多于外购数据，这是因为一些个人信息数据、教学和其他专项管理数据、财会数据等，往往都是来源于自产而并不涉及外购；第二，高校外购数据（库）较易区分，这是因为会涉及合同协议及货币购买支付，但外购数据与数据库往往交织在一起难以拆分，且需要进一步区分究竟是外购的数据（库）还是仅为一定期限内数据的使用许可；第三，学院（中心）与管理（服务）部门之间会存在数据重复问题。例如，各学院拥有对应学生的个人信息数据，学校信息中心、招生就业处、教务处、财务处等部门，同样也会拥有这些数据，对此需要特别注意。

（二）高校数据资产核算对象的识别

结合前述对数据资产核算范围的界定，利用经济所有权、数字化形式、至少使用一年、获得经济利益、非公开等特点，可以识别各类数据是否具备资产属性，以便确定高校数据资产的实际核算范围。

对于外购的交易性数据，应根据访问部署方式来区分其资产属性。高校外购数据库根据访问或安装方式可以分为两类：一类是仅购买数据库远程访问许可，师生只能在购买限定时间范围内（通常为一年）在校内远程访问数据库资源，离开学校范围或者停止订购后将不能再使用该数据库的内容，如中国知网、维普期刊等；另一类是购买镜像访问数据库，即要求数据商将数据资源安装到高校自身所部署的服务器上，此种方式实际是购买的数据库本身，校内师生可永久访问所订购时间段内的所有数据资源，即使高校停止购买或续订，也仅失去数据库内容的后续更新部分，而不影响此前已部署数据的使用。当然，高校也存在同时购买数据库远程访问许可和镜像数据情形，但一般较为少见。因此，只能将外购的镜像访问数据库识别为高校的资产，远程访问许可的外购应处理为消费而不是固定资本形成。

高校自给性数据种类庞杂，其资产识别相应也存在较多问题。对于各类自产数据，首先应当根据其是否在持续被使用以及使用期限长短，来甄判其资产属性。此外，还需要考虑下面几个问题：

其一，对于自给性论文数据，应将学位论文数据识别为资产[①]，这是因为其明确被师生阅读使用并产生价值，且通过授权能够用于查重功能，而课程论文更多只是用于存档备查，后期基本不再被使用，不应被纳入资产范畴。

其二，对于自给性统计数据，无论其基础数据来源是一手数据还是二手数据，只要在持续使用并产生价值，就应识别为数据资产。一手数据来源包括统计调查、网络爬虫等方式。例如，某高校的中国家庭金融调查数据库，高校拥有相对独立和完整的所有权，既能提供给校内外师生使用，也能出售获取收益。当

---

① 高校自建毕业论文数据库相比商购学位论文数据库有其独有特点：一是包括的内容侧重有所不同，中国知网等商业数据库中一般不包括本科毕业论文；二是可使用时间更长，商业学位论文数据库仅包括签约时段的学位论文数据；三是使用时与本校所开设相关专业更加对口。

然，部分统计调查数据在发布调查结果或报告后，几乎不再被使用，这部分数据应排除到资产之外。二手数据来源则主要是高校外购数据库，出于特定的教学科研目的，对其进行二次加工，整理形成的特色数据库。例如，某高校的金融信息港特色数据库，其主要建设方式是与外购数据商签订相关协议，允许高校从所购买的数据库中下载数据、文献，分类整理后单独成库，提供给校内师生使用。

其三，对于自建失败或停建的数据，尽管存在后续重新启用进一步建设的可能性，但由于未发生使用也不产生价值，因不满足资产一般条件而不应当将其处理为资产。当然，如果停建数据库项目被重新启动，且预计未来能够被持续使用产生经济利益，则应将其重新识别为一项资产。

其四，重复数据的资产识别问题。师生信息等数据，可能会被高校不同学院或管理部门同时拥有和使用，对此需要区分数据究竟是在统一被生产后被各单位共享使用，还是有多个主体各自生产各自使用的情形。若为统一生产且满足资产的其他条件，则该数据只能在生产完成时被确定为资产，后续分发使用将不再被处理为资产；若是多个主体各自生产各自使用的数据，只要这些数据符合资产的其他条件，就应被分别确定为一项数据资产，这是因为各数据尽管存在一定的重复，但却是相互独立存在且在不同情境下被使用并产生经济利益的。

二、高校数据资产计值与存量核算

在划分高校数据的主要类型并对数据资产属性进行一一识别后，需要进一步明确如何对各类数据资产进行计值，并最终核算期初和期末的数据资产存量。[①]对此，可以结合前述高校数据资产的类型，设置数据资产的核算账户，以确定相应的指标和计值内容。借鉴资产负债表中一般资产价值核算，数据资产账户不仅包括各类数据资产的期初和期末存量，还应当反映核算期内各类数据资产存量的变动情况。数据资产存量变动来源，可分为当期的数据资产形成，当期数据资产消耗，以及意外损失、重分类等原因引起的其他变动三类原因，具体核算指标设计可参见表3-2。

---

① 前面已多次提及，数据和数据库资产在实际计值时难以独立核算对应价值。因此，这里所指的数据资产计值在实践中应当拓展为数据和数据库，但考虑到本章研究重点和前后论述的一致性，这里并未专门指出。

表 3-2 数据资产核算框架与指标设计

数据资产类型	期初存量	期内变动			期末存量
		当期资产形成	当期资产折旧	其他变动	
交易性数据资产 　交易性文本数据 　交易性统计数据 　其他交易性数据 自给性数据资产 　自给性文本数据 　自给性统计数据 　其他自给性数据					
总计					

（一）数据资产形成与计值

对于高校交易性数据资产形成，只需核算将数据部署到高校本地服务器的镜像数据价值，而无须核算购买的远程访问数据许可。对于高校外购的本地镜像数据，其初始核算价值应该包括三个部分：一是合同签订中首期购买数据的价格（往往包含部署费用）；二是每年数据的更新费用；三是发放给镜像数据维护、管理人员的薪酬。将这三部分价值加总，即可得到在核算期内形成的交易性镜像数据资产[①]的价值。

对于高校自给性数据资产的价值核算则较为复杂，这里仅对几类代表性数据资产进行探讨：

第一，毕业论文数据资产计值。毕业论文价值形成主要有两大来源：一是供校内师生阅读使用；二是与中国知网等文献数据供应商合作，将毕业论文数据提供给数据商，以交换使用商业文献数据平台查重功能的权限。因此，加总师生阅读使用和查重功能这两部分价值，便可核算得到高校毕业论文数据资产形成的价值。由于高校师生阅读使用本校毕业论文，与使用外购商业文献数据具有很强的相似性，因而可以根据本校毕业论文和外购数据库的在线阅读和下载量情况，结合外购商业文献数据的购置费用，估算出在核算年度本校毕业论文数据供校内阅读产生的价值。而该来源所形成数据资产的价值，需要进一步通过估算论文终生

---

① 对于外购的数据而言，数据与数据库一般是同时购买并部署到本地服务器，从而导致两者的价值捆绑在一起而难以分离，因此这里的数据资产价值是包含数据库价值的。

总的阅读和下载量来进行估计。对于所获得查重权限部分的估值，可根据淘宝等电商平台的一般市场价格，并结合核算期内学校使用的毕业生查重次数，来核算该部分价值。可见，对于自给性数据资产，当存在可参考的市场价格时，应优于成本法选择参考市场价格进行计值。

第二，自给性统计数据资产计值。自给性统计数据库既可供校内师生使用，也可以免费或以一定价格出售给校外用户使用。从现有情况来看，高校自给性的统计调查数据，多以免费形式提供给校外用户，因此应当选择生产成本法来核算其价值。具体应当将数据建设各环节中的中间消耗、雇员报酬、固定资产消耗、固定资产净收益、其他生产税（减生产补贴）在内的各项生产成本包括在内，但应注意将数据库和软件系统开发的成本剔除在外。

第三，自给性二次文献数据资产计值。自建的二次文本数据，由于原始数据大部分来源于外购的交易性镜像文献数据，根据与文献数据供应商的协议，其建成后仅限于校内使用，而不允许出售获得经济利益。需要注意的是，原始数据的价值已经在交易性文本数据中予以核算，因此选择生产成本法进行计值时，生产成本主要是对原始数据进行二次加工整理的各项成本，原始数据的价值应扣除在外以避免重复核算。

第四，伴生统计数据资产计值。伴生统计数据往往并非来自高校专门生产，而是在高校运营管理过程中伴生的副产品。高校在运营管理中，可合理使用这些数据以降低管理成本或者提高管理效率从而获得经济利益。对这部分数据价值的核算，也应当使用生产成本法，然而由于伴生数据并非专门生产，从而导致相关成本的确定难度较大。因此，必须设计并开展专门性调查，来获取最终得到该数据的系列成本，特别是需要根据部门管理人员在数据清洗、整理等环节上的投入时间比例和岗位薪酬，来核算伴生统计数据资产的形成成本。

（二）数据资产消耗与存量核算

数据资产在核算期内不仅会新增形成，历史的数据资产也会随着时间变化价值逐步减少。核算数据资产的消耗（折旧），需要确定三个关键要素，即折旧模式、价格指数和折旧率。由于 SNA 建议采用永续盘存法来核算资产存量，因此理想的价格衰减模式是几何级数衰减，即每一年价格均是前一年价格的一个固定比例。对于数据资产价格缩减指数，可以考虑一种综合编制的方法：一是对于市场价格或参照市场价格进行计值的数据资产，可以利用相关市场价格变动进行指数编制；二是对于成本法计值的绝大部分自给性数据资产，采用投入价格指数加权的方法，即将生产数据资产各个组成部分成本的价格指数进行加权，编制数据资产价格缩减指数（许宪春和常子豪，2020）。折旧率的选择需要进一步研究，由于数据与数据库是结合在一起的，两者具有许多共通之处，因而可以借鉴各国对数据库的一些设定实践，但需要注意定期进行重新测算和设定。

若不考虑数据资产的其他变动，利用永续盘存法，即可建立起期初和期末数据资产存量等式：

$$V_t = (1-\delta) V_{t-1} + A_t \tag{3-1}$$

$$D_t = \delta V_{t-1} \tag{3-2}$$

其中，V_t 为核算期末的不变价数据资产存量；V_{t-1} 为核算期初的不变价数据资产存量；δ 为数据资产的折旧系数；A_t 为核算期内不变价数据资产形成；D_t 为核算期不变价数据资产折旧。

由于数据资产存量核算是全新的，缺乏各历史期的存量结果，因此需要对 V_{t-1} 进行估算。对此，可以将高校历年的数据资产形成不变价 A_t，借助折旧率 δ 进行转换。考虑到目前数据库、软件等资产折旧率设定普遍都在20%以上，数据资产往往具有较强的时效性，因而可以只调查高校近10年的数据资产形成，即：

$$V_{t-1} = A_{t-1} + A_{t-2}(1-\delta) + \cdots + A_{t-10}(1-\delta)^9 \tag{3-3}$$

考虑到目前尚未编制数据资产价格缩减指数，可以利用软件的价格指数进行代替近似估算，再利用永续盘存法，即可测算高校当期的不变价数据资产存量。当然，尽管测算的实现思路似乎并不复杂，但测算过程中大量的基础数据及一系列关键参数，都需要大量调查工作支撑和一一研究设定。

第五节 结论与展望

开展数据资产核算，科学界定数据资产核算范围并准确测算其价值，不只是对现有 SNA 固定资产核算内容的拓展，相应也会对总产出、GDP 等宏观经济总量指标产生重要影响。本章围绕数据及其资产核算展开了系列理论问题探索，得出下述四个结论：第一，数字经济时代数据的概念与之前并未发生根本性变化，但更加强调数据是以数字化形式对可观测现象的呈现，数据资产除收益性特征外，还同时具备可观测性、生产性、数字化和长寿命四个重要特征；第二，对不同来源与公开与否的数据处理应有所区别,将满足一定条件的企业和政府的财会数据处理为数据资产、用户隐私数据仍然可以被纳入数据资产,现阶段数据资产的核算范围可界定为:非金融公司、金融公司、广义政府、为住户服务的非营利机构和住户部门拥有经济所有权、可电子化访问的数字化形式的信息内容,在生产中至少使用一年并持续产生经济利益的一定数量的非公开长寿命数据;第三,应拓展现有 SNA 中知识产权产品的范围以将数据纳入,而在细分类上应当选择将数据和数据库合并的分类处理;第四,在计值方法选择上,应优先选择实际交易价格和生产成本法两类计值方法,而基于收入贴现等计值方法可能并不适合宏观下的数据资产核算。

进一步,本章选取非常具有代表性的某高校来探讨数据资产核算实践问题,通过梳理高校数据类型,总结出其具有自产数据种类多、外购数据易区分、部门间存在数据重复等特点;对于数据资产核算对象的识别,提出对于外购数据应根据访问部署方式来区分其资产属性,并论证了自给性论文数据、自给性统计数据、自建失败或停建的数据、重复自产数据的资产识别等一系列问题。在此基础上,本章对毕业论文、自给性统计数据、自给性二次文献数据及伴生统计数据等几种具有典型代表性的数据资产实践计值问题进行了讨论,并给出高校核算数据资产存量的实现路径和方法。

本章对数据资产核算问题的探索,有助于进一步推进数据资产核算研究和实践工作,但要建立起科学完善的数据资产核算制度,未来仍需进一步深入开展以下工作:第一,在核算方法层面,要强化对数据资产计值方法、数据资产形成的价格缩减指数编制、数据资产的折旧模式和折旧率等问题研究,形成完整的数据资产宏观核算方法体系;第二,在制度层面,要充分借鉴软件和数据库等调查,尽快形成一套关于数据资产核算的完整统计调查体系,明确数据资产的核算范围和分类,充分收集各类自给性和交易性数据资产的成本和价格数据,为开展宏观下的数据资产总量核算工作提供完备的统计资料。未来,随着数据资产交易市场的不断发展、相关核算研究和各国实践探索的不断深入,数据资产的价值及其对宏观经济的重要作用,也一定能够更加准确地被核算和反映。

参考文献

[1] 高敏雪. 投资的定义与分层是投资统计的前提 [J]. 中国统计,2019 (11):44-46.

[2] 韩海庭,原琳琳,李祥锐,等.数字经济中的数据资产化问题研究[J].征信,2019,37(4):72-78.

[3] 李金昌.关于统计数据的几点认识[J].统计研究,2017,34(11):3-14.

[4] 李静萍.数据资产核算研究[J].统计研究,2020,37(11):3-14.

[5] 李雅雄,倪杉.数据资产的会计确认与计量研究[J].湖南财政经济学院学报,2017,33(4):82-90.

[6] 联合国,欧盟委员会,经济合作与发展组织,等.2008年国民账户体系[M].北京:中国统计出版社,2012.

[7] 吕玉芹,袁昊,舒平.论数字资产的会计确认和计量[J].中央财经大学学报,2003(11):62-65.

[8] 任志成,戴翔.劳动力成本上升对出口企业转型升级的倒逼作用——基于中国工业企业数据的实证研究[J].中国人口科学,2015(1):48-58+127.

[9] 唐莉,李省思.关于数据资产会计核算的研究[J].中国注册会计师,2017(2):87-89.

[10] 许宪春.积极应对挑战进一步完善新经济新动能统计[J].中国统计,2020(7):4-7.

[11] 许宪春,常子豪.关于中国数据库调查方法与资本化核算方法研究[J].统计研究,2020,37(5):14-26.

[12] 许宪春,张美慧,张钟文.数字化转型与经济社会统计的挑战和创新[J].统计研究,2021,38(1):15-26.

[13] 翟丽丽,王佳妮.移动云计算联盟数据资产评估方法研究[J].情报杂志,2016,35(6):130-136.

[14] 张俊瑞,危雁麟,宋晓悦.企业数据资产的会计处理及信息列报研究[J].会计与经济研究,2020,34(3):3-15.

[15] Ahmad N, Ven P. Recording and Measuring Data in the System of National Accounts [R].12th Meeting of the Advisory Expert Group on National Accounts, 2018.

[16] ISWGNA. Task Team on Digitalization, Recording and Valuation of Data in National Accounts [R].14th Meeting of the Advisory Expert Group on National Accounts, 2020.

[17] Liew A. Understanding Data, Information, Knowledge and Their Inter-rela-

tionships [J]. Journal of Knowledge Management Practice, 2007, 8 (2): 1-16.

[18] Li W C Y, Nirei M, Yamana K. Value of Data: There's no Such Things as a Free Lunch in the Digital Economy [R]. Research Institute of Economy, Trade and Industry Discussion Papers, 2019.

[19] Nguyen D, Paczos M, Measuring the Economic Value of Data and Cross-border Data Flows: A Business Perspective [R]. OECD Digital Economy Papers, NO. 297, 2020.

[20] Reinsdorf M, Schreyer J. Measuring the Digital Economy in Macroeconomic Statistics: The Role of Data [R]. ASSA Annual Meeting, Jan. 3, 2019.

[21] Rowley J. The Wisdom Hierarchy: Representations of the DIKW Hierarchy [J]. Journal of Information Science, 2007, 33 (2): 163-180.

[22] Statistics Canada. Measuring Investment in Data, Databases and Data Science: Conceptual Framework [EB/OL]. [2019-06-24]. https://www150.statcan.gc.ca/n1/pub/13-605-x/2019001/article/00008-eng.htm.

[23] Statistics Canada. The Value of Data in Canada: Experimental Estimates [EB/OL]. [2019-07-10]. https://www150.statcan.gc.ca/n1/en/pub/13-605-x/2019001/article/00009-eng.pdf?st=MF15Vfae.

[24] Visconti R M, Larocca A, Marconi M. Big-data Driven Value Chains and Digital Platforms: From Value Co-Creation to Monetization [R]. SSRN Working Paper, 2017.

[25] Viscusi G, Batini C, Digital Information Asset Evaluation: Characteristics and Dimensions [M]. Caporarello L, Di Martino B, Martinez M, eds. Smart Organizations and Smart Artifacts. Berlin: Springer, 2014.

第四章

人工智能统计与核算问题研究

国内外目前尚未形成人工智能核算的统一标准，统计工作已滞后于发展实践，难以准确反映人工智能发展状况和支撑政策制定。本章围绕人工智能核算进行了探究。本章发现，随着人工智能技术及应用的快速迭代演进，不同阶段人工智能的内涵和所涵盖智能化范围不断拓展，其高度集成融合使定义难以明确，但集中表现出自主驱动性、载体依附性和类人模仿性三个重要特征。进一步，本章对人工智能核算范围进行了讨论，提出了人工智能基础、人工智能产品和人工智能应用的三层次划分方式，并在此基础上初步构建了人工智能产业统计分类标准。此外，本章还探究了人工智能卫星账户构建，形成了卫星账户基本框架，分析了编制的数据来源，初步设计出人工智能生产核算表、供给和使用表以及对宏观经济总量影响表等基本表。本章对人工智能核算范围、产业分类及卫星账户构建等的研究，能够为促进人工智能核算国际、国内标准制定和统计实践工作提供重要参考。

第一节　引言

随着智能技术及其应用的不断深化，人工智能已经成为驱动世界经济转型发展的重要动力，并深刻影响着各国经济增长的新动能。为此，包括美国、德国、日本、欧盟等在内的全球主要经济体，都非常重视推进人工智能发展，不断强化制定和实施人工智能发展战略。例如，美国发布《国家人工智能研究和发展战略计划》、欧盟发布《人工智能白皮书——追求卓越和信任的欧洲方案》等，为人工智能技术创新研发、安全发展、实际应用、风险管理等方面提供法律、技术和资金支持①。近年来，我国也在谋划布局并积极推动人工智能的快速发展。2015年，《国务院关于积极推进"互联网+"行动的指导意见》首次将人工智能纳入重点任务中。基于此，我国陆续发布的《中国制造2025》《新一代人工智能发展规划》等文件，提出以推进智能制造为主攻方向的战略方针和目标，将人工智能提升至国家战略高度。受到新冠病毒感染疫情影响，全球经济遭受重创，数字经济的技术优势逐渐凸显，制造自动化、智能化将成为未来数字经济发展趋势之一。2021年，国务院发布《"十四五"数字经济发展规划》，强调人工智能是数字经济的战略实施基础，需要高效布局人工智能基础设施，瞄准人工智能等战略性、前瞻性领域，建立完善的基于人工智能等新技术的统计监测和决策分析体系，推动我国数字经济智能化发展。人工智能已然成为数字经济时代下各国高质量发展的重要抓手，成为各国经济增长的重要动力。

鉴于人工智能的重要性，人工智能发展的影响因素探究、人工智能发展水平的国际比较以及人工智能对经济和社会的影响，特别是人工智能对劳动力市场影响的研究引发的对"机器换人"等探索性命题，已经引起各国官方统计机构、国际组织和相关学者的强烈关注。但是由于人工智能相关数据匮乏、可获得性低，导致大多相关研究是以理论分析为主，实证分析受到较大制约（王军和常红，2021）。如何科学、全面地对人工智能发展水平进行统计测度是解决上述问

---

① 《人工智能治理白皮书》，http://www.caict.ac.cn/kxyj/qwfb/bps/202009/t20200928_347546.htm；《全球数字经济新图景（2020年）——大变局下的可持续发展新动能》，http://www.caict.ac.cn/kxyj/qwfb/bps/202010/t20201014_359826.htm。

题的关键。近年来,人工智能依托高速发展的信息技术,逐步具备像人类一样的推理和决策的能力,替代了部分行业的工作,服务行业尤为明显。只有完善的人工智能核算理论体系和实践统计方法,才能科学、准确地统计测度各地区的人工智能发展水平,达到有效监测人工智能经济活动运行、满足国际和区域比较需要,以及支撑发展影响分析和政策制定的三大核算目的。

人工智能作为一类新兴现象,在统计测度层面尚未形成科学公认的统计标准和体系,进而导致衡量人工智能发展水平的研究难以深入推进。目前,衡量人工智能发展水平的主要方法是间接测度,包括单一替代性指标和多指标综合评价等衡量方法。虽然间接测度在一定程度上反映了人工智能的发展趋势,但是其科学性有待进一步论证,测算结果也有待进一步检验。相比之下,国民经济核算能够更全面、更完整、更一致地反映特定经济活动的价值,直接反映特定主体下的经济活动,属于统计中的直接测度方法。目前,在信息技术时代背景下,对于数字经济、数据资产等新现象和新产物,官方机构和相关学者也都首先考虑采用国民经济核算方法进行统计测度。人工智能经济活动作为宏观经济活动的重要组成部分,与数字经济活动派生核算具有密切关联,相应地,核算人工智能经济活动和数字经济活动的核算方法也存在相同之处。

从宏观经济统计视角来看,人工智能作为数字经济未来的发展趋势,有必要基于核算定义确定核算范围、设计核算框架,最终利用价值总量指标的核算结果,来实现对人工智能经济现象内在数量关系的反映。相较于上述间接测度的方法,无论是在方法的科学性,还是在测度结果的客观性方面,国民经济核算的直接测度都具有一定的优势。目前,最新的国际标准《2008年国民账户体系》(简称2008年SNA)尚未专门涉及单独的人工智能核算,人工智能的定义、分类、估计和记录方法等都有待进一步的补充和完善。国际组织也关注到了2008年SNA在此领域的不足。2021年11月,联合国统计委员会秘书处间国民账户工作组(简称ISWGNA)和国民账户咨询专家组(简称AEG)在联合会议上讨论人工智能的核算问题,提出关于在国民账户中记录人工智能的指导说明草案,建议将人工智能纳入SNA,其中包括资产项目的更新、人工智能估值方法等。

无论是在国际还是国内,探究如何对人工智能进行核算,科学、客观地反映人工智能经济活动的发展及其影响,已刻不容缓。因此,本章将尝试基于SNA概念和框架体系,通过梳理人工智能发展历程和国内外界定,总结提炼出人工智能的主要特征,探究人工智能的核算范围、层次划分与产业统计分类等关键问题，尝试对人工智能卫星账户框架、主要表式设计及数据来源等进行探究。本章研究初步构建人工智能核算基础和框架，探究人工智能价值核算的理论方法和统计实践，有助于提升人工智能数据的可得性和准确性，为推进人工智能对经济和社会影响的研究提供数据支撑。

第二节 文献综述

人工智能已经成为国际竞争的新焦点和经济增长的新引擎，同时也是我国未来社会经济实现高质量发展的一大关键所在。随着人工智能的迅猛发展，其不断渗透到人民生产生活的各个方面，并对经济增长、劳动力市场、生产率、收入分配、创新和不平等均具有显著影响（Autor, 2015；Aghion 等, 2017；Brynjolfsson 等, 2017a；Acemoglu 和 Restrepo, 2018；Cockburn, 2019；Korinek 和 Stiglitz, 2021）。因此，测度人工智能的发展水平也就显得十分重要。

测度人工智能发展进程及其影响，归纳起来会涉及六大核心问题（Mishra, 2009）。从探讨人工智能对各领域影响的现有研究来看，大多数实证研究使用人工智能的某一部分代替内涵广泛的人工智能（曹静和周亚林，2018），较多的学者利用替代性指标来量化人工智能，其中包括工业机器人安装数量、机器人销售数量、自动化生产程度、人工智能出版物和相关专利数量等指标。Cockburn (2018) 采用人工智能出版物（期刊文章和图书等）和人工智能专利衡量人工智能水平。Autor 和 Salomons (2018) 通过跨国和行业数据，采用全要素生产率行业水平变动衡量自动化水平。宋旭光和左马华青（2019）、Acemoglu 和 Restrepo (2020)、王林辉等（2020）采用工业机器人投入反映智能化水平。朱巧玲和李敏（2018）采用工业机器人的销售量反映我国工业机器人发展水平，进而衡量我国人工智能发展与应用情况。邓翔和黄志（2019）认为采用人工智能相关专利申请量衡量人工智能技术水平，可以更好地体现人工智能在各行业的实际应用。Graetz 和 Michaels (2018)、吕越等（2020）采用机器人密度（每百万小时工作的机器人数量）或其对数来衡量人工智能水平。

考虑到单一替代性指标衡量人工智能可能并不全面，另一种衡量方式是多指标综合评价以及通过编制合成指数来测度人工智能。目前，国际上较为公认的是斯坦福大学利用 22 个指标编制了 26 个国家或地区 2015~2020 年的人工智能活力指数[①]，并从 2018 年开始连续发布《人工智能指数报告》，利用人工智能学术论文、技术专利、相关人才及产业等数据，分析全球人工智能的发展情况。我国科研机构也编制并发布了系列人工智能指数成果，如中国人工智能产业发展指数（国家工业信息安全发展研究中心，2019）、全球人工智能创新指数（中国科学技术信息研究所，2021）及中国新一代人工智能科技产业区竞争力评价指数（中国新一代人工智能发展战略研究院，2021）。顾国达和马文景（2021）通过构建人工智能综合发展指数（该指数包含 3 个一级指标、8 个二级指标和 24 个三级指标），对中国、美国、欧盟、日本、韩国、加拿大 6 个经济体进行比较分析。人工智能是智能经济的基础条件，也是推动数字经济发展的重要驱动力，智能经济、数字经济等核算研究对人工智能核算研究具有重要的参考和借鉴价值。

国内目前仅有姚珂军等（2018）围绕智能经济的界定、产业分类和总量测算进行了初探。智能经济是使用"数据+算法+算力"的决策机制去应对不确定性的一种经济形态（毕马威和阿里研究院，2019），其是以数据为关键生产要素，因而与数字经济具有天然的内在关联。而对于数字经济核算而言，经过多年的探索研究，目前在数字经济核算理论和方法、增加值核算、卫星账户编制等各方面已经形成了较多研究成果和经验（OECD，2014；Barefoot，2018；向书坚和吴文君，2019；杨仲山和张美慧，2019；许宪春和张美慧，2020；彭刚等，2021；张美慧，2021），并且我国也专门制定了《数字经济及其核心统计分类（2021）》标准，这可为人工智能核算理论和方法研究提供重要借鉴和参考。

第三节　人工智能的界定与内涵认知

要核算人工智能，首先需要回答什么是人工智能，这会涉及后续最为基本的核算范围和边界问题。人工智能发展进程的梳理是理解人工智能内涵、明确人工智能边界、定义人工智能核算概念的重要依据，而人工智能的定义又是人工智能核算的基础理论，是确定人工智能核算主体、核算范围等内容的重要前提，也是

---

① 详见 https：//aiindex.stanford.edu/vibrancy/。

后续人工智能核算分类、卫星账户构建的重要依据。在不同的发展阶段，由于人工智能技术及其应用的不断演进，其内涵与表现重点会具有较大差异。因此，对人工智能的界定和内涵认知，有必要梳理人工智能的发展历史，厘清当今时代的人工智能技术及其应用相较过往有何变化。此外，人工智能作为一项非常复杂的技术交叉复合产物，从不同角度进行理解，所给出的定义也会有一定差别，因而有必要对常用的定义进行比较，并归纳出人工智能的共性特征。

一、人工智能发展进程及其内涵演变

1956 年，在达特茅斯学院举办的人工智能研讨会上，学者们首次正式提出"人工智能"的概念，标志着人工智能正式诞生。早期的人工智能还处于较为低级水平，难以支撑在机器翻译等实际领域中开展应用。直到 20 世纪 70 年代，随着专家系统的不断发展和完善，人工智能才具备模拟人类专家的知识和经验来解决特定领域问题的能力，进而实现了人工智能从理论研究走向实际应用。这一阶段，人工智能专家系统在医疗、化学、地质等领域进行了应用，主要是通过相对固定的指令分析问题。然而，受限于当时计算机的储存和运算能力，专家系统与神经网络研究陷入瓶颈，人工智能发展及其应用在 20 世纪 80 年代中期到 90 年代经历了一段低迷期。

伴随着 20 世纪 90 年代中后期网络技术尤其是互联网技术的突破式发展，机器学习方法进一步得到提升，更为复杂的模型和算法得到快速发展。尽管这一时期人工智能变得更为实用化，并且在许多场景都得到了应用，但是受限于算力、算法和数据均未获得突破，人工智能并未对社会经济产生颠覆性变革。

直到 2010 年及以后，随着大数据、云计算、互联网、物联网等信息技术的发展，泛在感知数据和图形处理器等计算平台推动以深度神经网络为代表的人工智能技术飞速发展，大幅跨越了科学与应用之间的"技术鸿沟"，诸如图像分类、语音识别、知识问答、人机对弈、无人驾驶等人工智能技术实现了从"不能用、不好用"到"可以用"的技术突破，人工智能应用迎来爆发式增长的新高潮。在此期间，新一代信息技术引发信息环境与数据基础变革，大数据的出现和算力的提升，深度神经网络和卷积神经网络陆续运用到人工智能当中，不同创新的模型和模块不断地提升人工智能的"智能化"程度。2017 年，谷歌推出自主设计深度神经网络的人工智能网络 AutoML，由此打开了人工智能自适应及其学习的大门。2021 年，百度 PLATO 对话机器人具备业界首个百亿级参数的预训练对话生成模型PLATO-XL，这是开放域对话在大模型上的一次深入探索。

从人工智能的发展历程来看：一方面，随着人工智能技术的不断发展突破，人工智能的应用范围和程度也持续推进，从不能应用到简单应用，再到应用范围不断拓展以及应用程度不断深化，人工智能在不同阶段的内涵表现具有较大差异；另一方面，人工智能的实现程度也由早期的计算智能（快速计算、记忆和存储的能力），逐步转向感知智能（输入信息实现视觉、听觉和触觉等感知能力）甚至认知智能（使机器人拥有类似人的思考、理解、推理等能力），所涵盖的智能化范围也不断得到拓展。

二、人工智能的定义比较与特征分析

人工智能的定义非常多，但目前国际和我国国内均缺乏较为公认的定义，其原因主要来自两个方面：一是人工智能技术及其应用处于快速动态演进中，现有的人工智能定义难以长时间保持不变；二是人工智能是一项十分复杂的合成产物，技术涉及广、融合度高，且包括机器人、语言识别、图像识别、自然语言处理和专家系统等20多个领域，多重视角下难以给出明确而具体的界定。作为确定人工智能核算主体与核算范围的前提条件，有必要从不同角度归纳人工智能的定义。

第一，基于学科角度的定义。人工智能自从被提出后，就很快成为计算机科学的一个独立分支。人工智能属于一门交叉学科，通常被视为计算机科学的分支，研究表现出与人类智能（如推理和学习）相关的各种功能的模型和系统[1]。不列颠百科全书指出人工智能是数字计算机或者计算机控制的机器人在执行与智能生物体相关任务上的能力[2]。新华字典中，人工智能也被认为是计算机科学的一个分支，主要研究应用计算机来模拟人类的某些智力活动，从而代替人类的某些脑力劳动。具体地，人工智能学科以计算机科学为基础，是一门融合心理学、哲学等多门学科的交叉学科、新兴学科，是研发用于模拟和拓展人类智能的，包含理论基础、前沿算法、应用系统的新技术学科。从学科定义的角度来看，人工智能与计算机科学关系非常密切，主要指利用计算机来完成关于人类智能的工作和事情（McCarthy，2007）。

---

[1] 资料来自2001年发布的《中华人民共和国国家标准》（GB/T 5271.28—2001）。
[2] 详见 https://www.britannica.com/technology/artificial-intelligence。

第二，基于本质特征和属性的定义。IOS/IEC DIS 22989《人工智能概念和术语》提出人工智能是指共同构建、优化和应用模型，以便系统能够针对给定的一组预定义任务进行计算预测、建议或决策的一组方法或自动化实体。2018年，英国在《英国人工智能发展的计划、能力与志向》[①] 报告中提出，能够执行原本需要人类智能才能完成的任务的技术就是人工智能，如视觉感知、语音识别和语言翻译。我国《人工智能标准化白皮书（2018版）》提出人工智能是利用数字计算机或者数字计算机控制的机器模拟、延伸和扩展人的智能，感知环境、获取知识并使用知识获得最佳结果的理论、方法、技术及应用系统（中国电子技术标准化研究院等，2018）。2019年，OECD在人工智能理事会中提出：人工智能是对于一组人为定义的目标，可以做出影响真实或虚拟环境的预测、建议或决策的系统。它通过使用机器或者基于人类的输入感知真实或虚拟环境，通过自动化的方式进行分析，并使用模型推断来制定信息或者选择动作，旨在能在不同程度下自主性运行（OECD，2019）。AEG建议将2008年SNA中的知识产权产品概念扩大，体现知识产权产品不仅能够创造和体现信息，还能够以自主方式执行任务。在此基础上，将2008年SNA知识产权产品中的资产类别计算机软件和数据库修订为计算机软件、数据库和人工智能。在此类别下，AEG（2021）建议将人工智能定义为能够进行与人类一样的识别和推理的操作系统，属于一种计算机程序。虽然人工智能的定义包括软件和硬件，但是出于使用和分析的原因，AEG建议将人工智能界定为软件。

第三，基于国家或地区调查实践的定义。目前，部分国家和地区在组织开展信息和通信技术使用调查时，单独设立了人工智能调查模块，并对人工智能进行了定义。OECD（2021）对这些国家或地区人工智能定义进行了汇总，具体如表4-1所示。各国和地区对人工智能的定义不尽相同，主要表现在：①对人工智能内在对象的范围界定不同。欧盟、加拿大、瑞典等将其界定为系统，法国和韩国统计局认为人工智能是技术，以色列、日本等国家统计部门则将人工智能界定为活动或其他。②对于智能特征的表述也存在一定差异。法国和韩国统计局等直接通过使用智能一词进行阐述，而其他部分国家或地区则通过使用分析、预测、学习、推理和决策等词表述。③一些定义包含对环境的分析、预测和目标功能，如欧盟和加拿大统计局。④部分定义明确地将人工智能区分为软件和嵌入其他设备

---

① 详见 https://publications.parliament.uk/pa/ld201719/ldselect/ldai/100/10002.htm。

两部分，并提及一套具体的任务目标，如欧盟、加拿大和瑞典统计局。大部分国家和地区如欧盟、丹麦、韩国、瑞典等对人工智能给出了与定义相关的具体示例。

表 4-1　部分国家或地区官方统计部门人工智能的定义

国家或地区	主要内容	具体示例	特征
欧盟	人工智能是通过分析环境，能够以一定程度的自主权执行各种任务，以实现特定目标的智能系统。人工智能主要指使用文本挖掘、机器学习和深度学习等技术的系统	人工智能系统可以完全基于软件，如基于自然语言处理的聊天机器人和商务虚拟助手，基于计算机视觉或语音识别系统的人脸识别系统、机器翻译软件等；也可以嵌入其他设备中，如用于仓库自动化或生产装配工作的自主机器人、用于生产监测或包裹处理的自主无人机等	系统
加拿大	人工智能是指具有一定程度自主性来实现特定目标、表现出智能行为的系统。人工智能系统可以完全基于软件，也可以嵌入其他设备中		
韩国	人工智能技术和服务是基于机器产生的智能，主要指一种具象化能力、推理能力、感知能力和自然语言理解能力的技术	手机的语音识别助理服务	技术
法国	人工智能是指所有旨在将传统上由人类执行的认知任务计算机化的技术	语音识别、生物识别、图像识别和决策支持等	
丹麦	人工智能是以数据为起点思考、分析、解决问题并形成模式连接计算机软件的使用	计算机生成的年度报告、聊天机器人、自动化营销等	其他
以色列	人工智能是使机器在当前环境中能够适应地和有预见地运行的活动		
日本	人工智能是指通过数据分析，能够实现执行、学习、推断、识别和判断等行为的事物		

资料来源：Montagnier 和 Ek（2021）ICT 使用调查中的人工智能测算与相关文献，仅列示部分用以比较。

通过文献梳理可以发现,尽管各国对人工智能的定义不尽相同,但归结起来,上述定义集中表现出以下三个共享特征:

第一,自主驱动性。人工智能不需要人或其他设备的明确指导和修改,具有数据驱动特征,在一定程度上具有自主学习和适应能力。制造业中传统的机器通过固定的程序编码,可以完成特定情境下的重复循环工作,一些情况下还需要人为操作。但是当特有的场景或事物发生变化时,传统机器设备将出现差错或者偏倚。具备学习和适应能力是人工智能和普通机器之间的显著区别。相较于做重复工作的机器和设备,人工智能不需要通过人类操作、重新编码或者设定,本身就具备一定的学习能力和适应能力。人工智能两大语言之一的 Lisp 语言(McCarthy,1959)是一种函数式的符号处理语言,在函数构造上与递归函数类似,可以通过基本函数构造出新的函数,以此完成自身的更新和提升。以机器学习为例,系统会在现有的程序编码的基础上,随着时间的推移和环境的变化,通过数据或任务的变化对自身进行改进和提升,从而适应更广泛的应用场景。具体来看,改进的机器视觉能力可以在照片中标记特定对象,并在视频中进行识别,从而提升自动驾驶汽车的可操作性(Brynjolfsson 和 McAfee,2017b)。

第二,载体依附性。人工智能通常是非独立存在的个体,往往通过协同不同智能系统而形成一个整体。其一,大多数情况下人工智能是一种依靠机器或设备运行的软件,或者在生产中嵌入其他设备的硬件。人工智能系统可以是纯粹基于软件而实现的。例如,一些手机的语音识别助理服务,均是基于手机、平板电脑内置的语音识别系统,将语音命令识别为声音数据后所产生的人工智能技术或服务。没有手机等机器或者设备作为基础,单独的语音识别程序无法运行,更无法做出获取信息、分析、推理、推断等后续行动。不仅如此,部分人工智能系统,如用于包裹运输、追踪、配送和分拣等的自主机器人,则属于将人工智能系统嵌入设备中的类型。其二,人工智能不是单一的某种技术(OECD,2021)。人工智能作为一种通用技术,大部分情况下不是单一的集成电路或编码技术,而是通过各种具有人工智能组成的技术或其他应用技术来实现,如物联网、云计算等。由于人工智能的训练涉及大量的数据和深度神经网络结构,大规模的计算需要由智能芯片集群完成。

第三,类人模仿性。人工智能具有标准化模式特征,能像人类一样完成特定的目标或者任务。人工智能旨在通过感知外部环境,收集各种信息,最后能做出像人类甚至超出人类的反应,进而可以替代部分的工作。人工智能在研发过程中将"智能"理解为像人一样思考、执行、学习、推断、识别和预测等,人工智能的整个过程就是模仿人类完成特定工作的过程。例如,临床咨询程序 MYCIN 系统,作为第一个医学方向的专家系统,可以辅助医生对血液感染患者的病情进行诊断和提出药物治疗方案(Shortliffe 和 Buchanan,1975)。目前,人工智能仍然处于专用智能阶段,过于依赖特定领域专业知识,具有领域局限性。相比于人类的智能,大部分人工智能具有特定的任务和目标,在特定的环境下能够模拟人类的行为,处理速度和水平甚至更高,但是对其他任务无法做出正确的反应。现阶段,随着 openAI 等非营利组织的建立,人工智能的研究重心也逐渐从专用智能阶段向通用智能阶段迈进。

第四节 人工智能核算范围和产业分类

对人工智能进行核算,除了对人工智能的定义和内涵进行认知,还需要在确定核算目的前提下,进一步回答核算什么以及怎么核算这两个关键性基本问题,前者主要是为了确定核算范围和边界。本节主要是针对人工智能核算问题如何初探,将主要围绕人工智能核算范围及产业分类等问题展开,初步探究人工智能核算什么这一关键问题。

一、核算范围与层次划分

人工智能核算范围界定能够进一步确定核算内容和范畴,而层次划分则有助于人工智能相关产业归类,这是人工智能产业分类、卫星账户构建研究的前提。科学界定人工智能经济活动的核算范围,是对人工智能进行核算的基础,其需要将核算目的作为重要依据[1]。按照国民经济核算的一般性原则,生产范围划到哪里,收入、消费和资本形成的范围也就确定到哪里。因此,对人工智能核算范围的确定也同样如此,最为关键的是要确定人工智能的生产活动范围。

---

[1] 人工智能核算指代的范围相对更广,但目前无论是在国际组织还是在各国官方统计机构颁布的众多文件中,绝大部分使用的都是"人工智能"一词,较少使用"智能经济",这一点与更多使用"旅游"而非"旅游经济"的提法具有一定相似之处。而归结到价值核算,人工智能核算更多落脚于智能经济范畴。因此,在人工智能核算的内容当中,有部分是与智能经济相一致的。

在国民账户体系中，按照生产目的将生产范围划分为五类，其中与人工智能生产可能有关的包括三类：①生产者提供或准备提供给其他单位的所有人工智能货物和服务的生产，包括这些生产人工智能货物或服务过程中所消耗的货物或服务的生产；②生产者为了自身的最终消费或资本形成所保留的所有人工智能货物的自给性生产；③生产者为了自身的最终消费或资本形成所保留的人工智能知识载体产品的自给性生产（SNA2008 6.27）。按照此范围界定进行切入，则需要进一步确定何谓人工智能货物、服务和知识载体产品。

在SNA中，货物有形而服务无形，知识载体产品则介于货物和服务之间或兼得两者特性。人工智能产品则同时包括货物、服务和知识载体产品三种类型。针对人工智能产品的交易类型，OECD（2021）提出的分类为：①企业内部开发的系统；②购买商业即用型或客制化的系统；③由内部员工修改后的商业系统；④从签约开发人工智能的外部供应商处购买的系统。AEG（2021）认为，人工智能的特征与计算机软件相同，可以通过企业内部员工自主开发、第三方供应商开发、内部员工或外部专业服务公司定制并由供应商提供的解决方案三种方式进行交易，通过获取嵌入人工智能的设备或系统被间接采用。

进一步，SNA是按照生产产品的同质性界定了基层单位并将同类基层单位汇总为产业部门。根据基层单位的定义，当生产工序相对简单时，生产或研发人工智能的企业（机构单位）可被视为一个基层单位。但是如果生产分工较为复杂，一个企业（机构单位）则会对应多个基层单位。由于人工智能所具有的融合交叉性特点，其生产过程较为复杂，通常会涉及多个基层单位。该情况在人工智能生产范围确定时会比较常见。这将大大增加人工智能产品识别的难度。

从产业角度来看，《人工智能标准化白皮书（2018版）》通过梳理现有人工智能产业分布，将人工智能产业划分为核心业态、关联业态和衍生业态三个层次。核心业态主要包含智能基础设施、智能信息及数据、智能技术服务及智能产品等；关联业态主要指软件产品开发、信息技术咨询、电子信息材料等；衍生业态则是指智能制造、智能家居等细分行业。在此基础上，《人工智能标准化白皮书（2021版）》将人工智能产业链划分为基础层、技术层和应用层，进一步分析人工智能产业发展现状（中国电子技术标准化研究院等，2021）。此外，由于人工智能是数字经济重要的部分，数字经济产品和产业主要包括数字化赋权基础设施、数字化媒体、数字化交易和数字经济交易产品在内的四项内容（许宪春和张美慧，2020）。借鉴两种划分方式，从层级上可以将人工智能分为三个层次：

人工智能基础、人工智能产品和人工智能应用，相应的各层次即对应的相关产业和产品，就是人工智能生产核算范围。

（一）人工智能基础层

人工智能基础层主要是指对人工智能产品生产和应用发挥基础支撑作用和条件保障的基础设施、技术算法及保障性服务等。具体主要包括：①人工智能基础设施。主要包括两大类型：一是数字中心、5G网络基站等新型人工智能设施建设；二是传统铁路、公路等公共场景下的传感器、云平台等智能化设施配备。②人工智能基础要素。数据、算法和算力是人工智能的三大基础要素，相应的活动也是人工智能活动的重要基础保障。大数据时代，数据作为一种资产，无论是结构化还是图像、音频、视频等非结构化的数据，都可为人工智能提供基础的输入信息。算法是人工智能能够模拟人类各种能力的关键，也是人工智能得以实现的"灵魂"。算力是指数据的处理能力，是处理和分析数据的基础，在人工智能的学习和建模过程中起到了决定性的作用。③人工智能基础技术。人工智能还会涉及大量相关智能技术的研究和开发活动，包括知识图谱、类脑智能计算、量子智能计算、模式识别等通用技术，以及自然语言处理、智能语音、计算机视觉、生物特征识别、虚拟现实或增强现实、人机交互等关键领域技术。④人工智能基础运维保障。指为保障人工智能顺利运行和使用而提供的配套辅助性服务，是人工智能产品正常使用的前提和基础，主要包括人工智能产品的安装、维护和使用人员培训等。

（二）人工智能产品层

所谓人工智能产品是指依托人工智能技术创造出的新的货物和服务产品（智能基础设施以外的货物和服务），这些产品具有人工智能一般特征，有别于传统其他货物和服务。人工智能货物是智能产业化的主要内容，是指用于满足住户、社会和生产其他货物或服务的需要，并能够确定其所有权的人工智能有形生产结果，其本质是将人工智能领域的技术成果集成化、产业化，是具有明确人工智能特征的嵌入型硬件或软件产品[①]，如智能机器人、智能运载工具、智能终端产品、智能语言处理系统、生物特征识别系统等。人工智能服务是可以改变消费单位的状况、促进产品或金融资产交换的人工智能生产活动的结果，主要是指围绕

---

① 软件产品与一般性的服务在形态和性质上具有较大差别，难以完全将其归入货物或服务中，但对于人工智能产品而言，软件一般与硬件交织到一起，因此这里统一将其归入货物产品中。

人工智能货物产品生产、流通、消费等基础运维保障服务以外的其他服务。人工智能知识载体产品是指那些以消费单位能够重复获取知识的方式而提供、存储、交流和发布的人工智能相关的信息、咨询和娱乐。由于人工智能知识载体产品同时具有货物和服务的特征，可将其按照实际属性分配到货物和服务的范畴中。人工智能产品层构成了整个人工智能的中间层级，一方面要依托人工智能基础层的对应要素，另一方面要为人工智能应用层（产业智能化）发展提供产品、服务和解决方案。相较而言，由于智能产品具备明显的智能化特征，其对应的部分活动和产品在宏观经济中较容易被识别出来。

（三）人工智能应用层

人工智能的应用层与产业智能化相对应，主要是指应用智能技术和产品于传统产业的研发、生产、营销等各个环节中，与各行业领域深度融合，为传统产业带来产出增加和效率提升。从应用环节来看，人工智能的应用可以分为生产过程人工智能化（通过智能工厂、数字化车间、智能物流仓储系统的创新模式和数控机床、工业机器人等智能化生产设备的应用）、服务人工智能化（以客户需求为中心，依托人工智能算法实现售前的精准营销，基于众包设计和云制造等服务模式实现客户—厂商协同制造）和管理人工智能化（企业运用智能检测、远程诊断、全产业追溯等技术实现无人化管理）等（谢萌萌等，2020）。从应用程度来看，人工智能的应用可以分为两类：一类是浅度应用。应用过程中，人工智能仅起到辅助和增益的效果，并未本质上改变行业的传统生产或交易，如酒店的送餐机器人、公园中的扫地机器人等。另一类是深度应用。与行业领域深度融合，在很大程度上影响甚至是颠覆传统行业的生产结构和运转模式，对生产、服务具有显著的能力和效率提升，且大幅度提高了经济效益，如智能制造中的智能工厂等。

二、人工智能产业统计分类探究

为了让人工智能经济活动的核算更具可操作性，在讨论核算范围和层次划分之后，有必要进一步将其与现有国民经济行业分类联结起来，按照生产活动对人工智能进行分类，构建形成人工智能产业统计分类标准。对人工智能进行单独分类，首先需要观测单位从事的活动，从而识别出各统计单位从事的与人工智能相关的活动。但是由于目前人工智能生产程序复杂，对各行业均有涉及，想要完全剥离出人工智能的生产活动并单独进行门类的划分的难度较大，难以形成包含全部的人工智能生产活动的独立行业分类类别。这就会涉及依据主要活动，来划分确定基层单位问题。主要活动是指对单位增加值贡献最大的活动，可以根据一个单位出售的货物或提供的服务的增加值大小来确定主要活动（SNA2008 第 5 章 B）。

人工智能产业分类还需要注意这样几个问题：第一，实际生产过程中，基础层、产品层和应用层的生产活动之间可能存在一定交叉，难以完全区分人工智能生产活动之间的界限，特别是产品层和应用层，因而在分类时要兼顾穷尽和互斥原则；第二，基于核算目的，对于基础层的行业划分标准仅包含直接与人工智能紧密相连的生产活动，如算力基础设施建设、智能技术研究和试验等，并未包含传统的计算机设备制造、互联网服务、电信设备等数字经济的基础设施；第三，划分标准需要区分生产过程的各个阶段与服务活动，保持与《国民经济行业分类》（GB/T 4754—2017）[①] 之间相互对应，以保证未来数据收集的可行性。

考虑到人工智能会与数字经济、分享经济、"三新"经济等存在较多相似之处，其产业分类也可以借鉴上述派生经济分类标准。在此之中，国家统计局制定发布的《数字经济及其核心产业统计分类（2021）》《新产业新业态新商业模式统计分类（2018）》[②]，以及 Ahmad 和 Ribarsky（2017）、Barefoot（2018）、关会娟等（2020）、吴翌琳和王天琪（2021）、刘伟等（2021）等围绕数字经济分类的研究，都可作为人工智能产业分类的重要参考。"数字经济""分享经济"等新兴经济的产业分类均是基于国民经济行业分类，把相关或类似的行业从中剥离出来，经过重新组合所形成的派生分类。据此，人工智能产业分类同样以国民经济行业分类为基础，依据人工智能的核算定义和特征、核算范围和层次划分，通过剥离、重新组合现有的产业细项，对人工智能产业进行重新分类。该分类与现有的经济活动在产业层次上高度相关，在产业组合上结构相似，有利于详细的人工智能产业统计分类与对照表的编制，为未来人工智能相关指标核算、卫星账户构建奠定基础。根据以上分类思路，确定人工智能产业分类的基本原则：①基于前述所界定的人工智能核算范围，对人工智能产业进行分类；②对照我国《国民经济行业分类》（GB/T 4754—2017），保障人工智能统计调查的可行性和相关数据的可获取性；③为了与前述人工智能层次划分保持一致，这里将人工智能产业分为人工智能基础、人工智能货物、人工智能服务及人工智能应用四类。具体分类如表 4-2 所示。

---

① 详见 http：//www.stats.gov.cn/xxgk/tjbz/gjtjbz/201710/t20171017_1758922.html。
② 详见 http：//www.stats.gov.cn/xxgk/tjbz/gjtjbz/202008/t20200811_1782333.html。

表 4-2　人工智能产业统计分类与对照

大类	中类	小类	《国民经济行业分类》（GB/T 4754—2017）
01 人工智能基础	0101 人工智能基础建筑	010101 网络基础设施建筑	4851＊架线及设备工程建筑
			4910＊电器安装
		010102 人工智能新技术基础建筑	4851＊架线及设备工程建筑
			4910＊电器安装
		010103 算力基础设施建筑	4790＊其他房屋建筑业
			4851＊架线及设备工程建筑
			4910＊电器安装
			4999＊其他建筑安装
	0102 人工智能配备设施制造	010201 智能关键基础零部件制造	3444＊液压动力机械及元件制造
			3445＊液力动力机械及元件制造
			3446＊气压动力机械及元件制造
			3451＊滚动轴承制造
			3453＊齿轮及齿轮减、变速箱制造
			3484＊机械零部件加工
			3489＊其他通用零部件制造
			3499＊其他未列明通用设备制造业
			3813＊微特电机及组件制造
			3821＊变压器、整流器和电感器制造
		010202 人工智能所涉计算机及其他计算机相关制造	3911＊计算机整机制造
			3912＊计算机零部件制造
			3913＊计算机外围设备制造
			3914＊工业控制计算机及系统制造
			3915＊信息安全设备制造
			3919＊其他计算机制造
		010203 人工智能所涉通信设备制造	3921＊通信系统设备制造
			3922＊通信终端设备制造
		010204 人工智能所涉雷达及配套设备制造	3940＊雷达及配套设备制造
		010205 人工智能所涉非专业视听设备制造	3951＊电视机制造
			3952＊音响设备制造
			3953＊影视录放设备制造
		010206 人工智能所涉电子器件制造	3971＊电子真空器件制造
			3972＊半导体分立器件制造

续表

大类	中类	小类	《国民经济行业分类》(GB/T 4754—2017)
01 人工智能基础	0102 人工智能配备设施制造	010206 人工智能所涉电子器件制造	3973＊集成电路制造
			3974＊显示器件制造
			3975＊半导体照明器件制造
			3976＊光电子器件制造
			3979＊其他电子器件制造
		010207 人工智能所涉电子元件及电子专用材料制造	3981＊电阻电容电感元件制造
			3982＊电子电路制造
			3983＊敏感元件及传感器制造
			3984＊电声器件及零件制造
			3985＊电子专用材料制造
			3989＊其他电子元件制造
		010208 其他人工智能配件设施制造	3990＊其他电子设备制造
	0103 人工智能所涉信息传输、软件和信息技术服务	010301 人工智能所涉电信服务	6311＊固定电信服务
			6312＊移动电信服务
			6319＊其他电信服务
		010302 人工智能所涉卫星传输服务	6339＊其他卫星传输服务
		010303 人工智能基础软件开发	6511＊基础软件开发
		010304 人工智能支撑软件开发	6512＊支撑软件开发
		010305 人工智能基础应用软件开发	6513＊应用软件开发
		010306 人工智能基础集成电路设计	6520＊集成电路设计
		010307 人工智能所涉信息系统集成和物联网技术服务	6531＊信息系统集成服务
			6532＊物联网技术服务
		010308 人工智能所涉数据处理与存储服务	6550＊信息处理和存储支持服务
		010309 人工智能所涉信息技术咨询服务	6560＊信息处理和存储支持服务
		010310 人工智能所涉数字化技术处理服务	6579＊其他数字内容服务
		010311 人工智能所涉数据查询服务	6591＊呼叫中心
		010312 其他与人工智能相关的信息传输、软件和信息技术服务业	6319＊其他电信服务
			6339＊其他卫星传输服务
			6519＊其他软件开发
			6550＊信息处理和存储支持服务
			6599＊其他未列明信息技术服务业

续表

大类	中类	小类	《国民经济行业分类》（GB/T 4754—2017）
01 人工智能基础	0104 人工智能所涉互联网及相关服务业	010401 互联网接入及相关服务	6410＊互联网接入及相关服务
		010402 互联网搜索服务	6421＊互联网搜索服务
		010403 互联网生产服务平台	6431＊互联网生产服务平台
			6432＊互联网生活服务平台
			6433＊互联网科技创新平台
			6434＊互联网公共服务平台
			6439＊其他互联网平台
		010404 人工智能所涉互联网安全服务	6440＊互联网安全服务
		010405 人工智能所涉互联网数据服务	6450＊互联网数据服务
		010406 其他人工智能所涉互联网服务	6490＊其他互联网服务
	0105 人工智能基础技术研发与推广	010501 人工智能技术研究	7310＊自然科学研究和试验发展
			7320＊工程和技术研究和试验发展
		010502 人工智能技术推广	7519＊其他技术推广服务
			7520＊知识产权服务
			7530＊科技中介服务
			7540＊创业空间服务
		010503 其他与人工智能技术相关的研发和推广服务业	7590＊其他科技推广服务业
	0106 人工智能基础运维服务	010601 人工智能所涉计算机和辅助设备修理	8121＊计算机和辅助设备修理
		010602 人工智能所涉通信设备修理	8122 通信设备修理
		010603 人工智能所涉家用电子产品修理	8131＊家用电子产品修理
		010604 人工智能所涉基础环境运行维护服务	6540＊运行维护服务
		010605 人工智能所涉网络运行维护服务	6540＊运行维护服务
		010606 人工智能所涉软件运行维护服务	6540＊运行维护服务
		010607 人工智能所涉硬件运行维护服务	6540＊运行维护服务
		010608 人工智能所涉计算机、软件及辅助设备批发	5176＊计算机、软件及辅助设备批发
		010609 人工智能所涉通信设备批发	5177＊通信设备批发
		010610 人工智能所涉计算机、软件及辅助设备零售	5273＊计算机、软件及辅助设备零售

续表

大类	中类	小类	《国民经济行业分类》（GB/T 4754—2017）
01 人工智能基础	0106 人工智能基础运维服务	010611 人工智能所涉通信设备零售	5274＊通信设备零售
		010612 人工智能基础设备人员培训服务	6560＊信息技术咨询服务
		010613 人工智能所涉计算机及通信设备经营租赁	7114＊计算机及通信设备经营租赁
		010614 其他人工智能基础运维服务	5179＊其他机械设备及电子产品批发
			5279＊其他电子产品零售
			6540＊运行维护服务
			7119＊其他机械与设备经营租赁
			8129＊其他办公设备维修
02 人工智能货物	0201 人工智能消费相关设备制造	020101 智能康复辅具制造	3586＊康复辅具制造
		020102 智能照明器具制造	3874 智能照明器具制造
		020103 智能音响设备制造	3952＊音响设备制造
		020104 智能影视录放设备制造	3953＊影视录放设备制造
		020105 可穿戴智能设备制造	3961 可穿戴智能设备制造
		020106 智能车载设备制造	3962 智能车载设备制造
		020107 智能无人飞行器制造	3963 智能无人飞行器制造
		020108 服务消费机器人制造	3964 服务消费机器人制造
		020109 其他智能消费设备制造	3969 其他智能消费设备制造
	0202 人工智能生产相关设备制造	020201 工业机器人制造	3491 工业机器人制造
		020202 特殊作业机器人制造	3492 特殊作业机器人制造
		020203 增材制造装备制造	3493＊增材制造装备制造
		020204 其他智能生产设备制造	3499＊其他未列明通用设备制造业
03 人工智能服务	0301 人工智能软件和技术服务业	030101 智能搜索	6421＊互联网搜索服务
		030102 人工智能软件开发	6511＊基础软件开发
			6513＊应用软件开发
		030103 人工智能集成电路设计	6520＊集成电路设计
		030104 人工智能信息系统集成服务	6531＊信息系统集成服务
		030105 智能化信息处理服务	6550＊信息处理和存储支持服务
		030106 智能化存储支持服务	6550＊信息处理和存储支持服务
		030107 人工智能信息技术咨询服务	6560＊信息技术咨询服务
		030108 智能化数字内容服务	6579＊其他数字内容服务
		030109 人工智能大数据服务	6450＊互联网数据服务

续表

大类	中类	小类	《国民经济行业分类》（GB/T 4754—2017）
03 人工智能服务	0301 人工智能软件和技术服务业	030110 其他人工智能软件和技术服务业	6519＊其他软件开发
			6599＊其他未列明信息技术服务业
	0302 人工智能运维服务	030201 智能化安装服务	4999＊其他建筑安装
		030202 智能设备维修服务	4320＊通用设备修理
			4330＊专用设备修理
			4360＊仪器仪表维修
		030203 人工智能设备使用人员培训服务	6560＊信息技术咨询服务
		030204 人工智能软件运行维护服务	6540＊运行维护服务
		030205 人工智能硬件运行维护服务	6540＊运行维护服务
		030206 人工智能软、硬件批发	5179＊其他机械设备及电子产品批发
		030207 人工智能软、硬件零售	5279＊其他电子产品零售
		030208 人工智能产品租赁	7119＊其他机械与设备经营租赁
		030209 其他人工智能运维服务	5179＊其他机械设备及电子产品批发
			5279＊其他电子产品零售
			6540＊运行维护服务
			7119＊其他机械与设备经营租赁
04 人工智能应用业	0401 智慧农业	040101 智能化设施农业种植	01＊农业
			0513＊灌溉活动
		040102 智能化设施林业经营	0220＊造林和更新
			0231＊森林经营和管护
			0513＊灌溉活动
		040103 智能化设施畜牧养殖	031＊牲畜饲养
			032＊家禽饲养
			0391＊兔的饲养
			0392＊蜜蜂饲养
			0399＊其他未列明畜牧业
		040104 智能化技术育种	0211＊林木育种
			0212＊林木育苗
			0511＊种子种苗培育活动
			0521＊畜牧良种繁殖活动
			0541＊鱼苗及鱼种场活动

续表

大类	中类	小类	《国民经济行业分类》(GB/T 4754—2017)
04 人工智能应用业	0401 智慧农业	040105 智能化设施水产养殖	0411＊海水养殖
			0412＊内陆养殖
		040106 农林牧渔智能管理服务	05＊农、林、牧、渔专业及辅助性活动
		040107 其他智能农业	05＊农、林、牧、渔专业及辅助性活动
	0402 智能制造	040201 智能监控装备制造	3421＊金属切削机床制造
			3422＊金属成形机床制造
			3423＊铸造机械制造
			3425＊机床功能部件及附件制造
			4011＊工业自动控制系统装置制造
			4014＊实验分析仪器制造
			4015＊试验机制造
			4016＊供应用仪器仪表制造
			3429＊其他金属加工机械制造
			4029＊其他专用仪器制造
		040202 智能网联传感及决策控制器制造	3596＊交通安全、管制及类似专用设备制造
			3914＊工业控制计算机及系统制造
			3953＊影视录放设备制造
			3962 智能车载设备制造
		040203 智能响应材料制造	2659＊其他合成材料制造
			3240＊有色金属合金制造
			3254＊稀有稀土金属压延加工
		040204 智能电力控制设备及电缆制造	3821＊变压器、整流器和电感器制造
			3823＊配电开关控制设备制造
			3831＊电线、电缆制造
		040205 其他智能制造	34＊通用设备制造业
			35＊专用设备制造业
			36＊汽车制造业
			37＊铁路、船舶、航空航天及其他运输设备制造业
			38＊电气机械和器材制造业
			40＊仪器仪表制造业

续表

大类	中类	小类	《国民经济行业分类》（GB/T 4754—2017）
04 人工智能应用业	0403 智能交通	040301 城市智能停车服务	5442＊货运枢纽（站）
			5449＊其他道路运输辅助活动
		040302 智慧交通管理平台服务	5443＊公路管理与养护
			7810＊市政设施管理
			9223＊公共安全管理机构
		040303 其他智能交通	53＊铁路运输业
			54＊道路运输业
			55＊水上运输业
			56＊航空运输业
			57＊管道运输业
			58＊多式联运和运输代理业
	0404 智慧物流	040401 智能化仓储	59＊装卸搬运和仓储业
		040402 智能化配送	5436＊邮件包裹道路运输
			5437＊城市配送
			60＊邮政业
		040403 智能化供应链管理服务	7229＊供应链管理服务
		040404 其他智能物流	59＊装卸搬运和仓储业
			60＊邮政业
	0405 智能金融	040501 智能化资本市场服务	67＊资本市场服务
		040502 其他智能金融	69＊其他金融业
	0406 智慧医疗	040601 智能医疗	84＊卫生
		040602 智能移动监测	84＊卫生
		040603 人工智能综合生物验证服务	6450＊互联网数据服务
		040604 其他智能医疗	8499＊其他未列明卫生服务
	0407 智能安防服务	040701 自动化监控管理服务	7272＊安全系统监控服务
		040702 自动报警管理服务	7279＊其他安全保护服务
		040703 安全防盗智能管理系统服务	9223＊公共安全管理机构
	0408 智能电网产业	040801 智能电力控制装备及电缆制造	3821＊变压器、整流器和电感器制造
			3823＊配电开关控制设备制造
			3831＊电线、电缆制造
		040802 智能电网输送与配电服务	4420＊电力供应

续表

大类	中类	小类	《国民经济行业分类》（GB/T 4754—2017）
04 人工智能应用业	0409 其他人工智能应用	040901 智能教育	83＊教育
		040902 智能政府行政办公自动化	S＊公共管理、社会保障和社会组织
		040903 智能采矿	B＊采矿业
		040904 智能化电力、热力、燃气及水生产和供应	D＊电力、热力、燃气及水生产和供应
		040905 智能化建筑业	E＊建筑业
		040906 专业技术服务业智能化	M＊科学研究和技术服务业
		040907 智能化水利、环境和市政设施管理	N＊水利、环境和公共设施管理业
		040908 智能化互联网居家生活服务	O＊居民服务、修理和其他服务业
		040909 智能政府行政办公自动化	S＊公共管理、社会保障和社会组织
		040910 智能化批发	51＊批发业
		040911 智能零售	52＊零售业
		040912 智能化住宿	61＊住宿业
		040913 智能化餐饮	62＊餐饮业
		040914 智能化租赁	71＊租赁业
		040915 智能化商务服务	72＊商务服务业
		040916 智能化文体娱乐业	86＊新闻和出版业
			88＊文体艺术业
			89＊体育
			90＊娱乐业
			6429＊互联网其他信息服务
			6579＊其他数字内容服务
		040917 智能城市专业化设计	7485＊规划设计管理
			7486＊土地规划服务
		040918 智能化社会工作	85＊社会工作

注："＊"表示仅属于该类别中的一部分；人工智能应用均剔除包含01~33分类中的相关产业。

第五节 人工智能卫星账户构建

尽管大部分人工智能经济活动已在现有SNA中得到核算，但对其进行专门识别并独立核算仍具有必要性。考虑到现有人工智能核算仍处于探索阶段，人工智能概念界定、核算范围以及相关核算理论和方法并不成熟，目前还难以将其完全纳入 SNA。与知识产权产品中的计算机软件不同，人工智能具有自主性和独立决策等特征，但是现行核算框架中难以将两者予以区分，也对现阶段国民账户体系单独核算人工智能带来挑战。不仅如此，目前尚未涉及人工智能和"自主""智能"等关键词的产品分类，国际标准行业分类第四修订版虽然包括人工智能活动，但是也并未将人工智能作为一项单独的活动列示，缺乏记录在国民账户体系和其他表式中的分类基础（AEG，2021）。总体来看，一方面，人工智能的部分经济活动已包含在现有的中心框架中，但是识别人工智能的活动并从中心框架中将其剥离出来存在一定的困难；另一方面，部分人工智能的经济活动并未包含在中心框架中，相关的概念、分类、估计等核算基础还有待进一步地扩展和完善。因此，在现阶段可以通过编制人工智能卫星账户，以实现核算人工智能经济活动的三方面目的，并不断对其核算理论和方法进行完善。

一、构建思路与基本框架

人工智能卫星账户编制的目的是补充人工智能分类体系，识别和辨析人工智能及其交易活动，清晰反映人工智能相关企业运行情况，衡量人工智能对宏观经济的影响。人工智能卫星账户应是在 SNA 中心框架体系外基于统一的概念和分类标准而独立设计的、能够测度并反映人工智能经济活动及其影响的账户体系。因此，人工智能卫星账户是国民账户体系的重要补充，其编制应借鉴国民经济核算的基本方法和原则，并兼顾人工智能经济活动的特殊性。目前，人工智能卫星账户编制方面的直接研究较为匮乏，本节主要参考数字经济、R&D 卫星账户方面的相关成果（陈丹丹，2017；OECD，2017；Ahmad 和 Ribarsky，2017；徐蔼婷和祝瑜晗，2017；Mitchell，2018；杨仲山和张美慧，2019；向书坚和吴文君，2019；张美慧，2021）。

为了实现人工智能核算的既定目的，所编制卫星账户至少应当能够系统反映人工智能经济活动及其对中心账户的影响等。具体而言：①应当包括人工智能相关经济活动运行的详细数据，即人工智能经济活动的数据基础；②应当编制人工智能生产核算表、供给使用表等，以反映人工智能经济活动的规模和主要环节；③应当明确描述人工智能经济活动对宏观经济总量的影响。基于此，本章尝试构建了人工智能卫星账户的一般框架（见图 4-1），所编制的表式主要包括：人工智能生产核算表、人工智能供给和使用表以及人工智能对宏观经济总量影响表。

```
                    ┌─────────────────────┐
                    │  人工智能卫星账户框架  │
                    └─────────────────────┘
```

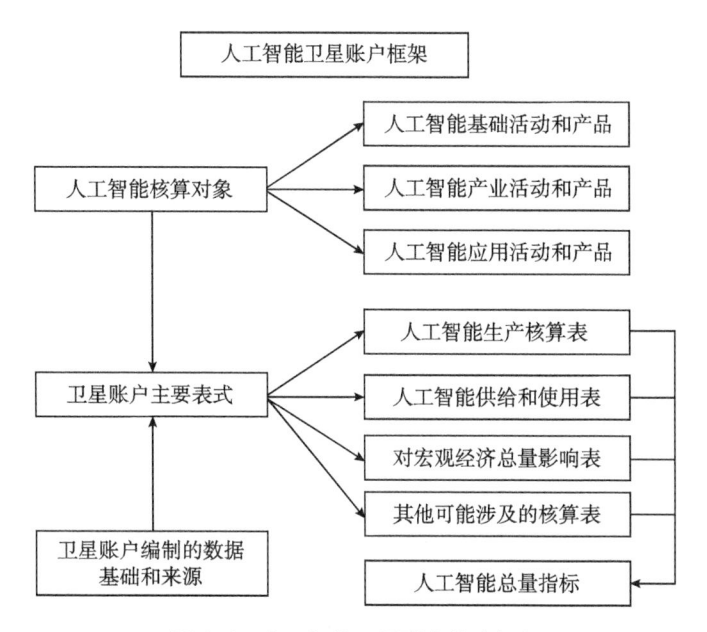

图 4-1 人工智能卫星账户构建框架

二、人工智能卫星账户表式设计

（一）人工智能生产核算表的编制

人工智能生产核算主要反映各机构部门或行业人工智能经济活动的生产规模，以人工智能总产出和增加值来反映。本节按照产业分类编制人工智能生产账户，具体表式如表4-3和表4-4所示。依据人工智能产业分类，生产账户宾栏中的人工智能产业划分为人工智能基础产业、人工智能货物产业、人工智能服务产业和其他产业四类。人工智能生产活动的产出和使用分别记录在来源方和使用方上。使用方中的人工智能总增加值（人工智能国内生产总值）是指人工智能总产出价值减去中间消耗价值后的差额，用于衡量人工智能生产过程中所创造的新增价值。人工智能净增加值（人工智能国内生产净值）是指人工智能总增加值减去固定资本消耗价值后的差额。

（二）人工智能供给表和使用表的编制

人工智能供给使用表用于描述人工智能产品的供给来源和使用去向。人工智能产品的供给来源包括国内生产和国外进口，使用去向包括人工智能中间消耗品、人工智能资本形成和人工智能出口，并始终满足人工智能总供给等于人工智能总需求（使用）的平衡关系。

表 4-3　人工智能生产账户——使用方

交易和平衡项	人工智能产业1 人工智能基础产业	人工智能产业2 人工智能货物产业	人工智能产业3 人工智能服务产业	其他产业（人工智能应用产业）	经济总体	国外	货物和服务	合计
产出								
市场产出								
为自身最终使用的产出								
非市场产出								
中间消耗								
产品税								
产品补贴（−）								
人工智能总增加值								
固定资本消耗								
人工智能净增加值								

表 4-4　人工智能生产账户——来源方

交易和平衡项	人工智能产业1 人工智能基础产业	人工智能产业2 人工智能货物产业	人工智能产业3 人工智能服务产业	其他产业（人工智能应用产业）	经济总体	国外	货物和服务	合计
产出								
市场产出								
为自身最终使用的产出								
非市场产出								
中间消耗								
产品税								
产品补贴（−）								

第一，人工智能供给表。本节基于上述人工智能的定义和分类，初探人工智能供给表，用以分析人工智能生产活动和产品平衡关系。人工智能供给表的主栏中分列的产品部门主要包括人工智能货物、人工智能服务、其他人工智能产品三大类。供给表宾栏中的产业主要依据人工智能产业分类结果，包含人工智能基础产业、人工智能货物产业、人工智能服务产业和人工智能应用产业四大类，具体

表式如表4-5所示。针对人工智能供给表的具体形式,编制该表所需要的数据包括非法人企业住户和法人企业人工智能总产出、人工智能基础产业总产出、人工智能货物产业总产出、人工智能服务总产出和人工智能应用产业总产出等。非法人企业住户与法人企业总产出主要涉及非法人企业住户与企业法人的人工智能货物与服务的交易价值,数据来源主要依靠住户收支与生活状况调查、新产业、新业态、新商业模式专项统计;其余项目则通过经济普查数据中的企业财务状况表予以反映,其中主要是主营业务收入等相关财务指标。

表4-5 人工智能供给表

产品 \ 产业	人工智能产业1 (人工智能基础产业)	人工智能产业2 (人工智能货物产业)	人工智能产业3 (人工智能服务产业)	其他产业 (人工智能应用产业)	人工智能产业总计 (产业1~3)	进口	总供给 (基本价格)	运输费用	贸易与交易利润 人工智能产业	贸易与交易利润 其他产业	产品税费减补贴	总供给 (购买者价格)
人工智能货物												
企业内部开发												
购买商业即用型或客制化的系统												
由内部员工修改后的商业系统												
从签约开发人工智能的外部供应商处购买												
人工智能服务												
企业内部开发												
购买商业即用型或客制化的系统												

续表

产品＼产业	人工智能产业1（人工智能基础产业）	人工智能产业2（人工智能货物产业）	人工智能产业3（人工智能服务产业）	其他产业（人工智能应用产业）	人工智能产业总计（产业1~3）	进口	总供给（基本价格）	运输费用	贸易与交易利润 人工智能产业	贸易与交易利润 其他产业	产品税费减补贴	总供给（购买者价格）
由内部员工修改后的商业系统												
从签约开发人工智能的外部供应商处购买												
其他人工智能产品												
企业内部开发												
购买商业即用型或客制化的系统												
由内部员工修改后的商业系统												
从签约开发人工智能的外部供应商处购买												
总产出（基本价格）												

第二，人工智能使用表。人工智能使用表主要刻画人工智能产品的进一步加工、销售给最终使用者或者出口。人工智能使用表的主栏中的产品部门分类和宾栏中的产业分类与人工智能供给表一致，具体表式如表4-6所示。不同的是，人工智能使用表的主栏中还包含了劳动者报酬、生产税净额、固定资本消耗、营业盈余和总增加值，宾栏中还包含了总中间使用和基于购买者价格的总需求。

表4-6　人工智能使用表

产品＼产业	人工智能产业1 人工智能基础产业	人工智能产业2 人工智能货物产业	人工智能产业3 人工智能服务产业	其他产业（人工智能应用产业）	人工智能产业总计（产业1~3）	总中间使用	最终使用 居民消费支出	资本形成总额	政府消费支出	出口	总需求（购买者价格）
人工智能货物											
企业内部开发											
购买商业即用型或客制化的系统											
由内部员工修改后的商业系统											
从签约开发人工智能的外部供应商处购买											
人工智能服务											
企业内部开发											
购买商业即用型或客制化的系统											
由内部员工修改后的商业系统											
从签约开发人工智能的外部供应商处购买											
其他人工智能产品											
企业内部开发											
购买商业即用型或客制化的系统											
由内部员工修改后的商业系统											

续表

产品＼产业	人工智能产业1	人工智能产业2	人工智能产业3	其他产业	人工智能产业总计	总中间使用	最终使用				总需求
	人工智能基础产业	人工智能货物产业	人工智能服务产业	（人工智能应用产业）	（产业1~3）		居民消费支出	资本形成总额	政府消费支出	出口	（购买者价格）
从签约开发人工智能的外部供应商处购买											
总中间使用											
劳动者报酬											
生产税净额											
固定资本消耗											
营业盈余											
总增加值											
总产出（基本价格）											

（三）人工智能宏观经济总量影响表的编制

人工智能宏观经济总量影响表，主要反映人工智能经济活动对GDP及其他重要经济总量指标的影响，其具体表式如表4-7所示。

表4-7 人工智能宏观经济总量影响表

GDP影响＼产业	人工智能产业1	人工智能产业2	人工智能产业3	其他产业	人工智能产业总计	合计
	人工智能基础产业	人工智能货物产业	人工智能服务产业	（人工智能应用产业）	（产业1~3）	
生产法						
总产出						
中间消耗						
增加值						

续表

GDP影响 \ 产业	人工智能产业1 人工智能基础产业	人工智能产业2 人工智能货物产业	人工智能产业3 人工智能服务产业	其他产业 （人工智能应用产业）	人工智能产业总计 （产业1~3）	合计
收入法						
劳动者报酬						
生产税净额						
固定资本消耗						
营业盈余						
增加值						
支出法						
最终消费支出						
资本形成总额						
净出口						
增加值						
统计误差						

三、人工智能卫星账户的数据来源

目前，人工智能是一种新兴技术，我国乃至全球对人工智能的核算仅处于探索阶段，并无官方统计机构和组织编制过人工智能卫星账户，从而无法直接从现有的统计调查体系和制度中获取人工智能相关经济活动的统计数据，这是人工智能核算面临的巨大挑战之一。我国现有人工智能核算实践可能的数据来源主要有：①官方机构统计中，新产业、新业态、新商业模式专项统计的综合表式和基层表式中包含极少的人工智能相关产品；②其他机构或部门统计中，如艾瑞咨询集团连续三年提供《中国人工智能产业报告》，对中国人工智能行业整体市场和细分赛道进行分析，其中包括中国人工智能产业规模及其预测、人工智能市场行业份额等；③一些数据企业，也提供了人工智能市场规模及预测图、人工智能细分市场占比、人工智能企业注册量、人工智能投融资事件及金额统计等人工智能相关数据。

可见，现阶段官方暂未构建一套规范且完善的人工智能统计调查制度和体系，其他途径的相关数据因受限于成本高或商业机密从而无法获取。因此，在未来的人工智能统计调查体系中需要增加相关统计项目，主要包括人工智能购置支出情况、人工智能R&D支出情况、人工智能技术创新情况、人工智能论文著作和实验室情况，以及人工智能产业、相关机构情况等。另外，需要结合我国人工智能统计实际和需要，参考和借鉴国际组织和其他国家对人工智能的统计调查方案（Montagnier 和 Ek，2021），构建符合我国国情的人工智能调查制度和统计实践。

我国尚无统计人工智能等技术的信息与通信技术使用调查方案，在其他统计调查中也缺乏人工智能的相关统计模块。不同国家对人工智能的定义、范围和分类等核算基础不同，关注的人工智能问题也不尽相同，导致统计调查问卷设计存在差异。综合各国有关于人工智能的调查问卷，人工智能统计调查主要通过简单的"是/否"问题进行数据搜集。部分国家主要在新兴技术或信息技术统计调查问卷中提及与人工智能相关的问题。例如，加拿大统计局的2017年创新和商业战略调查设置问题"企业使用了以下任何一项新兴技术吗"，其中包括人工智能（C390011）[1]。部分国家设置了企业引进人工智能情况的相关问题。例如，加拿大在2019年数字技术和互联网使用调查的ICT使用调查部分，对企业是否引进人工智能、使用原因、未使用的原因进行了调查[2]。随着人工智能的发展，各国对人工智能的测度不仅局限于是否使用，而是更加关注人工智能的使用程度和运行情况。美国区分了人工智能的测量和使用，以及人工智能使用的不同强度水平，提出"2016年至2018年的这三年中，企业在生产货物或服务时，在多大程度上使用了以下技术"，选项中包括人工智能，并下设相关使用程度的选项，如未使用、测试但未用于生产和服务和使用程度低等[3]。为了全面独立地衡量人工智能的发展水平，欧盟等在调查中加入人工智能模块进行专项统计。欧盟在《2021年企业ICT使用和电子商务社区调查》中加入专门的人工智能调查模块，对人工智能进行了全面的定义并给出具体示例。该调查以"是/否"问题为主，涉及企业人工智能的引进、使用目的、获取方式，并针对在货物和服务生产中未

---

[1] The Survey of Innovation and Business Strategy (SIBS), http://www.statcan.gc.ca/eng/statistical-programs/instrument/5171_Q1_V3-eng.pdf.

[2] The Survey of Digital Technology and Internet Use, https://www23.statcan.gc.ca/imdb/p3Instr.pl?Function=assembleInstr&lang=en&Item_Id=1250755.

[3] 2019 Annual Business Survey, https://www2.census.gov/programs-surveys/abs/information/abs_2019.pdf.

使用人工智能的企业，调查未来引进人工智能的意愿和不使用人工智能的原因。[①]

在人工智能卫星账户的数据方面，我国要参考其他国家对于人工智能的统计调查方法，结合我国人工智能发展实际情况，需要在官方统计调查中增加与人工智能相关的信息技术调查模块，以"是/否"问题为主，设计诸如人工智能引进情况、使用程度、使用目的、相关资本和人力投入等相关调查问题，获取人工智能的原始数据。

第六节　结　语

人工智能作为现代信息技术高度集成的前沿产物，将在新一轮科技革命和产业革命中发挥重要驱动作用，并对经济社会发展和人民生活产生深刻影响。目前，人工智能核算尚处于探索阶段，相关统计工作难以满足发展实践和政策制定需要，亟须建立科学完善的核算体系和制度。由于人工智能所涉技术复杂、领域庞杂且具有多层级性，对其进行核算需要解决大量难题。本章首先梳理了人工智能的发展历程和内涵演变，通过比较各类定义，提炼出其具备的三个重要特征；其次在人工智能核算目的基础上，探讨了人工智能核算范围和层次划分，提出人工智能基础层、人工智能产品层和人工智能应用层的划分方式，并尝试建立人工智能产业统计分类标准；最后对人工智能卫星账户编制的总体框架结构、主要表式设计和总量指标设置进行了初探。本章的探索性研究对丰富人工智能核算理论、方法及卫星账户编制都具有重要的参考价值，同时也能够指导并推进统计部门开展人工智能经济统计实践工作。

人工智能核算是一项从理论到实践的系统工作，尽管本节在此方面已做出了一些工作，但仍然还有大量问题有待进一步深入探索和研究：一是人工智能经济活动核算范围的科学界定和具体活动识别。由于全球人工智能处于快速发展演进阶段，人工智能的范围界定难以统一，行业和产品分类还有待进一步完善，重要生产活动和交易类型还有待进一步明确和细化。二是人工智能的价值估值问题。

[①] Glossary：Community Survey on ICT Usage and E-commerce in Enterprises，https：//ec. europa. eu/eurostat/statistics-explained/index. php? title=Glossary：Community_ survey_ on_ ICT_ usage_ in_ enterprises.

人工智能目前尚无科学统一的价值测度方法和理论构成，人工智能价值估计应该使用收益法、市场法，还是成本法还有待探究，具体的价值构成及后续质量改进的处理①也需要进一步的讨论。三是人工智能经济总量指标核算的理论与方法。未来需要进一步借鉴和吸收相关国内外核算经验，深化人工智能经济总量指标的具体核算理论和方法，循序开展人工智能核算实践工作。四是人工智能经济活动的相关数据调查与获取。我国目前人工智能基础核算数据较为匮乏，缺乏从上至下的调查制度，有必要借鉴先进经验，如开展 ICT 使用调查并设置人工智能专项调查模块，建立起符合我国实际国情的人工智能专项调查制度。五是人工智能卫星账户的编制实践。人工智能卫星账户的实际编制中，从核算对象到核算理论和方法，再到核心表式、总量指标和数据来源，仍然还有大量难题需要解决。随着对人工智能核算研究的持续深入，未来必将在 SNA 中建立起一整套指导人工智能经济活动核算实践的理论和方法体系，人工智能的总量规模及影响也将更加准确地得到反映。

参考文献

［1］毕马威，阿里研究院．从工具革命到决策革命——通向智能制造的转型之路［EB/OL］．［2019-04-17］．http：//www.aliresearch.com/cn/index.

［2］曹静，周亚林．人工智能对经济的影响研究进展［J］．经济学动态，2018（1）：103-115.

［3］陈丹丹．美国 R&D 卫星账户编制及其对中国的启示［J］．统计研究，2017，34（4）：15-25.

［4］邓翔，黄志．人工智能技术创新对行业收入差距的效应分析——来自中国行业层面的经验证据［J］．软科学，2019，33（11）：1-5+10.

［5］顾国达．马文景．人工智能综合发展指数的构建及应用［J］．数量经济技术经济研究，2021，38（1）：117-134.

［6］关会娟，许宪春，张美慧，等．中国数字经济产业统计分类问题研究［J］．统计研究，2020，37（12）：3-16.

［7］国家工业信息安全发展研究中心．中国人工智能产业发展指数［EB/OL］.

---

① 基于大数据集的使用和训练，人工智能资产的价值普遍会随着时间的推移增加，提高使用年限，与标准资产的折旧和摊销截然相反。

[2019-11-08]．http：//www.cbdio.com/image/site2/20190925/f42853157e261ef56f1629pdf.

[8] 联合国，欧盟委员会，经济合作与发展组织，等．2008年国民账户体系[M]．北京：中国统计出版社，2012.

[9] 林辉，胡晟明，董直庆．人工智能技术会诱致劳动收入不平等吗——模型推演与分类评估[J]．中国工业经济，2020（4）：97-115.

[10] 刘伟，许宪春，熊泽泉．数字经济分类的国际进展与中国探索[J]．财贸经济，2021，42（7）：32-48.

[11] 吕越，谷玮，包群．人工智能与中国企业参与全球价值链分工[J]．中国工业经济，2020（5）：80-98.

[12] 彭刚，朱莉，陈榕．SNA视角下我国数字经济生产核算问题研究[J]．统计研究，2021，38（7）：19-31.

[13] 宋旭光，左马华青．工业机器人投入、劳动力供给与劳动生产率[J]．改革，2019（9）：45-54.

[14] 孙早，侯玉琳．工业智能化如何重塑劳动力就业结构[J]．中国工业经济，2019（5）：61-79.

[15] 王军，常红．人工智能对劳动力市场影响研究进展[J]．经济学动态，2021（8）：146-160.

[16] 王林辉，胡晟明，董直庆．人工智能技术会诱致劳动收入不平等吗——模型扮演与分类评估[J]．中国工业经济，2020（4）：97-115.

[17] 吴翌琳，王天琪．数字经济的统计界定和产业分类研究[J]．统计研究，2021，38（6）：18-29.

[18] 向书坚，吴文君．中国数字经济卫星账户框架设计研究[J]．统计研究，2019，36（10）：3-16.

[19] 谢萌萌，夏炎，潘教峰，等．人工智能、技术进步与低技能就业——基于中国制造业企业的实证研究[J]．中国管理科学，2020，28（12）：54-66.

[20] 徐蔼婷，祝瑜晗．R&D卫星账户整体架构与编制的国际实践[J]．统计研究，2017，34（9）：76-89.

[21] 许宪春，张美慧．中国数字经济规模测算研究——基于国际比较的视角[J]．中国工业经济，2020（5）：23-41.

[22] 杨仲山，张美慧．数字经济卫星账户：国际经验及中国编制方案的设

计［J］．统计研究，2019，36（5）：16-30.

［23］姚珂军，许海燕，叶丹娜．智能经济统计制度研究［J］．统计科学与实践，2018（4）：8-11.

［24］张美慧．数字经济供给使用表：概念架构与编制实践研究［J］．统计研究，2021，38（7）：3-18.

［25］张万里，宣旸．智能化如何提高地区能源效率？——基于中国省级面板数据的实证检验［J］．经济管理，2022，44（1）：27-46.

［26］张万里，宣旸，睢博，等．产业智能化、劳动力结构和产业结构升级［J］．科学学研究，2021，39（8）：1384-1395.

［27］中国电子技术标准化研究院．人工智能标准化白皮书（2018版）［EB/OL］．［2018-01-24］．http：//www.cesi.cn/images/editor/20180124/20180124135528742.pdf.

［28］中国电子技术标准化研究院．人工智能标准化白皮书（2021版）［EB/OL］．［2021-07-19］．http：//www.cesi.cn/images/editor/20210721/20210721160350880.pdf.

［29］中国科学技术信息研究所．2020全球人工智能创新指数报告［M］．北京：科学技术文献出版社，2020.

［30］中国新一代人工智能发展战略研究院．中国新一代人工智能科技产业区竞争力评价指数（2021）［EB/OL］．［2021-05-22］．https：//cingai.nankai.edu.cn/_upload/article/files/9c/4a/8d4ea56c4163890278094f9ced99/735f3a57-7860-4147-b7f1-70d039b66192.pdf.

［31］朱巧玲，李敏．人工智能、技术进步与劳动力结构优化对策研究［J］．科技进步与对策，2018，35（6）：36-41.

［32］Acemoglu D, Restrepo P. Artificial Intelligence, Automation and Work［R］. National Bureau of Economic Research Working Paper, No. 24196, 2018.

［33］Acemoglu D, Restrepo P. Robots and Jobs: Evidence from US Labor Markets［J］. Journal of Political Economy, 2020, 128（6）: 2188-2244.

［34］AEG. Artificial Intelligence［R］. 15th Meeting of the Advisory Expert Group on National Account, 2021.

［35］AEG. Digitalisation Task Team Draft Guidance Note on "Recording Artificial Intelligence in the National Accounts"［R］. 17th Meeting of the Advisory Expert

Group on National Accounts, 2021.

[36] Aghion P Jones B F, Jones C I. Artificial Intelligence and Economic Growth [R]. National Bureau of Economic Research Working Paper, No. 23928, 2017.

[37] Ahmad N, Ribarsky J. Issue Paper on a Proposed Framework for a Satellite Account for Measuring the Digital Economy [R]. OECD Working Paper, 2017.

[38] Autor D H. Why are There Still So Many Jobs? The History and Future of Workplace Automation [J]. Journal of Economic Perspectives, 2015, 29 (3): 3-30.

[39] Autor D, Salomons A. Is Automation Labor – displacing? Productivity Growth, Employment, and the Labor Share [R]. National Bureau of Economic Research Working Paper, No. 24871, 2018.

[40] Barefoot K. Defining and Measuring the Digital Economy [R]. BEA Working Paper, 2018.

[41] Brynjolfsson E, McAfee A. What's Driving the Machine Learning Explosion? [J]. Harvard Business Review, 2017, 18: 3-11.

[42] Brynjolfsson E. Artificial Intelligence and the Modern Productivity Paradox: A Clash of Expectations and Statistics [R]. National Bureau of Economic Research Working Paper, No. 24001, 2017.

[43] Caselli F, Manning A. Robot Arithmetic: New Technology and Wages [J]. American Economic Review: Insights, 2019, 1 (1): 1-12.

[44] Cockburn I M. The Impact of Artificial Intelligence on Innovation: An Exploratory Analysis [M]. Chicago: University of Chicago Press, 2019.

[45] Cockburn I M. The Impact of Artificial Intelligence on Innovation [R]. National Bureau of Economic Research Working Paper, No. 24449, 2018.

[46] Graetz G, Michaels G. Robots at work [J]. The Review of Economics and Statistics, 2018, 100 (5): 753-768.

[47] Korinek A, Stiglitz J E. Artificial Intelligence, Globalization, and Strategies for Economic Development [R]. National Bureau of Economic Research Working Paper, No. 28453, 2021.

[48] McCarthy J. Programs with Common Sense [R]. Stanford: Stanford University, 1959.

[49] McCarthy J. What is artificial intelligence? [R/OL]. [2007-11-12]. http://www-formal.stanford.edu/jmc/whatisai.pdf.

[50] Mishra S. Measurement in AI Policy: Opportunities and Challenges [R]. ArXiv Working Paper, 09071. 2009.

[51] Mitchell J. A Proposed Framework for Digital Supply-Use Tables [R]. OECD Working Paper, 2018.

[52] Montagnier P., Ek I. AI Measurement in ICT Usage Surveys: A Review [R]. OECD Digital Economy Papers No. 308, 2021.

[53] OECD. Issues Note-measuring Artificial Intelligence in Official Statistics [R]. DETF Workshop, 2021.

[54] OECD. Measuring Digital Trade: Towards A Conceptual Framework [R]. OECD Working Party on International Trade in Goods in Service Statistics, STD/CSSP/WPTGD (2017) 3, 2017.

[55] OECD. Measuring the Digital Economy: A New Perspective [M]. Paris: OECD Publishing, 2014.

[56] Shortliffe E H, Buchanan B C. A Model of Inexact Reasoning in Medicine [J]. Mathematical Bioscience, 1975, 23: 351-379.

第五章

中国数字经济总量测算问题再研究

——兼论数字经济与我国经济增长动能转换

基于数字经济包括基础层和融合应用层这一范围界定,借助增长核算框架,按照"先贡献度、后增量、再总量"的思路,本章对2003~2018年我国数字经济总量进行了测算。结果表明:我国数字经济规模保持了快速增长,其占GDP的比重一直处于稳步上升的态势(2018年为13.16%),对GDP增长的贡献水平也在逐步提高(2018年为25.20%);从数字经济结构来看,来自ICT行业的数字经济占GDP的比重提升缓慢,数字经济的快速增长主要得益于非ICT行业数字经济的迅猛发展;数字经济尚未成为我国经济增长的主要动力,其未来需要承担经济动能转换的使命,故新旧动能转换更要重视ICT与其他产业的融合。

第一节 引 言

在全球经济下行风险不断增大的背景下,作为新经济形态的数字经济为全球经济注入了新的活力,使经济运行成本大幅降低,经济运行效率显著提升,经济组织方式不断创新,实体经济形态加速重构。数字经济已受到世界各国的密切关注,一些国家专门制定了数字经济发展战略。当前,我国经济正处于新常态之中,经济增速放缓,产业结构存在转型升级的压力,经济发展需要注入新的增长动力。在此背景下,我国政府高度重视数字经济的发展,出台了一系列重大举措,着力促进数字经济的创新发展,使其成为未来经济增长的新动能和支撑。习近平总书记指出:要构建以数据为关键要素的数字经济,推动实体经济和数字经济的融合发展;要加快推进数字产业化、产业数字化,努力推动高质量发展。可见,数字经济不仅关系到我国供给侧改革中的产业转型升级,也将成为未来经济平稳增长的重要引擎。

从数字经济总量及结构的核算来看,我国的统计部门尚未建立专门性的统计制度,相关的统计数据较为缺乏,难以为决策层的政策制定提供基础数据支撑。因此,准确测算我国数字经济的总量及结构规模,评估数字经济发展对经济增长的贡献程度,对指导数字经济发展的实践,具有重要的理论和现实意义。目前,已有不少研究机构对数字经济总量进行了测算,但测算结果差异甚大。从表5-1部分研究机构对我国数字经济规模的测算结果来看,以波士顿咨询和埃森哲为代表的国外研究机构的测算结果显示,我国数字经济占GDP的比重在13%左右;而以中国信息化百人会和中国信息通信研究院等为代表的国内研究机构的测算结果显示,2016年我国数字经济占GDP的比重超过30%,成为促进经济增长的主要动力。

表5-1 部分研究机构测算的我国数字经济规模

研究机构	测算/预测年份	数字经济占GDP比重(%)
波士顿咨询	2015年	13
埃森哲	2015年/2020年(预测)	10.5/13.3(预测)
中国信息化百人会	2015年/2016年	27.52/30.3

续表

研究机构	测算/预测年份	数字经济占 GDP 比重（%）
腾讯研究院	2016年/2017年	30.61/32.28
中国信息通信研究院	2017年/2018年	32.9/34.8

注：根据各研究机构在网络公开发布的研究报告等资料整理得到。

数字经济规模测算结果的巨大差异，主要源于研究者对数字经济概念和核算范围的理解偏差，由此也引发了学术界对测算方法合理性、可靠性和严谨性等的争论。同时，数字经济占 GDP 的比重是否真正超过了 30%，关乎数字经济是否已经成为我国经济增长主要动力这一重要命题的研判，会直接影响到我国制定相关经济发展政策的科学性。因此，我们有必要从理论和实践两个层面对数字经济总量的测算进行细化研究，构建更为科学、合理的测算方法体系，提高数字经济总量测算结果的准确性，为政府制定政策提供更为可靠的决策数据支撑。

第二节 文献综述

数字经济概念的提出距今已有 20 多年。1995 年，Tapscott 探讨了美国"国家信息基础设施"计划施行背景下诞生的新经济形态，并将其命名为数字经济。但目前为止，有关数字经济的研究仍不够成熟，特别是在数字经济的测度方面。2016 年，中国 G20 峰会发出了《二十国集团数字经济发展与合作倡议》，鼓励包括经合组织在内的相关国际组织和感兴趣的成员加强对宏观经济统计中数字经济测度问题的研究。

要研究数字经济总量测度问题，首先需要明确数字经济的内涵及其范围。国际社会尚未就数字经济的定义达成共识，研究者对数字经济内涵的理解和界定亦各不相同（向书坚和吴文君，2018）。数字经济最早被认为与电子商务等同，包括支持设施、电子商务过程和电子商务交易三个组成部分（Mesenbourg 和 Atrostic，2000）。然而，数字经济的驱动根源是现代 ICT 的创新和扩散，其范围也应是动态变化的，并随着 ICT 创新的快速发展、采纳和使用不断拓展（Johansson 等，2006）。数字经济不只局限于互联网，还包括 ICT（硬件、软件、应用和电信）在机构（商业、政府和非营利组织）内部的应用、组织间的交易和个体间的交易等各方面的广泛使用（Atkinson 和 Mckay，2007）。英国政府认为，数字经济是由"信息与通信技术"和"数字内容"两个经济部门组成的（Nathan 等，2013）。这一按照产业部门分类的界定方法较易理解，但其忽略了 ICT 对其他部门直接或间接产出的作用。数字经济应当包括由网络和相关 ICT 支撑的经济、社会和文化活动的各个方面，具体包括基础设施、直接相关产业及间接相关传统产业的关联部分（OECD，2013）。总体来看，随着时间的推移，数字经济的内涵和表征有所不同，目前尚未形成一致的界定，它主要是指数字化基础产业及其在经济、社会、文化等方面的广泛融合与应用。

美国对数字经济总量测度的理论研究和实践操作起步较早。1998 年，美国在一份衡量数字经济的报告中讨论了信息技术（IT）和电子商务发展对美国经济的影响，指出 1977~1998 年美国 IT 部门增加值占 GDP 的比重由 4.2% 上升到 8.2%（Margherio 等，1998）。次年，美国官方统计更新了该报告，新增了 IT 使用行业对经济增长的影响，这为 IT 行业投资促进生产率的增长提供了新的证据（Henry 等，1999）。这两份报告都围绕 IT 和电子商务来界定和测算数字经济，实际上都是对数字经济影响的间接评估和测算。美国人口普查局最早建立了数字经济的测算框架，该框架将数字经济的核算范围界定为三个部分，即电子商务基础设施、电子商务流程、电子商务交易，同时给出相应的数据收集策略，提高了数字经济测算的可操作性（Mesenbourg，2001）。美国商务部于 2016 年成立了首届数字经济顾问委员会，并于当年 12 月发布了一份数字经济报告，提出要从各经济部门的数字化程度、数字化对经济活动的影响、数字化对生产率和 GDP 等指标的影响、数字活动的新兴领域四个方面衡量数字经济（Digital Economy Board of Advisors，2016）。美国经济分析局于 2018 年发布了研究成果，将数字经济的基本构成拓展为支持数字化的基础设施、电子商务和数字媒体，并测算出 2006~2016 年美国数字经济实际增加值的年均增长率为 5.6%，远超总体经济 1.5% 的增长率，且 2016 年数字经济增加值占 GDP 的比重达 6.5%（Barefoot 等，2018）。

我国数字经济总量测算的相关研究起步较晚，各种测算方法和结果差异较大。最早对我国数字经济规模进行研究的是康铁祥，他认为数字经济是由数字产业与数字辅助活动构成，并根据 2002 年的投入产出表测算出我国的数字经济规模约为 1.08 万亿元，占当年 GDP 的比重为 8.85%（康铁祥，2008）。该研究对数字辅助活动增加值的处理较为粗糙，仅简单地以非数字产业中的数字产品投入比重对非数字产业的增加值进行分解。2015年以后,中国信息化百人会和腾讯研究院等国内研究机构,以及波士顿咨询、埃森哲和艾瑞咨询等国外咨询机构开展了对我国数字经济总量的测算研究,并发布了各自的测算结果。其中,影响较大的是中国信息化百人会的测算,其将直接贡献作为基础型数字经济,定义为ICT产业增加值占GDP的比例;将间接贡献作为融合型数字经济,定义为ICT产业应用于传统产业所产生的增加值占GDP的比例;测算两者得到的数字经济增加值加总,即为数字经济增加值(向书坚和吴文君,2018)。可以看出,已有的数字经济规模测算结果存在较大差异,而形成差异的主要原因是核算范围和测算方法不同,如波士顿咨询界定的互联网经济的涵盖范围可能小于数字经济,而中国信息化百人会在测算细节处理上也存在较多争议(蔡跃洲,2018)。对此,中国信息化百人会认为可以借鉴Jorgenson和Stiroh(1999)的增长核算框架,求解数字资本投入对经济增长的贡献率,并采用计量方法提取全要素生产率中数字经济的贡献部分,再将两者汇总,便可得到数字经济对经济增长的贡献度。但是,该研究测算的是ICT资本对整体国民经济的影响,并未将ICT产业和非ICT产业的数字经济分别进行测算。数字经济的总量指标不仅包括数字行业的增加值,还应包括数字经济渗透作用所产生的直接影响,而在非数字行业中形成的数字经济部分,即为数字经济的总增加值(杨仲山和张美慧,2019)。

综上所述,国内外对数字经济总量测度方法尚未形成一致性意见:一方面,美国最新数字经济总量的测算除支持数字化的基础设施外,仅包括电子商务和数字媒体这两类,忽略了数字信息技术在其他诸多产业中的应用;另一方面,有关中国数字经济总量的测算要么是将数字经济置于互联网经济这一狭小范畴内,要么是未区分基础型与融合型数字经济,或者是对融合型数字经济的处理不够细致。本章尝试在数字经济包括基础层和融合应用层这一界定下测算我国数字经济的总体规模,具体的测算思路如下:数字经济基础层增加值是传统界定的ICT行业(或部门)增加值,这部分数据可以从历年投入产出表中获取;数字经济融合应用层的增加值可以定义为非ICT行业(或部门)中因使用ICT资本而创造的增加值,包括ICT资本对GDP增长的贡献和对TFP的作用两部分,其数据可利用蔡跃洲(2018)构建的基于增长核算的理论框架,按照"先贡献度、后增量、再总量"的思路间接测算得到。

第三节 测算方法和数据来源

测算我国数字经济增加值规模的关键点和难点在于估算非 ICT 行业中融合部分的数字经济规模，故本章引入增长核算框架，分别测算非 ICT 行业中各类要素的投入价值，特别是将资本投入中的 ICT 资本存量和相应的资本服务专门进行核算，以便在增长核算框架下测算该部分资本服务的作用。

一、增长核算框架

本章在非 ICT 行业中引入增长核算框架，考虑使用希克斯中性的生产函数：

$$Y_t = A_t \times f(X_{1t}, X_{2t}, \cdots, X_{nt}, L_t) \tag{5-1}$$

其中，Y_t、A_t、L_t 分别为经济体在 t 期的总产出、全要素生产率和劳动投入；X_{1t}、X_{2t}、$\cdots$、X_{nt} 为 t 时期 n 种类型的资本要素投入。对式（5-1）等号两边进行全微分，可以得到：

$$\Delta Y_t = \Delta A_t \times f + \Delta L_t \times \frac{\partial Y_t}{\partial L_t} + \sum_{i=1}^{n} \Delta X_{it} \times \frac{\partial Y_t}{\partial X_t} \tag{5-2}$$

将式（5-2）等号两边同时除以总产出 Y_t，可得到：

$$\frac{\Delta Y_t}{Y_t} = \frac{\Delta A_t}{A_t} + \frac{\Delta L_t}{L_t} \times \frac{L_t \times MPL_t}{Y_t} + \sum_{i=1}^{n} \frac{\Delta X_{it}}{X_{it}} \times \frac{X_{it} \times MPX_{it}}{Y_t} \tag{5-3}$$

由于在完全竞争市场和相加性假设下，要素价格等于要素的边际产量，而经济体总投入等于总产出，因此，式（5-3）可以看成是对产出增长率的分解。不难发现，产出增长率由各种要素投入增长按其投入价值量占总投入的比例加权求和，再加上生产率增长得到。不妨记劳动的投入比例为 W_{Lt}，第 i 类资本要素的投入比例为 W_{it}，则可进一步得到：

$$\frac{\Delta Y_t}{Y_t} = \frac{\Delta A_t}{A_t} + W_{Lt} \times \frac{\Delta L_t}{L_t} + \sum_{i=1}^{n} W_{it} \times \frac{\Delta X_{it}}{X_{it}} \tag{5-4}$$

$$\frac{\Delta A_t}{A_t} = \frac{\Delta Y_t}{Y_t} - W_{Lt} \times \frac{\Delta L_t}{L_t} - \sum_{i=1}^{n} W_{it} \times \frac{\Delta X_{it}}{X_{it}} \tag{5-5}$$

在此，劳动投入比例和资本要素投入比例之和应当为 1，即 $W_{Lt} + \sum_{i=1}^{n} W_{it} = 1$。

式（5-4）和式（5-5）为构建的增长核算框架，由式（5-4）可按各类要素分解产出增长率，由式（5-5）可计算产出增长率中全要素生产率的增长对总产出所贡献部分的大小。同时，在式（5-4）两边同时除以产出增长率，即可得到全要素生产率增长以及各要素投入增长对产出增长的贡献率。

二、资本要素投入估算

从增长核算框架来看，测算各类资本投入是最为关键的问题。OECD（2009）在《资本测算手册2009》中指出，资本在生产中只是被使用而非一次性消耗，与资本相关的投入应是当期资本资产流入生产的服务流（资本服务）而非资本存量，这是因为将资本存量作为资本投入指标进行生产或生产率分析存在诸多弊端，如资本存量总额忽略了新旧资本资产在生产效率上的差别，而且将资本存量总额作为资本投入指标实际上是假设市场价值相同的两类资产对生产的贡献率相同，从而忽略了资产的服务年限对生产贡献的影响。在国内的核算实践中，蔡跃洲和张钧南（2015）、王亚菲和王春云（2017）更认可将资本服务作为资本投入的衡量指标。因此，本章也选择将各类资本要素在每个时期的资本服务作为资本投入指标。资本服务的测算的思路为：第一，分别计算各类资本的生产性资本存量；第二，采用使用者成本方法，将资本存量与使用者成本率相乘，即可得到各类资产的资本服务。考虑到资本服务表示当期资本投入，其与期初和期末的生产性资本存量有关，故本章采用首末折半的方式确定当期生产性资本存量，即：

$$K_{k,t} = P_{k,t} \times Z_{k,t} \tag{5-6}$$

其中，$Z_{k,t} = \frac{1}{2}(A_{k,t} + A_{k,t-1})$；$K_{k,t}$、$P_{k,t}$ 和 $A_{k,t}$ 分别表示第 k 类资产在 t 期的资本服务、使用者成本和生产性资本存量。第 k 类资产在 t 期的生产性资本存量可以用永续盘存法进行估算：

$$A_{k,t} = \sum_{\tau=0}^{L-1} d_{k,\tau}(S_{k,\tau} I_{k,t-\tau}) \tag{5-7}$$

其中，d_τ、S_τ 分别表示役龄为 τ 的 k 类资产的生产效率和退役模式，并且有 $S_0 = 1$；$I_{k,t-\tau}$ 为 $t-\tau$ 期 k 类资产的不变价投资序列；L 为 k 类资产的平均服务年限。为了保证研究结果的可比性，本章参考王亚菲和王春云（2017）的研究，在对退役模式、年限—效率剖面选择的处理上同样采用了同时退役、几何效率递减模式，即：

$$A_{k,t} = \sum_{\tau=0}^{L-1} d_{k,\tau} I_{k,t-\tau} \qquad (5-8)$$

$$\frac{d_{k,\tau-1} - d_{k,\tau}}{d_{\tau-1}} = \delta_k \qquad (5-9)$$

在式（5-9）中，δ_k 表示第 k 类资产的折旧率，通过公式变换处理可以得到第 k 类资产的年限—效率剖面：

$$d_{k,0}=1,\ d_{k,1}=1-\delta_k,\ d_{k,1}=(1-\delta_k)^2,\ \cdots,\ d_{k,1}=(1-\delta_k)^\tau,\ d_{k,L}=(1-\delta_k)^L$$
$$(5-10)$$

由式（5-10）可知，在已知第 k 类资产平均服务年限以及其退役当年的生产效率时，可计算出第 k 类资产的折旧率：

$$\delta_k = 1 - (d_{k,L})^{\frac{1}{L}} \qquad (5-11)$$

将式（5-8）和式（5-10）联立起来，我们推导求解得到：

$$A_{k,t} = I_{k,t} + (1-\delta_k)I_{k,t-1} + (1-\delta_k)^2 I_{k,t-2} + \cdots + (1-\delta_k)^{L-1} I_{k,t-(L-1)} \qquad (5-12)$$

进一步进行化简处理，我们得到：

$$A_{k,t} = I_{k,t} + (1-\delta_k) A_{k,t-1} \qquad (5-13)$$

利用式（5-13）可以建立生产性资本存量的递推关系，且若已知初期的生产性存量 $A_{k,0}$，便可求出 k 类型资产生产性资本存量序列。为此，我们假设 k 类型资产历年不变价投资序列按相同增速 $g_{k,I}$ 发生变化，对式（5-12）进行化简变形，即可得到用初期不变价投资额 $I_{k,0}$、投资增速 $g_{k,I}$ 及折旧率 δ_k 表示的生产性存量 $A_{k,0}$，即：

$$A_{k,0} = \frac{I_{k,0}(1+g_{k,I})}{g_{k,I} + \delta_k} \qquad (5-14)$$

至此，利用式（5-7）至式（5-14）即可求解得到各生产性资本存量序列。Jorgenson 和 Stiroh（1999）使用由新古典投资理论推导出的套利方程估计了资本的"租金价格"，即使用者成本：

$$P_{k,t} = (i_{k,t} - \pi_{k,t}) P_{I,k,t-1} + \delta_k P_{I,k,t} = r_{k,t} P_{I,k,t-1} + \delta_k P_{I,k,t} \qquad (5-15)$$

其中，$i_{k,t}$、$P_{I,k,t}$ 和 $r_{k,t}$ 分别表示第 k 类资产在 t 期的购买价格、名义回报率、实际回报率，$\pi_{k,t} = (P_{I,k,t} - P_{I,k,t-1})/P_{I,k,t-1}$ 表示第 k 类资产在 t 期的资本收益项。我们以各类资产价格指数替代其购买价格，利用式（5-11）求得相应类型资产的折旧率，在此基础上进一步求解出资产的实际回报率，便可计算得到各类资产的使用者成本。Schreyer（2001）总结了外生法和内生法两种求解资本回报率的方法，即外生法是直接以某些外生指标为资本回报率的替代变量，如政府债券利率等；而内生法则假设当期资本收入与资本服务价值相等以及当期资本收入按照资本要素在增加值中的贡献比例确定，再结合收入形成账户中的恒等关系，即可得到：

$$\sum_{k=1}^{n} P_{k,t} Z_{k,t} = OP_t - LC_t - NPT_t \tag{5-16}$$

其中，等号左边表示各类资产的资本收入总和，等号右边的 OP_t、LC_t、NPT_t 分别表示 t 期核算范围内所有行业的总增加值、劳动者报酬、生产税净额，等式实际上是营业盈余或混合收入，而等式内的这些数据可以从投入产出表中直接获取。联立式（5-15）和式（5-16），同时假设各类资产实际回报率相等[①]，我们就可以求出各类资产的回报率。一般情况下，内生法与外生法是可以相互替代的，目前还没有强有力的证据能够说明两者孰优孰劣，但是，利用外生法测算得到的资本服务价值往往与国民经济账户中的资本要素收入不相匹配（Schreyer，2001）。考虑到研究中使用的许多数据来源于我国的投入产出表，与国民经济账户紧密相关，本章选用内生法计算各种类型资本的实际回报率。

鉴于在增长核算框架下还需要确定相应的劳动投入指标及总产出指标，本章选择将年末就业人数作为劳动投入的数量指标，将劳动者报酬作为劳动投入的价值指标，并利用增加值衡量总产出指标。

三、数据来源与数据处理

根据测算思路，想要测算数字经济总量，需要在增长核算框架下计算非 ICT 部门中 ICT 资本的增长贡献率。为了区分 ICT 硬件资本、ICT 软件资本对经济增长影响的差异，本章进一步将 ICT 资本分拆为 ICT 硬件资本和 ICT 软件资本两大类，其中，ICT 硬件行业对应"计算机、通信和其他电子设备制造业"；ICT 软件行业对应"信息传输、软件和信息技术服务业"。由于从 2002 年开始我国的投入产出表才同时公布这两个行业的投入产出数据，考虑到相关数据的可获得性，本章将测算的起始年份确定为 2002 年。

第一，不变价投资序列。本章从 2002 年、2005 年、2007 年、2010 年、2012 年、2015 年的《中国投入产出表》中获取非 ICT 行业的固定资本形成总额数据，

[①] 摩尔定律假定下，ICT 资本单位性能价格将大幅下降，体现为 ICT 资本"不变质量价格指数"的迅速下降。另外，ICT 资本平均服务年限较短，折旧率较高，这在一定程度上保证了"ICT 资本与非 ICT 资本具有相同回报率假设"的合理性。

并根据非 ICT 行业中 ICT 产品与非 ICT 产品的投入比例拆分出 ICT 硬件投入、ICT 软件投入及非 ICT 投入。为了区分不同类型非 ICT 投入对非 ICT 行业增长的影响关系，本章将非 ICT 资本投入拆分为建筑安装工程、设备工具及其他三类，并假设其分配比例与全社会固定资产投资中这三种类型的固定资产投资比例一致。对于缺失年份的数据，本章利用年均增长率进行推算，并线性外推至 2018 年。要获取不变价序列还需要引入适当的价格指数，本章的处理方法为：ICT 硬件选用对应行业的按工业生产者出厂价格指数；ICT 软件选用通信服务类居民消费价格指数；三类非 ICT 投入分别选用对应的固定资产投资价格指数。这些价格指数均来源于历年的《中国统计年鉴》。

第二，就业人数与劳动者报酬。全国年末就业人数数据来源于历年的《中国统计年鉴》，劳动者报酬来源于历次的《中国投入产出表》，缺失年份的插补和外推处理方法与获取连续投资序列使用的方法保持一致。由于增长核算只涉及非 ICT 部门，故需对就业人数进行相应拆分，这里的拆分比例按照 ICT 部门与非 ICT 部门的劳动者报酬比例确定。

第三，不变价行业增加值。本章从历次《中国投入产出表》中提取出 ICT 部门和非 ICT 部门的增加值，并根据历年《中国统计年鉴》中的 GDP 总量对其进行一定调整。从历年的情况来看，由于非 ICT 部门增加值占全国 GDP 比重均超过 95%，故本章直接使用国内生产总值指数对非 ICT 部门增加值进行价格调整，得到非 ICT 行业 2002 年不变价的增加值序列。对于 ICT 硬件和 ICT 软件行业增加值，本章结合第二产业、第三产业实际增加值指数进行调整，得到不变价的增加值序列。以上价格指数序列均来源于历年《中国统计年鉴》。

除此之外，各类资产折旧率参考王亚菲等（2017）的方法进行确定，式（5-14）中的投资增长率是按 2002~2018 年不变价投资序列的年平均增长率进行估算表示的。

第四节 中国数字经济总量测算结果

在增长核算框架下，本章利用相关数据测算出非 ICT 行业中 ICT 资本投入对行业经济增长的贡献率，求解出非 ICT 行业中数字经济增加值的增量，并进一步得到非 ICT 行业中的数字经济总量,将从投入产出表中提取的各 ICT 行业的增加值与前一部分的测算结果相加,即可得到我国历年的数字经济总量。

一、各类资本服务的测算

按照前面的测算方法,本章依次测算得到非 ICT 行业中各类资产的 2002 年不变价的生产性资本存量、使用者价格及资本服务价值,各类资产的资本服务价值测算结果如表 5-2 所示①。

表 5-2 2003~2018 年我国非 ICT 行业各类资产的资本服务价值(2002 年不变价)

年份	ICT 硬件(亿元)	ICT 软件(亿元)	建筑安装工程(亿元)	设备工具(亿元)	其他(亿元)	ICT 份额(%)
2003	565	894	16184	7475	5621	4.75
2004	704	1037	21718	9663	7102	4.33
2005	894	1222	28578	12172	8863	4.09
2006	1076	1341	34101	14615	10547	3.92
2007	1262	1363	43586	17967	13135	3.39
2008	1358	1262	47998	19710	14409	3.09
2009	1438	1214	47226	20803	15133	3.09
2010	1620	1284	50903	23277	17026	3.09
2011	1876	1405	60908	26715	19707	2.97
2012	2160	1492	66736	29331	21476	3.01
2013	2469	1608	72844	32220	23101	3.08
2014	2784	1773	78155	34741	24247	3.22
2015	3113	1965	82469	37216	25390	3.38
2016	3503	2218	90098	39657	26559	3.53
2017	3985	2555	103255	42448	27996	3.63
2018	4441	2907	114998	44774	29066	3.75

由表 5-2 的测算结果可知,在整个测算期内,ICT 资本服务比重呈现出先下降后上升态势,但自 2011 年以来,ICT 资本服务份额一直保持上升态势。从 ICT 硬件和 ICT 软件的细分测算总量结果来看,ICT 硬件资本服务总量在测算期内一

---

① 限于篇幅,书中未展示生产性资本存量的测算结果,但均已保存备索。

直保持增长，而ICT软件资本服务总量在2008年以后出现连续两个年份的下降，但其从2014年开始进入快速增长通道。从历年ICT资本服务占全部资本服务的份额来看，其最高时仅为4.75%，最低时为2.97%，2003~2018年的平均值为3.52%。这充分说明我国非ICT行业的资本使用主要是以建筑安装工程和设备工程等非ICT资本为主，ICT资本只占全部资本的极小部分。这也从另一个角度说明，在我国非ICT行业的生产活动中，ICT资本服务尚未能发挥明显的主导性作用。

将本章与王亚菲等（2017）的测算结果进行比较可知，其测算的2014年非ICT行业中ICT资本服务比重为2.90%，与本章3.22%的测算结果在总体上是较为接近的。这两个测算结果存在差异的主要原因在于：一是固定资本形成的原始数据差异。王亚菲和王春云（2017）是从2012年及之前年份的《中国投入产出表》中获取固定资本形成数，并用年均增长率补缺且外推至2014年；而本章的数据来源中新增了2015年的投入产出表，2014年的固定资本形成数据是按2012~2015年固定资本形成的年均增长率进行推算。这就可能造成2014年固定资本形成数据测算结果产生一定差异。二是行业细分程度的差异。本章是直接将所有行业概括为ICT行业、非ICT行业两大类。而王亚菲等（2017）则统一了行业分类口径，分别测算了19个行业门类和72个行业大类的ICT资本服务，在进行行业分拆与合并时可能会引发数据的变动。

二、增长来源的分解

本节结合劳动投入、非ICT行业不变价增加值的数据，按照式（5-4）所设定的增长核算框架，对2003~2018年我国非ICT行业GDP的增长来源进行了相应分解，具体的分解结果如表5-3所示。测算结果显示，TFP和非ICT资本投入是非ICT行业GDP增长的主要来源，相比较而言，ICT资本投入、劳动投入对行业经济增长的影响较小。

表5-3　2003~2018年我国非ICT行业GDP增长来源分解　　　　单位：%

年份	行业增加值	ICT资本增长贡献			非ICT资本增长贡献				劳动	TFP
		合计	ICT硬件	ICT软件	合计	建筑	设备	其他		
2003	10.00	0.27	0.15	0.12	4.40	2.35	1.25	0.80	0.29	5.04
2004	10.10	0.31	0.18	0.14	4.87	2.68	1.43	0.75	0.32	4.59

续表

年份	行业增加值	ICT资本增长贡献 合计	ICT硬件	ICT软件	非ICT资本增长贡献 合计	建筑	设备	其他	劳动	TFP
2005	11.40	0.34	0.20	0.14	5.92	3.22	1.81	0.90	0.18	4.96
2006	12.70	0.17	0.14	0.03	5.99	3.38	1.65	0.96	0.31	6.23
2007	14.20	0.06	0.10	-0.04	6.10	3.44	1.66	1.00	0.31	7.74
2008	9.70	0.11	0.10	0.01	5.53	2.92	1.72	0.90	0.11	3.95
2009	9.40	0.15	0.11	0.04	5.56	3.07	1.62	0.88	0.13	3.56
2010	10.60	0.16	0.11	0.05	5.26	2.81	1.42	1.03	0.14	5.04
2011	9.50	0.15	0.11	0.04	4.50	2.60	1.22	0.68	0.27	4.58
2012	7.90	0.15	0.12	0.03	4.17	2.44	1.14	0.59	0.24	3.34
2013	7.80	0.15	0.11	0.04	3.61	2.29	0.95	0.37	0.09	3.95
2014	7.30	0.15	0.10	0.05	3.23	2.11	0.76	0.36	0.09	3.84
2015	6.90	0.15	0.09	0.06	2.98	2.01	0.71	0.27	0.01	3.76
2016	6.70	0.16	0.10	0.06	2.74	1.94	0.58	0.23	0.14	3.66
2017	6.90	0.16	0.10	0.06	2.49	1.76	0.47	0.26	0.03	4.22
2018	6.60	0.17	0.11	0.06	2.25	1.48	0.52	0.24	-0.05	4.23

需要注意的是ICT资本服务在非ICT行业的应用对非ICT行业的影响不仅限于ICT资本投入增长带来的行业GDP增长，还应包括ICT与其他要素的组合以及促进要素间的协同所带来的全要素生产率增长。ICT投资可以通过组织变革、网络和外溢效应等多种途径促进TFP的增长（孙琳琳等，2012）。蔡跃洲（2018）将ICT资本要素对TFP增长的影响界定为渗透效应，认为可以采用计量方法大致测算出TFP增长与ICT渗透率之间的关系，估算出数字经济渗透效应对GDP增长的贡献率。但是，这种方法也存在一定的缺陷：一是其假定TFP的变动全都可以用ICT渗透率来解释，而实际上TFP易受到包括全球经济形势在内的诸多因素的影响；二是ICT资本具有规模效应，仅简单测算TFP增长与ICT渗透率的关系，就是假定ICT资本对TFP的影响是线性的，这与一般的认知不符。

考虑到ICT资本对TFP的影响具有一定的时间累积性，应将TFP序列划分为多个阶段进行考察。本章结合非ICT行业TFP贡献序列的走势情况，将研究期分为四个阶段：第一阶段是2003~2007年。这一阶段的提升速度相对平稳。第二阶段是2008~2012年。这一阶段出现了世界经济危机，我国的ICT资本投入比例不升反降，使ICT资本对TFP贡献的提升速度放缓。第三阶段是2013~2016年。这一时段的ICT资本已有较大规模的积累，其对TFP贡献的提升速度呈现出加速态势。第四阶段是2017年及以后。同样地，测算非ICT行业中ICT资本对TFP影响的渗透效应需要确定初始值。渠慎宁（2017）认为，我国ICT资本积累在1995年以后才开始加速，故应选择1999年作为ICT资本对TFP影响的间断点。本章将2003年设定为ICT资本对TFP产业提升作用的起始年份，即2002年为0，这是因为早期的ICT资本对TFP的影响很小，不会从根本上影响整体测算结果的准确性。

假定非ICT行业2003~2007年、2008~2012年、2013~2016年及2017年以后的年均TFP贡献变动为对应时期每年ICT对TFP贡献的提升值，我们就可以测算出2003~2018年每年的ICT资本对TFP的贡献大小，具体测算结果如表5-4所示。

表5-4　2003~2018年我国各要素对非ICT行业GDP增长的贡献　单位：%

年份	劳动	非ICT资本服务	ICT硬件资本服务	ICT软件资本服务	小计	TFP	TFP中ICT的贡献	ICT总计
2003	2.91	43.98	1.50	1.24	2.74	50.37	1.03	3.77
2004	3.21	48.20	1.75	1.35	3.10	45.49	2.05	5.15
2005	1.56	51.94	1.77	1.25	3.02	43.48	3.08	6.10
2006	2.42	47.19	1.11	0.27	1.37	49.02	4.10	5.47
2007	2.16	42.93	0.69	-0.26	0.43	54.47	5.13	5.56
2008	1.12	57.04	1.06	0.10	1.16	40.68	5.52	6.68
2009	1.37	59.19	1.18	0.42	1.60	37.83	5.91	7.51
2010	1.32	49.63	1.02	0.50	1.51	47.54	6.30	7.81
2011	2.80	47.36	1.20	0.42	1.61	48.22	6.70	8.31
2012	3.09	52.78	1.50	0.39	1.89	42.25	7.09	8.98
2013	1.19	46.29	1.35	0.56	1.91	50.60	8.42	10.33
2014	1.19	44.24	1.31	0.70	2.01	52.57	9.76	11.77
2015	0.12	43.25	1.30	0.84	2.14	54.50	11.10	13.24

续表

年份	劳动	非ICT资本服务	ICT资本服务			TFP	TFP中ICT的贡献	ICT总计
			ICT硬件资本服务	ICT软件资本服务	小计			
2016	2.03	40.92	1.49	0.96	2.45	54.61	12.43	14.88
2017	0.47	36.09	1.42	0.87	2.29	61.15	15.37	17.66
2018	-0.71	34.03	1.65	0.95	2.60	64.09	18.31	20.91

注："TFP 中的 ICT 贡献"表示从 TFP 中分解出的由 ICT 应用对生产率影响的部分；"ICT 总计"由 ICT 资本直接贡献率加上从 TFP 中提取的 ICT 贡献率得到，表示 ICT 对非 ICT 行业 GDP 的总的影响，即非 ICT 行业的数字经济部分。

由测算结果可知，2003~2018 年我国非 ICT 行业数字经济对经济增长的贡献率呈现出三个特征。

一是在非 ICT 行业 GDP 的增长中，数字经济的贡献在持续增加。测算结果显示，2003 年我国非 ICT 行业中数字经济对 GDP 增长的影响有限，仅贡献 3.77%；而到 2018 年，这一比重已经提高到 20.91%。从测算区间的分阶段走势来看：2013 年之前，ICT 资本的使用对非 ICT 行业 GDP 增长贡献的提升速度较为缓慢，并且存在一定的波动性特征；而 2013 年之后，数字经济对非 ICT 行业 GDP 的贡献呈现出较快速度的提升，特别是 2016 年以来这一趋势更加明显。上述测算结果表明，ICT 资本的使用对经济增长的作用不仅具有一定的规模效应，而且具有一定的时滞性，这与发挥 ICT 数字化在生产过程中促进组织变革、形成外溢效应同样需要较长作用时间来反应和变革是相符的。

二是非 ICT 行业中 ICT 资本的直接作用有限，更大的作用来自 ICT 资本的渗透效用，即 ICT 对 TFP 的提升作用。从非 ICT 行业 GDP 增长的各要素分解结果来看，整个测算期内 ICT 资本服务的贡献范围为 0.43%~3.10%，作用十分有限。细分硬件资本和软件资本之后，ICT 对增加值的贡献主要来自 ICT 硬件资本服务的使用，特别是 2015 年之前 ICT 硬件资本服务的贡献远大于 ICT 软件资本服务，这与杨晓维和何昉（2015）的结论一致。相比于 ICT 资本服务的直接贡献，ICT 资本对 TFP 提升的间接作用更大。2018 年 TFP 中 ICT 的贡献较 2003 年增加了 17.28%，其通过渗透效应极大地促进了非 ICT 行业 GDP 的增长。渠慎宁（2017）也发现，ICT 资本投入对中国经济增长的贡献并不大，技术外溢效应是其对经济增长最重要的贡献。

三是非 ICT 行业 GDP 增长的主要动力来自非 ICT 资本服务和 TFP。在测算期内，劳动对非 ICT 行业 GDP 增长的贡献整体上处于下降态势，2015 年以后劳动的贡献份额更是处于较低水平，2018 年甚至为 -0.71%，这说明我国非 ICT 行业的人口红利正在消失。非 ICT 资本服务对行业 GDP 的贡献一直处于较高水平，2009 年甚至达到 59.19%，但从 2013 开始，呈现明显的下降态势，这可能与我国实施的供给侧结构性改革有关，在去杠杆和去产能的背景下，设备、厂房等非 ICT 投资的增速明显放缓。非 ICT 行业的 TFP 也一直处于较高水平，虽然在 2008 年世界经济危机之后贡献有所减少，但自 2013 年起一直处于稳步快速增长中，且在 2018 年达到 64.09% 的历史最高水平。

三、数字经济总量测算

在已知 ICT 贡献率的基础上，用非 ICT 行业增加值与之相乘便可得到非 ICT 行业的数字经济增量。此时，若设定好核算期起始年份的数字经济总量，即可推算出每一年份的数字经济总量。根据各类生产性资本存量的测算结果，2002 年我国非 ICT 行业中 ICT 生产性资本存量占所有生存性存量的比重仅为 2.07%，说明在 2002 年的非 ICT 行业中，ICT 资本的使用程度相对于其他要素仍然处于较低水平。因此，本章将 2002 年非 ICT 行业的数字经济总量设定为 2%[①]，以便进一步推算 2003~2018 年非 ICT 行业的数字经济总量，测算结果如表 5-5 所示。

表 5-5　2003~2018 年我国数字经济总量测算结果（2002 年不变价）

年份	数字经济规模（亿元）			数字经济占 GDP 比重（%）			数字经济对 GDP 增长贡献（%）
	非 ICT 行业	ICT 行业	合计	非 ICT 行业	ICT 行业	合计	
2003	2754	6453	9207	2.06	4.82	6.88	N
2004	3418	7135	10553	2.32	4.84	7.16	9.95
2005	4393	8010	12403	2.68	4.88	7.56	11.01
2006	5479	9116	14595	2.96	4.93	7.89	10.51

---

① 将 2002 年非 ICT 行业的数字经济规模设定为 2%，主要原因在于：一方面，2%的水平与 ICT 资本存量所占比重相当，具有一定的合理性；另一方面，由于 2002 年数字经济的总体规模并不大，将其作为起始点并进行一定设定，并不会对远端年份我国整体数字经济的规模及其比重产生较大影响。

续表

年份	数字经济规模（亿元）			数字经济占GDP比重（%）			数字经济对GDP增长贡献（%）
	非ICT行业	ICT行业	合计	非ICT行业	ICT行业	合计	
2007	6869	10541	17410	3.25	4.99	8.24	10.71
2008	8173	11612	19785	3.53	5.01	8.54	11.58
2009	9732	12766	22498	3.84	5.03	8.87	12.45
2010	11732	14185	25917	4.18	5.06	9.24	12.72
2011	13839	15615	29454	4.51	5.08	9.59	13.27
2012	15914	16894	32808	4.80	5.10	9.90	13.82
2013	18458	18272	36730	5.17	5.11	10.28	15.17
2014	21382	19662	41044	5.58	5.13	10.71	16.54
2015	24716	21084	45800	6.03	5.14	11.17	17.98
2016	28608	22567	51175	6.54	5.16	11.70	19.57
2017	33684	24135	57819	7.21	5.16	12.37	22.02
2018	39828	25765	65593	7.99	5.17	13.16	25.20

表5-5的测算结果显示，我国的数字经济规模及其占GDP的比重在逐年提高，其对经济增长重要性越来越显著。2003年我国数字经济规模仅为9207亿元，占全国GDP的比重为6.88%，而到2018年，数字经济规模达到65593亿元，总量增加了近6倍，占GDP的比重也上升到13.16%。从数字经济对经济增长的贡献来看，2004年我国数字经济对GDP增长的贡献值为9.95%，而2018年贡献值达到25.20%，提高了15.25个百分点，这充分说明数字经济在我国经济增长中扮演了越来越重要的角色。

从构成来看，我国数字经济的增长主要得益于非ICT行业中数字经济的快速发展。ICT行业的增加值占GDP的比重尽管在测算期内一直处于上升态势，但增长速度极为缓慢，从2003年到2018年占比仅由4.82%提高到5.17%。相比之下，非ICT行业数字经济发展速度明显更快，其占全国GDP的比重也在快速提升。2018年非ICT行业数字经济占GDP的比重达到7.99%，比2003年的2.06%增加了5.93个百分点，也高出年度ICT行业2.82个百分点。相应地，在数字经济对经济增长的贡献中，非ICT行业的数字经济已经取代了ICT行业，其对促进我国经济增长具有主导性作用。

第五节　数字经济与我国经济增长动能转换

随着世界经济增速的放缓，许多国家都在寻找新的经济增长动力，数字经济逐渐进入各国的视野。我国的决策层也在积极部署数字经济发展，将数字经济作为未来经济增长的新引擎，以推动我国经济的高质量发展。因此，我们需要正确研判数字经济是否已经成为我国经济增长的主要来源以及在战略层面我国未来的数字经济发展需要注意哪些关键问题。

一、数字经济尚未成为我国经济增长的主要来源

中国信息化百人会对我国数字经济总量的研究在国内具有较大的影响力，按照其测算结果，2016年我国数字经济规模达到22.6万亿元，占GDP的比重为30.3%，对GDP增长的贡献率高达58.7%。由此很容易得到这样一个命题，即我国数字经济占GDP的比重已超三成，对经济增长的贡献率已经过半，我国数字经济已经成为拉动经济增长的主要力量。从现实来看，这一命题真的能够成立吗？本章在测算过程中获得的一些证据，或许可以从更为客观的角度对此命题进行研判。

第一，我国ICT行业增加值占全国GDP的比重一直处于低位稳定的状态。ICT行业是支撑数字经济发展的基础，而我国ICT行业增加值占比虽然一直处于上升态势，但增速比较缓慢，并未出现爆发式增长。在测算时期内，我国ICT行业增加值占GDP的比重始终维持在5%左右，2018年为5.17%。以占GDP仅有5%左右的基础行业来支撑经济总体获得超过30%的增加值，ICT行业如此巨大的撬动作用难免令人质疑测算结果是否存在明显的高估。

第二，非ICT行业中无论是ICT资本存量还是ICT资本服务的比重都处于较低的水平。在整个测算期内，非ICT行业中ICT资本的比重始终低于4%，2018年为3.01%，2006年以后也都在4%以内，2018年为3.75%。如果以不到4%的ICT资本投入就可获得20%以上的数字经济占比，那么市场中必定会掀起ICT投资热潮。事实上，从我们对ICT资本服务的测算结果来看，尽管2012年以来我国非ICT行业中ICT资本服务的份额在不断提升，但提升速度并不快。此外，

ICT 资本服务对非 ICT 行业 GDP 增长的直接贡献极为有限，整个测算期内贡献的比重都低于 3%。可见，非 ICT 行业中 ICT 资本的份额虽然处于上升中，但总体水平并不高，基于资本视角的行业 GDP 增长仍然是以建筑、设备等投资为主。

综上所述，中国信息化百人对数字经济总量的测算结果偏高，本章的测算结果可以对此进行印证。通过测算我国数字经济总量及其对 GDP 增长的贡献可以发现，我国数字经济一直处于快速发展中，从 2013 年开始数字经济总量占 GDP 的比重已经超过 10%，2018 年达到 13.16%，而数字经济对 GDP 增长的贡献为 25.20%。由此可见，数字经济已经成为我国宏观经济的重要组成部分，是促进我国经济增长的不容忽视的重要力量，但相比较而言，传统非 ICT 资本和 TFP 仍是拉动我国经济增长的主导性动力来源。

二、数字经济需承载我国经济动能转换的使命

我国目前已经进入经济发展的新常态阶段，传统依赖于劳动人口红利、投资驱动的粗放型经济发展模式已难以为继。本章的测算结果表明，非 ICT 行业中劳动要素对拉动 GDP 增长的贡献已经微乎其微，2018 年的贡献比例甚至为 -0.71%；非 ICT 资本的贡献也呈现出持续下滑的态势，2018 年仅为 34.03%。在此背景下，我国需要转变以往的经济发展方式，推动产业结构转型升级，寻求新的经济增长动能，推动经济的高质量发展。随着互联网、大数据和人工智能等现代信息技术的快速发展，数字经济呈现出强劲的发展动能。数字经济在我国已经上升为国家战略，大部分地区已部署并发布了省级层面的数字经济发展规划，旨在以数字经济为重要支撑点，加快经济转型，承载起经济动能转换的历史使命。

第一，我国数字经济已经释放出强劲的发展动力。本章的测算结果显示，我国数字经济呈现出良好发展态势，自 2016 年以来数字经济占 GDP 的比重迅速提高，到 2018 年比值达到了 13.16%，数字经济对 GDP 增长的贡献率高达 25.20%，这为数字经济的动能转换奠定了扎实的基础。当前，我国在电子商务和数字支付等方面处于世界领先地位，数字技术渗透到经济社会的各个领域，改变着人们的生产和生活方式（见图 5-1）。

第二，我国数字经济发展仍具有广阔的空间。与发达国家相比，我国的数字经济发展仍然存在较大的差距（钟春平等，2017），这意味着我国未来的数字经济发展有着巨大的潜力。我国网民数量高居全球第一，网民红利造就了巨大的数字经济市场和发展潜能。中国互联网络信息中心2018年底的统计数据显示，我国的网民规模达8.29亿人，其中，手机网民规模达8.17亿人。此外，目前尚不高的整体信息化水平也为未来数字经济的发展预留了巨大的空间。

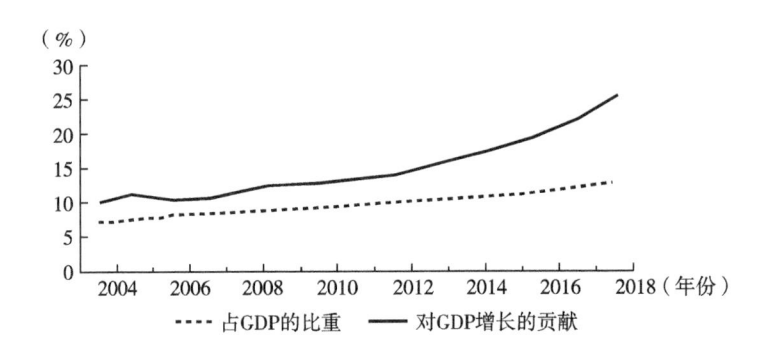

图 5-1 我国数字经济占 GDP 的比重及其增长贡献

第三，大力发展数字经济是世界各国未来的客观选择和必然趋势。数字经济被认为是继农业经济、工业经济后的一种全新的经济形态，它以信息技术创新的知识和信息成果作为关键生产要素，具有跳跃式发展的特点。因此，数字经济的发展可能会形成后发优势，并最终实现跨越式发展。总之，数字经济的发展将会重塑世界经济的发展格局，未来必然会成为各国争夺经济高地的焦点。

三、动能转换中我国应重视ICT与其他产业的融合

在数字经济发展过程中，我国必须高度重视ICT资本与其他产业的融合和渗透，通过提升全要素生产率促进经济增长。本章的测算结果显示：一方面，ICT行业作为数字经济的基础行业，其增加值占全国GDP的比重一直在5%左右，而非ICT行业中数字经济增加值保持了快速增长，2018年其占全国GDP的比重达到7.99%；另一方面，来自非ICT行业数字经济中ICT资本的直接作用非常有限，在测算时期内ICT资本服务对非ICT行业GDP增长的贡献始终在3%以内，而更大的贡献来自ICT资本使用对TFP的提高作用，2018年其对非ICT行业GDP增长的贡献达到18.13%。可见，数字经济对经济增长的主要贡献既不是来自ICT行业本身的增长，也不是来自ICT资本对经济的直接作用，而是来自ICT资本应用于其他行业所间接引起的TFP的提高。

渠慎宁（2017）提出，对于我国这样的技术后发国家而言，"推广ICT"比"发展ICT产业本身"更为有效，ICT的技术外溢和辐射效应是其最重要的功能。因此，在未来由数字经济承载新的增长动能的发展过程中，相比于出台大量政策推动ICT产业的发展，我国更应通过实施相关政策来支持ICT资本与其他产业的深度融合和应用。一方面，经济新常态下的供给侧改革为ICT资本与产业的融合发展创造了优越条件，供给侧改革是倒逼传统产业实现转型升级，特别是对于落后产能而言，不改革就必然会被淘汰。因此，传统产业只有加大在技术研发方面的投入力度，积极使用互联网、大数据、人工智能等数字技术，才能借助数字经济实现新的突破和发展。另一方面，强化ICT资本与产业的融合也是实现产业升级的必由之路。ICT资本与产业融合不仅是对传统生产经营组织模式的颠覆和重塑，还能够催生出更多的新变革和新需求。

工业的ICT融合发展是未来的重中之重。当前的数字经济融合主要集中在第三产业，数字经济出现"三二一"的产业逆向渗透趋势，数字技术与制造业融合深度不够，创新能力和核心技术不够强，"信息孤岛"和"数据烟囱"问题突出（刘淑春，2019）。以制造业为主的工业是国民经济的主体，智能制造将成为未来经济和科技发展的制高点，许多国家都在积极部署工业4.0，全力争夺这一产业价值链上的主导权。与传统工业化强调依托资源和生产要素禀赋有所不同，融入ICT资本的新型工业经济的核心竞争力在于技术创新及其实际落地应用。因此，我国应尽快构建支撑工业数字化转型的自主创新体系，打造完整的先进制造产业创新链。

第六节 研究结论与启示

现有的数字经济总量测算研究仍存在诸多争议和挑战，尚缺乏公认的总量测算结果。本章从数字经济包括ICT行业基础层和非ICT行业融合应用层的一般性内涵和范围界定出发，借助全要素生产率测算框架，通过估算ICT硬件、ICT软件及其他非ICT资本服务等投入要素，并对各投入要素的贡献进行分解，测算得到我国2003~2018年的数字经济总量。以相关测算结果为基础，本章进一步探讨了数字经济与我国新旧动能转换中的一些关键性问题。

第一，本章对数字经济总量测算框架的选择和所得的测算结果具有较高的应用价值。数字经济总量的测算框架是建立在数字经济一般内涵和范围界定下的，包括数字经济的基础层和融合应用层两大部分，这一测算框架的选择较为合理。在测算融合应用层数字经济规模时，本章利用了全要素生产率的测算框架，分别估算出各类资本服务的价值作为投入，并根据现实情况从 TFP 中分阶段分离出 ICT 资本的贡献，测算细节的处理相对较为恰当。本章的测算结果显示，我国数字经济规模占 GDP 的比重一直处于稳步提升中，2018 年达到 13.16%；其对 GDP 增长的贡献水平也在逐步提高，2018 年上升到 25.20%。与中国信息化百人会的测算相比，本章无论是测算方法的选择还是估算数据的细节处理相较都更为科学，测算结果对现实情况的反映以及对相关政策的制定都具有较高的应用价值。

第二，数字经济总量的测算结果对我国当前新旧动能转换具有重要的指导意义。本章测算的数字经济总量远低于中国信息化百人会的测算结果，即数字经济对 GDP 增长的贡献率虽然一直在提升，但尚不足以成为我国当前经济增长的主要动力，非 ICT 资本和 TFP 在 GDP 增长中仍占据主导地位。从数字经济的增长态势和发展空间状况来看，数字经济是有能力承载起我国未来经济增长新动能这一使命的。数字经济增长的主要来源是 ICT 资本与其他行业的融合所形成的直接和间接效用，而非 ICT 行业本身的发展壮大。相应地，我国未来也应更加重视对非 ICT 行业的数字化改造和升级，赋予传统产业更多的数字化、网络化、自动化和智能化特征，促进各产业 TFP 的提升。此外，我国还应当进一步加大 ICT 软件资本的投入力度，实现 ICT 硬件和 ICT 软件的协调发展。

第三，本章测算数字经济总量时的行业分类处理避免了行业分拆与合并所引致的误差，使用 ICT 资本服务而非资本存量也使测算结果更为合理，分阶段估算非 ICT 产业中 ICT 资本使用对全要素生产率的提高也更为科学，可以在测算方法、测算结果和分析应用等多个方面为后续的研究提供指引。当然，本章对数字经济总量的测算也存在一定的局限性。一方面，数字经济时代的消费者可以获取大量的免费数字服务，这些服务的价值尚未被纳入 GDP 核算范围；另一方面，受限于公开发布的行业统计数据，本章将数字经济基础层界定为传统的 ICT 行业，这与数字行业在内涵和范围上存在一定的差异。在数字经济总量核算中，未来的政府统计工作仍需进一步加强。一是强化对数字经济行业分类标准的统计工作。本章实际上是间接测算了非 ICT 行业的数字经济规模，这种处理方法在政府统计工作中并不具备很强的操作性和科学性。更为合理的处理方法应是将研究纳入数字经济融合部分的国民经济行业分类标准，并在此基础上进行更为明确和细致的核算。二是强化对数字经济相关基础数据的统计工作。现有的官方统计体系仍缺乏 ICT 硬件和软件投资以及其资本存量、相关产品价格序列等基础数据，本章在测算中不得不采用大量的替代性估算，未来的官方统计应进一步完善与数字经济相关的基础数据统计工作。

参考文献

［1］蔡跃洲．数字经济的增加值及贡献度测算：历史沿革、理论基础与方法框架［J］．求是学刊，2018（5）：65-71.

［2］蔡跃洲，张钧南．信息通信技术对中国经济增长的替代效应与渗透效应［J］．经济研究，2015（12）：100-114.

［3］康铁祥．中国数字经济规模测算研究［J］．当代财经，2008（3）：118-121.

［4］刘淑春．中国数字经济高质量发展的靶向路径与政策供给［J］．经济学家，2019（6）：52-61.

［5］渠慎宁．ICT 与中国经济增长：资本深化、技术外溢及其贡献［J］．财经问题研究，2017（10）：26-33.

［6］孙琳琳，郑海涛，任若恩．信息化对中国经济增长的贡献：行业面板数据的经验证据［J］．世界经济，2012（2）：3-25.

［7］王亚菲，王春云．中国行业层面信息与通信技术资本服务核算［J］．统计研究，2017（12）：24-36.

［8］向书坚，吴文君．OECD 数字经济核算研究最新动态及其启示［J］．统计研究，2018（12）：3-15.

［9］杨晓维，何昉．信息通信技术对中国经济增长的贡献——基于生产性资本存量的测算［J］．经济与管理研究，2015（11）：66-73.

［10］杨仲山，张美慧．数字经济卫星账户：国际经验及中国编制方案的设计［J］．统计研究，2019（5）：16-30.

［11］钟春平，刘诚，李勇坚．中美比较视角下我国数字经济发展的对策建议［J］．经济纵横，2017（4）：35-41.

［12］Atkinson R D, Mckay A S. Digital Prosperity: Understanding the Economic

Benefits of the Information Technology Revolution [J]. SSRN Electronic Journal, 2007 (2): 64.

[13] Barefoot K, Curtis D, Jolliff W, et al. Defining and Measuring the Digital Economy [R]. US Department of Commerce Bureau of Economic Analysis, Washington, DC, 2018.

[14] Digital Economy Board of Advisors. First Report of the Digital Economy Board of Advisors [R]. U. S. Department of Commerce, 2016.

[15] Henry D K, Buckley P, Gill G, et al. The Emerging Digital Economy II [R]. US Department of Commerce, Washington DC, 1999.

[16] Johansson B, Karlsson C, Stough R R, et al. The Emerging Digital Economy [M]. Berlin: Springer, 2006: 1-19.

[17] Jorgenson D W, Stiroh K J. Information Technology and Growth [J]. American Economic Review, 1999, 89 (2): 109-115.

[18] Margherio L, Henry D, Cooke S, et al. The Emerging Digital Economy [R]. US Department of Commerce, Washington DC, 1998.

[19] Mesenbourg T, Atrostic B K. Measuring the U. S. Digital Economy: Theory and Practice [R]. Working Paper, U. S. Census Bureau, Washington, DC, 2000.

[20] Mesenbourg T L. Measuring the Digital Economy [R]. US Bureau of the Census, 2001.

[21] Nathan M, Anna Rosso, Tom Gatten, et al. Measuring the UK's Digital Economy with Big Data [R/OL]. [2013-07-22]. https://www.niesr.ac.uk/sites/default/files/publications/SI024_GI_NIESR_Google_Report12.pdf.

[22] OECD. Measuring Capital - OECD Manual 2009: Second Edition [M]. Paris: OECD Publishing, 2009.

[23] OECD. Measuring the Internet Economy: A Contribution to the Research Agenda [R]. OECD Digital Economy Papers, No. 226, OECD Publishing, 2013.

[24] Schreyer P. Measuring Productivity: Measurement of Aggregate and Industry-Level Productivity Growth: OECD Manual [R]. Organisation for Economic Co-operation and Development, 2001.

第六章

数字经济对高质量发展的影响

如何在高质量发展这一新理念下不断推进数字经济发展，是现阶段亟须探究的重要问题。本章在理论分析的基础上提出数字经济促进高质量发展的三个理论假设，并利用我国2007~2017年的省际面板数据逐一进行了检验，结果发现：第一，数字经济与高质量发展之间存在显著的正向关系，数字经济规模占GDP比重每提高1个百分点，高质量发展水平指数就会增长约0.6个百分点，利用工具变量（网民覆盖率和固定电话年末用户数）、动态面板广义矩估计以及更换被解释变量多种方法，回归结果均显示具有较好的稳健性。第二，进一步分析发现，从区域异质性来看，东部地区数字经济对经济高质量发展的影响更为强烈和显著，从影响路径方面来看，数字经济对创新发展和绿色发展均显著为正，且对分项指数的促进作用要大于高质量发展总体指数。发展数字经济已经成为推动我国经济高质量发展的重要动力之一。

第一节 引言

伴随着新一轮的科技革命和产业变革，依托互联网，以大数据、云计算等众多新业态、新模式为代表的数字经济快速发展。特别是在新冠病毒感染疫情期间，数字经济更加广泛地渗透到人们生产、生活和工作的各个方面，在促进经济快速恢复以及我国率先实现经济正增长中发挥了重大作用。数字经济不仅关系到我国供给侧结构性改革中的产业转型升级，也将成为未来经济平稳增长的重要引擎（彭刚和赵乐新，2020）。我国经济发展的理念已发生了巨大转变，由主要渴求经济总量和增速，转向追求高质量发展，更加强调经济增长的内在质量。虽然我国已成为世界第二大经济体，且 2020 年国内生产总值（GDP）规模突破 100 万亿元大关，但传统粗放型发展模式引发了要素资源浪费、经济效率不高、环境污染等一系列问题。那么，数字经济作为一种新的经济发展模式，能否有效推动我国未来经济高质量发展，也就成为当下亟须关注的重要研究议题。

从现有研究来看，目前对经济高质量发展内涵及其测度的研究较为丰富。各学者从不同角度对高质量内涵进行了探讨。从社会主要矛盾的角度，发展质量应以能否满足人民日益增长的美好生活需要为判断准则，既要包括物质性需要，也要强调人的全面发展（金碚，2018）。从新发展理念的角度，高质量发展是创新、协调、绿色、开放和共享五大新发展理念的高度聚合（田秋生，2018；杨伟民，2018）。从宏微观的角度，高质量发展应是微观重视产品质量提高、中观促进产业结构高级化和合理化、宏观以提高经济增长质量和经济效益为核心（任保平和何苗，2019）。在测度方面，由于经济高质量发展的表达具有极强的概括性，决定了其在统计核算、量化分析上极其复杂。归纳起来，现有研究主要是基于五大发展理念来构建经济高质量发展的统计综合评价指标体系（詹新宇和崔培培，2016；方大春和马为彪，2019），并以此对其发展状况进行衡量；也有部分测度研究是在此基础上进行了一定拓展补充（魏敏和李书昊，2018；李金昌等，2019；赵涛等，2020）。

从实证层面直接探讨数字经济对高质量发展的影响的一个难点在于对数字经济发展状况的测度。G20（2016）把数字经济定义为以数字化知识和信息为关键生产要素、以现代信息网络为重要载体、将信息通信技术的有效使用作为效率提升和经济结构优化的重要推动力的一系列经济活动，即以数字技术方式进行生产的经济形态（李长江，2017）。但是，由于数字经济以数据资源为关键要素，涉及领域跨越行业和地域限制，与传统经济的统计口径、产业分类体系具有一定交叉性而较难测度（徐清源等，2018）。目前对数字经济发展状况的测度主要有两种思路：一是构建数字经济的多指标综合评价体系，并利用相关方法来合成得到综合得分，包括ITU[①]、腾讯、阿里、财新等大型机构或平台企业发布的数字经济发展指数；二是测度数字经济的总量规模，但各测算结果差异较大，其中比较具有代表性的方法包括生产函数法[②]（彭刚和赵乐新，2020）、基于投入产出表的测算方法（康铁祥，2008）及基于数字经济行业分类的测算方法（许宪春和张美慧，2020）。

围绕数字经济对经济高质量发展的影响，目前大部分研究还停留在理论层面。刘淑春（2019）认为，数字经济的爆发式增长并与实体经济深度融合已经成为推动中国经济高质量发展的强大动能。荆文君和孙宝文（2019）则从宏观、微观两个方面探讨了数字经济促进经济高质量发展的内在机理，其中微观层面通过规模经济、范围经济、长尾效应优化供需匹配；宏观层面通过新的投入要素、资源配置效率、全要素生产率来促进经济的高质量发展。丁志帆（2020）进一步引入中观层面，立足"微观—中观—宏观"框架分析了数字经济驱动高质量发展的机制。此外，李辉（2019）、张鸿等（2019）、温军等（2020）、郭晗（2020）、任保平（2020）等均对数字经济促进高质量发展的理论路径进行了研究。目前，实证方面考察数字经济对经济高质量发展的研究还并不多。赵涛等（2020）引入创业活跃度，利用我国2011~2016年城市数据分析认为数字经济显著促进了高质量发展。张腾等（2021）利用2011~2017年省级数据，通过空间计量模型实证得出同样的结论。

综上所述，目前关于数字经济与高质量发展的影响多为理论研究，实证层面的研究较少，这主要是因为对数字经济发展状况的测度，特别是省级层面仍然存在较多问题。本章将利用各地区投入产出表来测度数字经济增加值规模，以此反映数字经济发展状况，并通过构建省际面板数据来测算数字经济对高质量发展的

---

① 国际电信联盟（ITU）2017年《衡量信息社会报告》中的ICT发展指数（IDI）。
② 中国信息通信研究院（CAICT）于2021年发布的《中国数字经济发展白皮书》中数字经济测算框架部分。

影响，以为相关政策制定提供借鉴参考。

第二节 研究假设

一、数字经济与经济高质量发展

由前所述，数字经济与高质量发展内涵丰富，呈现多维特征，因此，数字经济对高质量发展的影响广泛体现在复杂经济体中的各个层面。

在微观层面，数字经济主要通过经济主体生产的规模经济、范围经济及市场价格机制、匹配机制等路径对经济的高质量发展发挥作用（荆文君和孙宝文，2019）。其中，规模经济是指随着微观主体生产规模的扩大，平均成本不断下降。但在实际中，企业的平均成本多呈现先下降后上升的U型结构。一方面，数字经济赋能的传统企业生产，会提高研发投入、设备升级等数字化转型造成的固定成本，但同时由于技术、工艺等的提升，产品的平均成本降低，这意味着企业在更大的规模上方能实现最优生产。另一方面，数字新兴企业符合梅特卡夫法则，是规模经济的，同时也是范围经济的。范围经济指企业同时生产多种产品时，成本低于单独生产每种产品成本的总和。不同于规模经济，范围经济的实现来自产品间的关联性，而数字化有助于打通企业产品间的关联性，通常表现为整合的数字营销、数字技术和大数据等。例如，淘宝增加一个用户的成本几乎可以忽略不计，是规模经济的；另外，淘宝、支付宝、菜鸟裹裹、闲鱼等阿里巴巴生态服务同时开发运营的效益远高于独立开发运营，是范围经济的。因此，无论是数字化转型的传统企业，还是数字化新兴企业，都倾向于更大规模、多种经营，这是在供给侧向高质量迈进。另外，在数字经济背景下，理论上，交易双方的信息不对称问题能够在一定程度上得到缓解，互联网、大数据能够为供需双方实现精准匹配，因此价格更趋近于完全竞争的帕累托最优状态。同时，消费端的多样化需求也能够得到更及时的反馈，实现供给侧与需求侧的良性互动，促进经济的高质量发展。

在中观层面，借助于产业数字化，数字经济与传统产业深度融合，产生一系列新技术、新产业、新业态、新模式，助推经济的高质量发展。物联网、云计算、人工智能等新技术能够极大地节约时空成本，提升生产效率。以信息与通信技术为核心的新产业具有高创新活跃度、外溢效应显著等特点（丁志帆，2020）。数字经济与传统的农业、制造业、教育医疗等服务业深度融合，助推传统产业数字化转型，不仅能够提高资源配置效率，还能够推进现代农业、智能制造、远程教育和医疗等新业态的发展，同时也有助于生态环境保护，实现绿色发展。数字经济催生的新商业模式也有助于实现经济的高质量发展。例如共享经济、平台经济能够实现供需动态平衡，提高经济运行效率。

在宏观层面，数字经济对高质量的发展的作用主要体现在数字经济如何促进经济增长上。首先，数字经济能够调整要素配置结构，增加数据资产这一新要素，实现动力变革。传统的要素投入主要来自资本、劳动、土地和技术，伴随数字产业化，数字生产资料（数据资产）逐渐成为通用性资产，其作为要素供给新方式，能够倍增新动能、增进社会财富、优化财富分配（姜琪等，2021）。数据要素在整个经济社会无形跨域流动，掌握了其中的信息，无异于掌握了整个经济社会的运行状态，为国家、企业、个人的科学决策提供了重要的依据，有助于经济的高质量发展。其次，数字经济发挥其创新优势，有助于提升要素供给质量和效率、提高全要素生产率。数字生产资料不仅能够直接投入生产，还能够与资本、劳动、技术等传统生产要素有机融合，提高传统要素的供给质量和效率。最后，数字经济在促进经济增长的同时，能够满足人民对于美好生活的需要。工业经济背景下的经济增长是不平衡不充分的，主要体现在地区、城乡、产业间发展不协调，贫富差距扩大，发展成果不能由全民共享等。数字经济背景下，地理条件限制被打破，一方面，借助互联网，中西部地区具有比较优势的资源禀赋可以被更充分地挖掘和利用，同时中西部地区也能够利用发达地区乃至国外的优势要素，实现开放式快速发展；另一方面，数字经济赋能的现代物流服务、电子商务平台和支付渠道，能够满足中西部地区消费者的美好生活需要。

据此，我们提出本章的如下基础研究假设：

H1：数字经济有助于促进经济高质量发展的实现。

二、数字经济与技术创新

在与数字经济和高质量发展的相关文献中，创新被多次提及，这表明创新无论是在数字经济或是在高质量发展中都有重要的地位。数字经济催生的新技术、新产业、新业态、新模式本身就是创新。数字经济时代涌现了以大数据、物联网、人工智能、区块链、虚拟现实、共享经济等为代表的数字创新技术（陈晓红，2018），理论上可以通过产业数字化与其他领域紧密融合，以资源配置优化为导向，从而提高经济运行效率和质量。宋洋（2020）利用中国省际面板数据实证分析表明，数字经济对技术创新和高质量发展均产生促进作用，同时，技术创新在数字经济与高质量发展之间产生部分中介作用。张森等（2020）指出，数字经济发展的关键就在于持续创新，须由创新来引领和驱动数字经济向纵深迈进。可见，创新与数字经济和高质量发展的关系仍较为模糊，需要进一步探讨。

创新具体表现为微观经济主体的创新，因其高风险、高投入而门槛较高。对于企业而言，创新主要包括产品研发创新、制造工艺创新、商业模式创新等，借助于数字经济赋能。一方面，企业能够更及时地掌握前沿技术信息和消费者需求动向及时调整研发目标和商业模式以降低风险，以及利用互联网、云计算等缩短研发周期、创新制造工艺和生产线以实现智能制造。另一方面，金融机构能够利用大数据技术精准授信，为中小企业乃至个人的创新研究提供便利的融资渠道，有助于中小企业、个人创新活动的开展。对于政府来说，数字经济时代需要创新服务方式，提高数字治理能力，如实现"一网通办"，降低纳税人办事成本，提高纳税人的生产效率；另外，创新智慧城市建设，为市民提供更加便捷的生活服务，更好地满足人民对于美好生活的需要，助推高质量发展。

因此，我们提出本章的如下研究假设：

H2：数字经济能够促进创新，进而推动高质量发展。

三、数字经济与绿色发展的影响

改革开放以来，我国传统粗放的经济发展方式，加剧了人与自然的矛盾，使资源环境问题成为我国发展的最大挑战（胡鞍钢和周绍杰，2014）。因此，绿色发展首次被写入"十三五"规划，"十四五"规划纲要再次强调了绿色发展在我国现代化建设全局中的战略地位，要让绿色成为高质量发展的底色。数字经济作为新的经济增长点，分析其对生态环境的影响具有迫切的现实意义。

数字经济本就是环境友好型的经济形态，数字技术赋能传统产业能够提高资源和能源的利用效率，由粗放式高消耗的生产转变为集约式节能减排的生产；同时，高效的数字化生产能力还可以通过产业替代挤压传统高污染产业的发展空间，倒逼数字化改造，降低环境压力。从供给来看，5G等数字新基建带来的智能电网和物联网能够提高电气的能效，进而改善能源结构；智慧城市能够减少交通拥堵，同时企业能够通过对生产数据的精准把控布局，高效地安排生产。从需求来看，数字技术能够打破地域和时间限制、简化交易流程、减少信息不对称，从而降低交易成本，由所有权交易转变为使用权交易、按需付费，提高产品的利用效率，如共享无人车、共享单车等。在数字经济时代，信息的无形跨时跨域流转会引起资源消耗的大幅度减少。

基于此，我们提出本章的如下研究假设：

H3：数字经济能够促进经济的绿色发展。

第三节　研究模型、变量选择和数据来源

一、模型设定

为研究数字经济对经济高质量发展的作用，本章参考赵涛等（2020）、宁朝山（2020）等研究，结合前述理论假设，建立以下面板数据模型：

$$HighQua_{it}=\alpha+\beta DigitalEco_{it}+\gamma Control_{it}+\eta_i+\delta_t+\partial_{it} \quad (6-1)$$

其中，下标 i 代表各个省份，下标 t 代表年份。被解释变量 $HighQua_{it}$ 代表高质量发展水平指数；$DigitalEco_{it}$ 为核心解释变量，代表数字经济发展水平；$Control_{it}$ 代表控制变量的组合；η_i 和 δ_t 分别代表个体效应和时间效应；∂_{it} 代表随机扰动项。

在验证 H1 的基础上，为验证 H2 和 H3，即验证数字经济能否促进经济的创新、绿色发展，本章将数字经济发展水平分别与创新发展指数和绿色发展指数进行回归：

$$HighIndex_{itk}=\alpha+\beta DigitalEco_{it}+\gamma Control_{it}+\eta_i+\delta_t+\partial_{it} \quad (6-2)$$

其中，$HighIndex_{itk}$ 在 k 为 1 和 2 时分别表示创新发展指数和绿色发展指数。

二、变量选择与测度

（一）被解释变量

高质量发展水平。本章参考詹新宇和崔培培（2016）、方大春和马为彪（2019）、李金昌等（2019）的研究成果，借助五大发展理念构建了综合评价指标

体系来衡量经济高质量发展,具体包含5个维度的20个二级指标(见表6-1)。在指标体系构建时,本章主要兼顾数据的可获得性、完整性和指标数值的实际区分度,侧重选择结果指标,最后通过熵权法合成为高量发展水平指数。其中,全要素生产率增长率采用潜在产出法中比较常用的DEA-Malmquist指数法,以GDP为产出,以资本和劳动为投入计算而得;产业结构合理化采用干春晖等(2011)对泰尔指数的重新定义,将泰尔指数与结构偏离度结合,若其值不为0,则表明产业结构偏离了均衡状态,产业结构不合理;经济波动率用GDP增长率的变动率予以表征;社会不安定指数采用李金昌等(2019)的做法,将失业率与消费者物价指数(CPI)结合,二者都是负向指标,可以综合测度人民群众来自就业和消费两端的压力,同时考虑到我国城镇登记失业率变动幅度较小,调查失业率数据不完整,因此与CPI结合兼具完整性和区分度;城乡收入差距为城镇与农村可支配收入之比,这是高质量发展过程中需重点关注的问题。

表6-1　经济高质量发展综合评价指标体系

准则层	一级指标	二级指标	指标方向
创新发展	创新投入	规模以上R&D经费与GDP比 规模以上R&D人员全时当量	+ +
	创新成果	人均国内三种专利申请授权数(批准量) 技术市场成交额与GDP比	+ +
	创新效率	全要素生产率增长率(TFP)	+
协调发展	省域协调	地区人均GDP占全国比重	+
	城乡协调	二元对比系数 二元反差系数	− −
	产业协调	产业结构合理化	−
	经济稳定	经济波动率	−
绿色发展	节能减排	单位GDP能耗 单位GDP污水排放量 单位GDP大气污染程度	− − −
	绿色生活	建成区绿化覆盖率	+
开放发展	外商投资	实际利用外资占GDP比重	+
	文化交流	接待国际旅游人数	+

续表

准则层	一级指标	二级指标	指标方向
共享发展	医疗教育	每万人拥有卫生技术人员数	+
		平均受教育年限	+
	收入分配	社会不安定指数	−
		城乡收入差距（城镇/农村）	−

（二）核心解释变量

数字经济发展水平。对于省际层面测算数字经济发展状况，以往研究主要利用综合评价方法，但会涉及评价体系构建、评价指标选取、指标权重确定和结果合成等诸多问题。本章参考康铁祥（2008）的研究，利用各地区投入产出表数据测算各省或地区的数字经济规模，并结合对应年份的 GDP 数据构建了衡量各省数字经济发展水平的指标。由于投入产出表 5 年编制一次，编制年份以外的数据先采用通信和信息技术部门的平均增速插补，再进行测算得到。根据 2007 年、2012 年、2017 年的投入产出表，选择通信设备、计算机和其他电子设备部门作为通信部门，选择信息传输、软件和信息技术服务部门作为信息技术部门，通过直接和间接增加值两部分衡量数字产业部门对 GDP 的贡献：

$$数字经济发展水平 = \frac{数字经济产业增加值}{GDP} = \frac{DVA+IVA}{GDP} = \frac{DVA+IVA}{TVA} \quad (6-3)$$

由于计算的是相对水平，所以不包含价格因素。其中，TVA 为增加值合计，可直接使用投入产出表中最初投入部分数据；DVA 是直接增加值，为通信部门增加值与信息技术部门增加值之和；IVA 为间接增加值，利用间接增加值比 r_{IVA} 计算数字经济产业部门作用于其他部门的间接增加值：

$$DVA = VA_{通信部门} + VA_{信息技术部门} \quad (6-4)$$

$$IVA = r_{IVA} \times (TVA - VA_{通信部门} + VA_{信息技术部门}) \quad (6-5)$$

其中，VA 表示对应的产业部门增加值；r_{IVA} 是运用中间投入的数据计算而得的数字经济产业部门与其他部门的一个权重关系，可以运用到增加值的计算中。r_{IVA} 计算如下：

$$r_{IVA} = \frac{II_{通信部门对其他部门} + II_{信息技术部门对其他部门}}{TII - II_{通信部门对其他部门} - II_{信息技术部门对其他部门}} \quad (6-6)$$

其中，TII 为中间投入合计，II 为对应部门的中间投入，有：

$$II_{通信部门对其他部门} = II_{通信部门对所有部门} - II_{通信部门对自身} - II_{通信部门对信息技术部门} \quad (6-7)$$

$$II_{信息技术部门对其他部门} = II_{信息技术部门对所有部门} - II_{信息技术部门对自身} - II_{信息技术部门对通信部门} \quad (6-8)$$

由此，便计算出了数字经济的规模。

（三）控制变量

为了尽量避免遗漏变量问题对结果的影响，本章结合滕磊和马德功（2020）等相关的研究成果，选取固定资产投资（INV）、财政支出（FE）、人力资本投入（$HUMAN$）、人均地区生产总值（GDP）、对外开放（$OPEN$）作为控制变量。固定资产投资用全社会固定资产投资来表示，其是社会固定资产再生产的主要手段，对调整经济结构、增强经济实力以改善人民生活有重要意义；财政支出是影响经济发展的重要因素，此处用财政支出占GDP比重表征；人力资本是重要的生产要素，高水平的劳动力供给能够优化生产，提高生产效益，本章用人均教育支出来反映人力资本投入；对外开放用外贸依存度予以表示。

三、样本选择和数据来源

本章所用数据为2007~2017年全国各省（由于数据缺失较多，不含西藏）的宏观省际面板数据，主要整理自历年《中国统计年鉴》、各省统计年鉴、国民经济和社会发展统计公报、中国互联网络发展状况统计报告，部分数据来自Wind数据库及各省统计局官方网站，个别缺失数据采用插值法补全。表6-2报告了主要变量的描述性统计结果。

表6-2 主要变量的描述性统计结果

经济变量	观测值	标准差	最小值	均值	最大值
$DigitalEco$	330	3.344	1.655	5.455	15.626
$HighQua$	330	8.068	28.330	48.323	73.451
$\ln INV$	330	0.915	6.180	9.098	10.919
FE	330	0.097	0.087	0.228	0.627
$\ln HUMAN$	330	0.495	6.335	7.460	8.659
$\ln GDP$	330	0.541	8.959	0.414	11.832
$OPEN$	330	3.344	1.655	0.282	15.626

第四节 实证结果与分析

一、基准回归结果

表6-3报告了数字经济与高质量发展水平间关系的基准回归结果。本章在进行 Hausman 检验后,首先选择使用普通最小二乘法和带有时间与地区固定效应的 LSDV 作为基准分析结果。结果显示:在逐步控制年份和省份固定效应、固定资产投资、人均 GDP、人力资本投入等一系列经济变量之后,数字经济与高质量发展之间皆存在显著的正向关系。数字经济规模占 GDP 比重每提高1个百分点,高质量发展水平指数就会增长约0.6个百分点,本章的核心假设 H1 得以验证。其中,LSDV 控制了年份和省份固定效应,在一定程度上解决了异方差和自相关问题,分析结果更具可靠性。如表6-3中列(4)所示,固定资产投资和 GDP 对高质量发展水平都有较为显著的正向影响,这表明更高的 GDP 能够更好地促进经济的高质量发展,同时,更大规模的投资也有助于经济的高质量发展。其他经济变量在控制了年份和省份固定效应后不显著或为负,可能是因为影响路径较长,不易识别。

表6-3 基于最小二乘法的基准回归结果

	(1)	(2)	(3)	(4)
$DigitalEco$	1.583*** (0.101)	0.591*** (0.077)	0.716*** (0.128)	0.556*** (0.159)
$\ln INV$		−0.155 (0.261)		2.063* (1.108)
$\ln GDP$		7.538*** (1.465)		4.389** (2.055)
$\ln HUMAN$		4.610*** (1.503)		2.968 (1.991)
FE		−30.067*** (4.180)		−17.907** (7.133)

续表

	（1）	（2）	（3）	（4）
OPEN		-3.158***		-1.013
		(0.890)		(1.765)
常数项	39.691***	-58.925***	0.495***	-30.790
	(0.643)	(5.484)	(0.020)	(18.788)
年份固定效应	未控制	未控制	控制	控制
省份固定效应	未控制	未控制	控制	控制
Observations	330	330	330	330
R-squared	0.430	0.868	0.950	0.961

注：括号内数值为 t 值；*、**、***分别表示在 10%、5%、1%的水平下显著。下同。

二、稳健性检验

（一）工具变量处理内生性

本章研究数字经济对高质量发展水平的影响，其中，数字经济规模与高质量发展水平指数可能存在反向因果关系，省域数字经济规模越大，其高质量发展水平可能更高；同时如果一个省的高质量发展水平越高，说明该省创新能力越强、技术效率越高、资本越充足，也就更有条件进行数字经济相关产业的投入，即有助于数字经济规模的扩大，这可能导致内生性问题。本章在数据可获得的前提下，选择网民覆盖率和固定电话年末用户数作为工具变量，以解决内生性问题。原因在于：一是网民覆盖率、固定电话年末用户数与高质量发展水平无直接关系；二是二者与数字经济规模高度相关，这是因为数字经济的发展在很大程度上依赖于网络互联，而固定电话用户数会随着数字经济的发展而减少；三是二者与控制变量无直接关系，即使后者存在内生性，也不会影响核心解释变量数字经济发展水平回归系数的估计。将二者纳入 Hausman 检验，拒绝了解释变量全为外生的原假设，说明加入两个工具变量后比原模型更好。加入控制变量后使用两阶段最小二乘法估计如表 6-4 中第 2 列所示，可以看到，与原模型的结果是一致的。

（二）动态面板广义矩估计

考虑到数字经济对高质量发展施加影响需要一定时间，高质量发展水平可能存在滞后特征，本章引入高质量发展水平指数的滞后项把握经济变量的动态变化趋势。表 6-4 中第 3 列采用系统广义矩估计方法，并选用合适的滞后阶数和工具变量个数来修正可能存在的内生性偏误，结果表明，数字经济对高质量发展具有显著正向影响，可以作为 H1 的稳健性检验。同时，两个动态回归的结果都通过了 Arellano-Bond 二阶序列相关检验和 Hansen 工具变量有效性检验，具有可信性。

表 6-4 稳健性检验结果

	2SLS	GMM	高质量1	高质量2	高质量3
$DigitalEco$	1.151***	0.588**	0.007***	1.648***	0.044***
	(0.263)	(0.266)	(0.002)	(0.220)	(0.013)
$lnGDP$	5.168***	15.908***	0.148***	11.517***	0.770***
	(1.886)	(5.024)	(0.039)	(2.121)	(0.222)
FE	-32.851***	11.417	-0.283***	-23.282***	-1.469**
	(4.628)	(16.834)	(0.089)	(6.129)	(0.667)
$lnHUMAN$	6.023***	-8.867	-0.029	1.428	0.155
	(1.722)	(5.528)	(0.038)	(2.076)	(0.242)
$OPEN$	-6.380***	-5.703*	0.041**	4.797*	0.377**
	(1.720)	(3.079)	(0.021)	(2.635)	(0.160)
$lnINV$	0.019	0.733	-0.010	-1.936***	-0.234***
	(0.289)	(1.159)	(0.006)	(0.584)	(0.066)
常数项	-47.800***	-73.434***	-0.774***	-99.049***	-7.148***
	(7.666)	(21.429)	(0.144)	(9.426)	(0.840)
R-squared	0.847		0.709	0.850	0.700
AR（2）		0.145			
Hansen test		0.914			

（三）更换被解释变量数据

为进一步确保实证结论的稳健性，本章选取不同的高质量发展水平的测度数据作为新的被解释变量，对模型重新估计。表 6-4 分别采用任保平（2020）、方大春和马为彪（2019）、鲁邦克等（2019）测度的高质量综合发展水平替换本章的高质量发展水平指数进行最小二乘法估计。由于不同高质量发展水平指数取值范围不同，系数差异较大，但结果的统计显著性是一致的，即数字经济对高质量发展的正向关系是显著的，进一步验证了本章的 H1。

第五节 异质性和影响路径分析

一、区域异质性分析

中国幅员辽阔，不同地区的数字经济规模有很大差异，因此，数字经济对高质量发展水平的影响可能存在区域异质性。本章将全国的省、自治区、直辖市划分为东、中、西部地区，并分别进行前述回归分析，以进一步考察各地区数字经济与高质量发展水平之间的联系。其中，东部地区包括北京市、上海市、天津市、河北省、辽宁省、江苏省、浙江省、福建省、山东省、广东省、海南省；中部地区包括山西省、吉林省、黑龙江省、安徽省、江西省、河南省、湖北省、湖南省；西部地区包括内蒙古自治区、广西壮族自治区、四川省、重庆市、贵州省、云南省、西藏自治区（数据缺失）、陕西省、甘肃省、宁夏回族自治区、青海省、新疆维吾尔自治区。

回归结果如表6-5中的第2、第3列所示。不难看出，数字经济与高质量发展的关系存在显著的地区差异性。主要表现在，对于中部地区而言，数字经济规模的扩大能够极为显著地促进经济的高质量发展；对于东部地区而言，促进作用较中部地区略弱；对于西部地区而言，则无明显促进作用。究其原因，是与我国东、中、西部地区经济发展阶段、资源优势有关。我国东部地区作为重要的交通口岸，经济发展起步早、发展迅速，具有"先发优势"。早在2007年，东部地区的数字经济规模占GDP比重已经超过8%，远超中西部地区，经济也更早步入高质量发展阶段，因此数字经济的促进作用不如中部地区显著。而中部地区经济发展相比东部地区起步略晚，在区位上承接东部地区产业转移，正处于数字经济红利的释放阶段，因此数字经济对高质量发展的正向作用非常显著。西部地区经济起步晚、基础薄弱，数字经济的发展尚处于与产业融合的初期，因此对经济高质量发展的促进作用不显著。

表 6-5　作用机制与区域异质性分析结果

	东部地区	中部地区	西部地区	创新发展	绿色发展
$DigitalEco$	0.495*	0.770***	0.079	0.784***	0.824***
	(0.286)	(0.276)	(0.256)	(0.282)	(0.227)
$\ln GDP$	-3.046	5.213	8.575*	-1.931	-0.287
	(4.877)	(3.670)	(4.588)	(1.482)	(1.034)
FE	3.275**	0.458	1.501	1.831	4.279
	(1.522)	(1.510)	(2.096)	(4.690)	(3.766)
$\ln HUMAN$	-21.131	-57.432**	-11.478	-50.611***	-26.586**
	(33.517)	(26.702)	(8.525)	(14.617)	(11.443)
$OPEN$	5.912	5.030	-3.127	-1.118	6.705
	(4.284)	(3.182)	(2.777)	(4.295)	(4.301)
$\ln INV$	-3.823	11.993	11.935**	-21.752***	5.585*
	(2.512)	(7.596)	(5.147)	(4.824)	(2.953)
常数项	20.966	-43.602	-38.486	49.552	-24.911
	(59.741)	(30.407)	(30.777)	(35.345)	(25.680)
年份固定效应	控制	控制	控制	控制	控制
省份固定效应	控制	控制	控制	控制	控制
Observations	121	88	121	330	330
R-squared	0.941	0.952	0.944	0.944	0.932

二、影响路径分析

上述讨论虽然证实了数字经济能够在整体上助推经济的高质量发展，但并不能确定是何路径发挥了作用。为进一步分析数字经济对本章所关注的创新发展和绿色发展可能的影响，本章在创建高质量发展指标体系的同时，将 20 个指标按照新发展理念划分为"创新、协调、绿色、开放、共享"五大方面，并利用其中的"创新"和"绿色"两方面生成"创新发展指数"和"绿色发展指数"，将其分别作为被解释变量放入前述模型进行回归，具体结果如表 6-5 中第 5、第 6 列回归结果。

从表中结果可以看出，数字经济对于创新发展和绿色发展的回归系数均显著为正，表明数字经济规模不断扩大，对我国经济的创新和绿色发展有较为显著的促进作用,从而印证了本章的 H2 和 H3。也就是说,发挥数字经济的驱动作用与以往粗放的发展模式有着显著的不同,推动数字经济新动能纵深发展符合国家的创新驱动发展战略,同时也有助于美丽中国的建设,实现人与自然和谐共生。

第六节 结论与建议

本章首先提出了数字经济影响经济高质量发展的三个假设;其次基于新发展理念的视角,构建了5个维度20个二级指标的经济高质量发展综合评价指标体系,并利用历年省际投入产出表数据,通过测算数字经济规模来衡量各地区数字经济发展水平;最后利用测算得到的 2007~2017 年 30 个省、自治区、直辖市的面板数据,通过实证分析方法对相应的研究假设进行检验。结果发现:第一,在控制其他可能影响经济高质量发展的经济变量后,数字经济对高质量发展的影响显著为正,数字经济规模占 GDP 比重每提高 1 个百分点,高质量发展水平指数就会增长约 0.6 个百分点,利用工具变量、不同估计方法、不同数据的回归结果仍然具有较好的稳健性;第二,具体来看,数字经济对于创新和绿色发展的影响也是显著正向的,这表明数字经济是符合创新驱动发展战略、是环境友好的,作为经济发展的新动能,显著不同于以往粗放的发展模式;第三,数字经济促进经济高质量发展的区域异质性显著,东部地区数字经济对经济高质量发展的影响更为强烈和显著,表明不同地区数字经济发挥的作用效果不同。本章研究整体表明:在我国,数字经济与经济高质量发展两者不仅不相悖,反而发展数字经济已经成为推动经济高质量发展的重要动力之一。围绕上述目标,政策制定层面未来需要注重下述几个方面:

第一,加快推进数字产业化,大力发展以数字经济为核心的 ICT 产业。引导各行业企业、国家部门单位实现"云、网、端、平台"数字资源协同整合,以进一步扩大数字经济发展规模;同时,重视数据资产这一新要素的挖掘、管理和应用,带动国民经济重心向知识、技术密集型转移,为数字经济新动能助推高质量发展打下坚实基础。积极推进产业数字化,引导数字经济与传统产业深度融合,帮助传统产业,尤其是制造业企业,在研发、管理、生产等全过程的渐进式数字化升级改造,以适应数字经济时代的新理念、新模式、新业态、新技术,逐步实现技术创新驱动、生态环境友好型发展，从而提高整个社会的经济发展效率和质量。

第二，数字经济是中西部欠发达地区实现经济跨越式高质量发展的重要机遇。应重视欠发达地区的数字经济基础设施建设布局，进行适时适当的政策倾斜，完善地区间和城乡间协同或帮扶政策，稳步实现地区、城乡协调发展，避免数字鸿沟拉大；同时，鼓励中西部地区充分利用后发优势，积极学习、调研、试点和应用数字经济新兴领域，并对外推广自身优势区位、资源禀赋，因地制宜发展数字经济，实现主动式、多元化、开放型发展，为解决我国经济发展不平衡问题、满足人民的美好生活需要提供新思路。

第三，构建和完善与数字经济时代相适应的治理体系。加强数字经济领域监督与管理，明确政府与市场的关系，构建合理的制度环境。尤其要完善知识产权保护、数据资产权责归属界定、隐私保护，乃至国家数据安全等诸多问题的法律法规，规范企业收集、管理和利用数据资产的方式，让技术创新在数字经济社会发展过程中充分涌流，为数字经济助推高质量发展保驾护航。

参考文献

[1] 陈晓红. 数字经济时代的技术融合与应用创新趋势分析 [J]. 中南大学学报（社会科学版），2018，24（5）：1-8.

[2] 丁志帆. 数字经济驱动经济高质量发展的机制研究：一个理论分析框架 [J]. 现代经济探讨，2020（1）：85-92.

[3] 方大春，马为彪. 中国省际高质量发展的测度及时空特征 [J]. 区域经济评论，2019（2）：61-70.

[4] 干春晖，郑若谷，余典范. 中国产业结构变迁对经济增长和波动的影响 [J]. 经济研究，2011，46（5）：4-16+31.

[5] 郭晗. 数字经济与实体经济融合促进高质量发展的路径 [J]. 西安财经大学学报，2020，33（2）：20-24.

[6] 胡鞍钢，周绍杰. 绿色发展：功能界定、机制分析与发展战略 [J]. 中国人口·资源与环境，2014，24（1）：14-20.

[7] 姜琪，张佳鑫，狄慧敏. 区块链技术驱动数字经济高质量发展的问题与对策研究——基于供给侧与需求侧的理论逻辑 [J]. 金融教育研究，2021（3）：3-12.

[8] 金碚. 关于"高质量发展"的经济学研究 [J]. 中国工业经济, 2018 (4): 5-18.

[9] 荆文君, 孙宝文. 数字经济促进经济高质量发展: 一个理论分析框架 [J]. 经济学家, 2019 (2): 66-73.

[10] 康铁祥. 中国数字经济规模测算研究 [J]. 当代财经, 2008 (3): 118-121.

[11] 李辉. 大数据推动我国经济高质量发展的理论机理、实践基础与政策选择 [J]. 经济学家, 2019 (3): 52-59.

[12] 李金昌, 史龙梅, 徐蔼婷. 高质量发展评价指标体系探讨 [J]. 统计研究, 2019, 36 (1): 4-14.

[13] 李长江. 关于数字经济内涵的初步探讨 [J]. 电子政务, 2017 (9): 84-92.

[14] 刘淑春. 中国数字经济高质量发展的靶向路径与政策供给 [J]. 经济学家, 2019 (6): 52-61.

[15] 鲁邦克, 邢茂源, 杨青龙. 中国经济高质量发展水平的测度与时空差异分析 [J]. 统计与决策, 2019 (21): 113-117.

[16] 宁朝山. 基于质量、效率、动力三维视角的数字经济对经济高质量发展多维影响研究 [J]. 贵州社会科学, 2020 (4): 129-135.

[17] 彭刚, 赵乐新. 中国数字经济总量测算问题研究——兼论数字经济与我国经济增长动能转换 [J]. 统计学报, 2020, 1 (3): 1-13.

[18] 任保平. 数字经济引领高质量发展的逻辑、机制与路径 [J]. 西安财经大学学报, 2020, 33 (2): 5-9.

[19] 任保平, 何苗. 十九大以来关于我国经济高质量发展若干研究观点的述评 [J]. 渭南师范学院学报, 2019, 34 (9): 25-33.

[20] 宋洋. 数字经济、技术创新与经济高质量发展: 基于省级面板数据 [J]. 贵州社会科学, 2020 (12): 105-112.

[21] 滕磊, 马德功. 数字金融能够促进高质量发展吗? [J]. 统计研究, 2020, 37 (11): 80-92.

[22] 田秋生. 高质量发展的理论内涵和实践要求 [J]. 山东大学学报 (哲学社会科学版), 2018 (6): 1-8.

[23] 魏敏, 李书昊. 新时代中国经济高质量发展水平的测度研究 [J]. 数

量经济技术经济研究，2018，35（11）：3-20.

[24] 温军，邓沛东，张倩肖．数字经济创新如何重塑高质量发展路径[J]．人文杂志，2020（11）：93-103.

[25] 徐清源，单志广，马潮江．国内外数字经济测度指标体系研究综述[J]．调研世界，2018（11）：52-58.

[26] 许宪春，张美慧．中国数字经济规模测算研究——基于国际比较的视角[J]．中国工业经济，2020（5）：23-41.

[27] 杨伟民．贯彻中央经济工作会议精神推动高质量发展[J]．宏观经济管理，2018（2）：13-17.

[28] 叶秀敏，姜奇平．论生产要素供给新方式——数据资产有偿共享机理研究[J]．财经问题研究，2021.

[29] 詹新宇，崔培培．中国省际经济增长质量的测度与评价——基于"五大发展理念"的实证分析[J]．财政研究，2016（8）：40-53+39.

[30] 张鸿，刘中，王舒萱．数字经济背景下我国经济高质量发展路径探析[J]．商业经济研究，2019（23）：183-186.

[31] 张森，温军，刘红．数字经济创新探究：一个综合视角[J]．经济学家，2020（2）：80-87.

[32] 张腾，蒋伏心，韦朕韬．数字经济能否成为促进我国经济高质量发展的新动能？[J]．经济问题探索，2021（1）：25-39.

[33] 赵涛，张智，梁上坤．数字经济、创业活跃度与高质量发展[J]．管理世界，2020，36（10）：65-75.

[34] 赵涛，张智，梁上坤．数字经济、创业活跃度与高质量发展——来自中国城市的经验证据[J]．管理世界，2020，36（10）：65-76.

第七章

数字经济、数字鸿沟和城乡要素配置

——基于我国 257 个城市的实证研究

当下数字经济的发展,有利于扩展城乡要素流动渠道,协调城乡要素配置,但数字经济本身所依托的数字技术,势必在促进城乡要素配置均衡中,产生数字鸿沟的负面影响。本章基于我国 2011~2019 年 257 个地级市以上的面板数据,实证研究了数字经济对城乡要素配置的影响和机制。研究发现:第一,数字经济发展对城乡要素配置差距呈现先缩小后扩大的 U 型特征,该结论通过一系列稳健性检验后依旧成立。第二,进行地区异质性检验发现,在东中部地区,数字经济发展对城乡要素配置差距扩大效果明显;而在东北和西部地区,则具有缩小配置差距的功能。第三,数字经济发展水平对城乡要素配置差距分别在产业结构升级和财政支出占比上存在门槛效应。鉴于此,本章提出我国应大力建设农村基础设施建设和提高农村人力资本,缩小数字鸿沟,促进数字经济带动城乡融合发展,引导其成为实现共同富裕的重要支撑。

第一节 引言

近年来,随着共同富裕理念的持续推进,居民收入和生活水平均有了较大提高,城乡差距逐步缩小。2019年4月,《中共中央 国务院关于建立健全城乡融合发展体制机制和政策体系的意见》指出,我国在统筹城乡发展、推进新型城镇化方面取得了显著进展,但城乡要素流动不顺畅、公共资源配置不合理等问题依然突出。农村发展事关全局,如何巩固脱贫攻坚成果,持续推进乡村振兴进而实现共同富裕,是我国当前和未来需要完成的重要任务。党中央高度关注"三农"问题,多次在重大会议中指出,要加强普惠性、基础性、兜底性民生建设,加快县域城乡融合发展,城乡一体化计划有序推进。党的二十大报告着力指出,健全覆盖全民、统筹城乡、公平统一、安全规范、可持续的多层次社会保障体系。在我国,想要构建一个公平统一、普惠共享的城乡一体化格局,便需要回答以下三个问题:我国城乡现阶段的资源共享是否受阻?我国城乡现阶段的资源共享是否导致要素配置具有显著差异?我国如何解决城乡之间资源配置不均的问题?

长期以来,我国城乡二元格局暴露出城乡之间资源流动的窘境。农村作为我国发展的薄弱地区,扮演着劳动力要素供给方和资本要素需求方的双重角色。农村地区向城市地区转移多余劳动力,同时需要来自城市地区非农产业的资金注入以获得更多发展机会,而城乡之间譬如贸易壁垒、政府管制、流动成本、产权分离等情况限制了城乡要素流动,导致了社会资源多集中于城市地区,我国城乡配置均衡普遍偏颇。现有研究也关注了要素配置失衡的另一表现——要素错配,市场分隔导致资源要素无法按照市场机制进行有效配置,不对称信息阻碍了生产要素从生产效率低的地区流向生产效率高的地区,两者结合便会导致要素错配现象的发生。要素资源错配作为社会资源无法有效合理配置的表现,曾导致我国在1985~2007年的非农产业全要素生产率平均损失20%。张永恒和王家庭(2020)通过测算中国省级层面数据指出我国各地均存在一定程度的要素错配,我国城乡资源配置问题亟须解决。

当前,数字经济已成为我国高质量发展的重要驱动力。《中国数字经济发展报告(2022年)》指出,2021年我国数字经济发展取得新的突破,数字经济规模达到45.5万亿元,占国内生产总值GDP的39.8%。因此,数字经济已经成为新时代经济发展的新动能和转型发展的主抓手,应运而生将成为城乡融合发展的重要支撑。诸多学者也已经关注到数字经济在城乡统筹发展及要素配置所发挥的作用,然而以城乡视角分析数字经济对要素配置的直接研究内容较少。一方面,从影响城乡要素配置的间接影响分析,在数字经济对城乡融合的影响中,互联网时代电子商务的普及、人才和经济体在城乡之间的平等化将促进城镇化的发展,降低人口适应成本,带动人口迁移,发展资源互享,缩小城乡之间的不平衡。数字经济为新型城镇化建设带来了投资驱动和创新驱动,创造了有别于传统城镇化的突破路径。另一方面,在数字经济在城乡要素配置的具体应用上,最为普遍的便是数字普惠金融在农村地区的普及。数字经济所带来的消费互联网(以数字金融为代表)的发展,促进了农村低技能劳动力向低技能偏向的数字化非农行业流动,改善了城乡之间的劳动力要素流动困境。再者,数字技术有利于打通传统农村金融服务难点,加速普惠金融发展,推动农村金融供给侧结构性改革,创新农村金融产品,简化交易程序,提升了农民金融的可获得性,从而促进资本要素向农村地区流动。总的来看,数字经济的发展使城乡要素配置格局发生转变,城乡间要素的流动性渐趋增强。

然而,数字经济对于城乡要素配置作用目前尚不明确。城乡差距与城乡要素配置存在紧密关系,城乡差距越大,城乡要素配置越失衡。中国城乡差距集中在收入、消费、医疗、教育等领域,其中收入差距在城乡差距中占据主导地位。李晓钟和李俊雨(2022)依靠省级数据实证发现,数字经济发展水平对城乡收入差距的影响呈先扩大后缩小的倒"U"型态势。然而,不平等的表现是多方面的,数字经济的推进无形之中也会产生数字鸿沟。数字经济的发展一般要经历三个过程,即数字网络接入、数字技能使用和数字利益转化。近年来,我国大力发展数字基础设施,城乡部门已经逐步跨过接入性阶段,但随着使用和转化的不断深入,数字鸿沟问题可能越发明显。城乡居民数字技能的不平等,可能会加剧城乡居民收入、消费、就业或创业、金融投资、受教育机会、福利与幸福感等方面的不平等。相较于农村地区,城市居民受教育水平较高,数字化技术应用水平更为娴熟,借助数字化平台,在城乡资源竞争中占据先机。数字鸿沟产生的原因便是城市地区对农村地区要素挤占,进而扩大了城乡要素配置差距。因此,数字经济的发展虽然一方面缩小了传统城乡差距,但在城乡居民数字应用水平上创造了数字鸿沟,可能会间接扩大城乡差距。

综上所述，在现有关于数字经济对城乡发展的研究中，对城乡不平等影响的关注逐步增多，但主要集中在城乡融合和收入差距等方面，对城乡要素配置差距的研究相对较少。此外，已有研究主要集中于省级层面，对城市层面的影响研究较为缺乏。因此，本章尝试利用城市层面数据，探究我国数字经济对城乡要素配置的影响及其机制，从宏观角度分析数字经济对城乡融合发展的内在动力，缩小城乡发展差距，从而为我国在高质量发展道路上推动城乡一体化和实现共同富裕提供理论参考。

第二节　理论分析与研究假设

一、数字经济对城乡要素配置差距的影响

从数字经济本身所具有的技术特点来看，其对城乡生产要素配置的影响，主要表现在渗透性、协同性和集聚性三个方面。第一，数字经济的渗透性，主要是指数字经济融于各行各业中，扩大资源要素的使用和配置范围，成为经济社会的重要技术手段。将数字经济中的智能制造、物联网等技术与传统制造业相结合，能促进生产的自动化、智能化，使劳动者脱离低端重复性劳动，提高生产要素的使用效率。第二，数字经济的协同性，主要表现为数据要素作为新的生产要素介入经济体系，与传统生产要素协同联动，可以提高城乡资源生产效率。数字产业的升级换代速度远超于传统行业，数字化生产要素将降低流动成本。数字化要素赋能可改变传统要素的可得方式，有效打造产业链、数据链、创新链、资金链和人才链的"五链协同"机制。第三，数字经济的集聚性，集中表现为数字经济为城乡要素交流提供了数字技术平台，有利于打破区域壁垒和产城分割，发挥市场在资源配置中的决定性作用。在要素流通方面，数字经济平台将土地、资本、劳动、技术、信息等生产要素汇聚，供给者和需求者可在数字经济平台上进行信息的快速匹配，极大提升资源配置效率。同时，微观经济主体享用其强大的实时性和共享性，通过降低搜寻摩擦和消除信息不对称来打破市场交易流动障碍，重构资源整合，进而提高城乡资源配置效率。

然而，在数字化背景下，我国城乡之间不仅面临着要素禀赋差距，城乡数字

鸿沟同样显著，具体表现为城乡互联网普及率、居民数字素养、数字资源质量差距仍比较大。随着数字经济的不断发展，5G计算、大数据平台、人工智能和"互联网+"等日益成为工作生活的一部分，城乡之间由于数字鸿沟所导致的人力资本差异将考验农村劳动力在城市的长期发展。柏培文和张云（2021）指出，"人口红利"下降背景下，数据时代的智能化替代了低技能的简单劳动，从而削弱了低技能劳动者权益。人工智能发展可能会降低农村劳动者的就业率和工资水平，从而迟滞农村劳动力向城市流动。从资本要素来看，农村需要从城市获取资本要素，增加资本禀赋，发挥数字普惠金融的"红利优势"。但是，在城市资本进入农村的过程中，其"红利效应"是否得以充分发挥还要受到农村基础设施建设、农村金融生态和农户认知禀赋的限制。

基于上述讨论，数字经济对城乡要素配置可能具有双重效应，初期在数字经济接入阶段，通过不断接入互联网技术，可缩小城乡要素配置；但城乡人力资本差异将导致数字鸿沟，在一定程度上又会扩大城乡要素配置差距。因此，本章提出以下理论假设：

H1：数字经济发展和我国城乡要素配置差距呈现"U"型特征，影响作用呈现出先缩小后扩大。

二、产业结构和财政支出在数字经济对城乡要素配置差距的门槛效应

近年来，我国产业结构依托数字经济不断优化升级，推动产业结构高级化和合理化。与此同时，产业结构的优化也在不断助力数字经济的发展。在产业结构水平较高的地区，基础设施较为完善、经济结构更为合理、市场水平较为发达，满足对数字经济的发展需求。相对于以第一产业为主的地区，这些地区更加注重技术水平创新的提升，对以新兴技术为特点的数字经济依赖程度更高，可以充分利用数据生产要素，打造新兴技术产品，形成以物联网为基础的产业链，从而更好地发挥数字经济的增长效应，对城乡要素流动产生影响。具体而言，在产业结构水平较高的地区，数字经济可以有效发挥自身优势，提高以第二、第三产业为主的城市地区的全要素生产率，根据要素市场竞争理论，促使生产要素由低生产率部门自动转向高生产率部门，使社会资源更为集聚在城市部门，从而拉大城乡地区之间的要素配置差距。因此，在不同的产业结构下，数字经济对城乡要素配置的影响作用不同，本章提出以下理论假设：

H2：产业结构在数字经济对城乡要素配置的影响中存在门槛效应。

数字经济的发展离不开基础设施的建设,财政科技研发投入有力推动了数字基础设施建设,能有效促进数字经济发展。基础设施作为公共物品,具有正外部性特征,需要依靠政府财政来克服市场失灵,从而来满足数字经济发展所需要的信息基础设施。因此,政府财政投入较大的地区,将拥有更多资金来完善基础设施建设,保障城乡地区对数字经济的发展需求。特别是农村,可增加更多利用信息基础设施的机会,从而缩小城乡数字鸿沟,对城乡要素流动提供便利,促进城乡要素配置均衡。而政府财政投入较小的地区,可能在数字基础设施建设方面面临资金短缺的问题,城乡普惠性建设发展滞后,难以实现数字经济包容性增长,财政支撑力度无法匹配数字鸿沟差距,从而导致城乡要素配置越发失衡。因此,本章提出以下理论假设:

H3:财政支出在数字经济对城乡要素配置的影响中存在门槛效应。

第三节 研究设定

一、模型构建

本章基于上述理论分析并参考已有相关研究,尝试通过建立固定面板模型,来探究数字经济对城乡资源的影响作用,最终构建将城市层面作为横截面的面板数据模型:

$$Theil_{i,t} = \alpha + \beta_1 Digital_{i,t} + \beta_1 Digital_{i,t}^2 + \sum \gamma Control_{i,t} + \mu_i + \delta_t + \varepsilon_{i,t}$$

(7-1)

其中,i 和 t 分别表示城市和年份;$Theil_{i,t}$ 表示各城市的城乡要素配置差距;$Digital_{i,t}$ 表示城市部门的数字经济发展水平,$Digital_{i,t}^2$ 表示数字经济发展水平的平方项;$Control_{i,t}$ 表示一系列控制变量;μ_i 表示城市 i 不随时间变化的个体固定效应,包含一些不随时间变化的区域差异、经济结构的不可观察因素;δ_t 表示时间固定效应,包含一些宏观整体上的政策变动、经济周期等的不可观测因素;$\varepsilon_{t,j}$ 表示随机扰动项。

二、变量选择

（一）被解释变量

城乡要素配置差距。根据曹玉书和楼东玮（2012）的理论假设，经济社会中仅存在农业和非农业两个部门，且每个部分只有劳动和资本两种生产要素。根据我国所存在的城乡二元经济结构，我们可大致区分为农业部门代表农村，非农业部门代表城镇，利用农业和非农业的要素配置差距代替城乡要素配置差距。由于城乡要素配置差距的相关文献欠缺，本章借鉴陈文和吴赢（2021）利用泰尔指数来测量城乡收入差距的方法，使用泰尔指数来衡量城乡要素配置差距。泰尔指数是用来衡量个人或地区之间社会不平等的一个统计指标，泰尔指标越大，不平等状况越显著，其计算公式如下：

$$Theil_{i,t} = \sum_{i=1}^{2}\left(\frac{y_{i,t}}{y_t}\right) \times \ln\left(\frac{y_{i,t}}{y_t} \bigg/ \frac{x_{i,t}}{x_t}\right) \tag{7-2}$$

其中，$i=1$ 和 $i=2$ 分别表示城市和农村；t 表示年份；y 表示固定资产投资；x 表示人口。

（二）核心变量

数字经济发展水平（$Digital$）。本章首先借鉴徐维祥等（2022）中的城市层面对数字经济综合评价的指标选择，从数字基础设施、数字产业发展和数字普惠金融三个方面进行测度。数字基础设施为当地城乡居民对数字技术的接受指标，选择互联网普及率和移动电话普及率两个指标测度，分别用每百人互联网用户数（户）和每百人移动电话用户数进行表征；数字产业发展为当地数字经济发展水平的核心指标，选择电信业务产出和相关产业从业人数两个测度指标，分别用人均电信产出和信息传输、计算机服务和软件业从业人数占比进行测算；数字普惠金融作为城乡居民的数字应用表现，由数字普惠金融的覆盖广度、使用深度和数字化程度来衡量，具体使用北京大学数字金融研究中心和蚂蚁金服集团共同编制的中国数字普惠金融指数进行表征。数字经济发展水平指标体系如表7-1所示。本章最后选择使用熵值法进行客观赋权，得到数字经济发展指数。

（三）控制变量

本章在考察数字经济对城乡要素配置的影响时，借鉴周祎庆等（2022）、陈文和吴赢（2021）的研究成果，还考虑经济发展水平、产业结构、政府财政支出、城镇化水平、外贸依存度、金融发展水平和人均教育水平。对于上述指标，

表 7-1 数字经济发展水平指标体系

一级指标	二级指标	指标说明
数字基础设施	互联网普及率	每百人互联网用户数（户）
	移动电话普及率	每百人移动电话用户数（户）
数字产业发展	电信业务产出	人均电信业务总量（元）
	相关产业从业人数	信息传送、计算机服务和软件业从业人数占比（%）
数字普惠金融	覆盖广度	数字普惠金融覆盖广度指数
	使用深度	数字普惠金融使用深度指数
	数字化程度	数字普惠金融数字化程度指数

除比率指标，我们均对其余指标做对数处理来消除量纲，以作为控制变量纳入模型。

经济发展水平（$Pgdp$）：用各城市人均生产总值来表示。当地居民的人均生产总值决定了城乡消费水平和生活方式，在一定程度上影响要素使用方式和利用效率。产业结构层次系数（$LSLC$）：将第一产业、第二产业、第三产业的排序当作权重系数，乘以三大产业占 GDP 的比重，得到产业结构层次系数；反映各地区产业结构的优化升级程度。政府财政支出（Gov）：用各城市年度财政支出占 GDP 之比来表示。财政水平作为政府兜底性工程，保障城镇居民基本生活，同时用来弥补市场机制调节不足问题。城镇化水平（$Urban$）：用各城市城镇化率来表示。城镇化率关联城乡融合发展水平，影响着城乡要素流动。外贸依存度（FDI）：外商直接投资乘以当年平均汇率占 GDP 之比，反映当地对外开放程度。金融发展水平（Fin）：各城市年末金融机构各项贷款余额与 GDP 之比。金融发展水平关乎当地消费方式和资金流动，也在一定程度上反映当地数字普惠金融发展状况。人均教育费用（Edu）：各城市教育支出费用与总人口之比。人力资本在现阶段城镇就业中越发重要，影响着劳动力要素流动。

三、样本选择和数据来源

为了数据的科学性和可得性，本章一方面剔除了如深圳、上海等城镇化水平过高、城乡规模极度不平衡的城市，另一方面对于数据缺失严重的城市也进行了剔除处理，最终选取了全国 257 个地级及以上城市 2011~2019 年的面板数据。数据主要来源于《中国统计年鉴》《中国城市统计年鉴》和各地级市统计年鉴与统计公报，个别缺失数据采用插值法补全。各变量描述性统计如表 7-2 所示。

表7-2 主要变量的描述性统计

变量	样本量	平均值	标准差	最小值	最大值
$Theil$	2313	0.472	0.214	0.008	1.350
$Digital$	2313	0.174	0.080	0.025	0.663
$Pgdp$	2313	10.721	0.549	9.091	12.580
$LSLC$	2313	2.292	0.142	1.830	2.830
Gov	2313	0.189	0.082	0.044	0.675
$Urban$	2313	0.555	0.137	0.226	0.952
FDI	2313	0.017	0.017	0.000	0.116
Fin	2313	0.990	0.623	0.118	5.499
Edu	2313	7.208	0.441	5.796	9.003

根据描述性统计，城市之间泰尔指数均值为0.472，说明全国整体城乡要素配置差距较大；最小值和最大值分别为0.008和1.350，说明各城市之间要素配置差距具有很大的不同。数字经济发展指数均值为0.174，最小值和最大值分别为0.025和0.663，表现了我国城市数字经济发展水平呈现金字塔形状，少数城市数字经济发展水平较高，较多城市数字经济发展欠缺。

第四节 实证分析

一、基准回归结果

本章首先对模型进行Hausman检验，结果拒绝原假设，因而选择固定效应模型进行建模，表7-3各列分别为添加控制变量前后的回归结果。结果显示：第一，数字经济对城乡要素配置差距系数为正，均通过了1%的显著性水平，表明数字经济发展扩大了城乡要素配置差距。由模型（2）可知，数字经济每提升1个单位，泰尔指数提升0.229个单位，说明数字鸿沟产生的恶化效果可能高过了数字经济的资源配置效应。第二，数字经济与城乡要素配置差距呈现"U"型特征。由模型（4）可知，数字经济发展水平的系数为负，其平方项为正，通过了1%的显著性水平，证明了H1。"U"型拐点处位于0.208，接近全国数字经济发展水平三分位数 0.214，数字经济发展水平与城乡要素配置差距呈现出较为明显的"U"型特征，先缩小后扩大了城乡要素配置差距。

表 7-3 固定效应基准回归结果

	（1）	（2）	（3）	（4）
$Digt$	0.339*** （0.117）	0.229*** （0.068）	−1.560*** （0.261）	−0.345* （0.181）
$Digt^2$			2.696*** （0.485）	0.831*** （0.317）
$Pgdp$		−0.029** （0.013）		−0.029 （0.013）
$LSLV$		−0.169*** （0.051）		−0.135*** （0.051）
Gov		−0.222** （0.109）		−0.201* （0.107）
$Urban$		−2.019*** （0.153）		−1.904*** （0.149）
FDI		0.323* （0.183）		−0.292 （0.180）
Fin		0.006 （0.150）		0.007 （0.015）
Edu		0.026* （0.142）		0.021 （0.014）
常数项	0.558*** （0.009）	2.139*** （0.178）	0.683*** （0.017）	2.067*** （0.174）
个体效应	Yes	Yes	Yes	Yes
时间效应	Yes	Yes	Yes	Yes
观测值	2313	2313	2313	2313
R^2	0.5352	0.7036	0.5780	0.7070

注：括号内数值是城市层面聚类的标准误差；*、**、***分别表示在10%、5%、1%的显著性水平下显著。下同。

结合现实情况来看，数字经济有利于拓宽城乡要素流动渠道，但根据上述结果，随着数字经济发展，可能扩大了城乡要素配置差距。原因可能在于，数据生产要素的规模效应并非在所有地区均能发挥，需注意到城乡数字鸿沟的客观存在。数字经济发挥的平台效应一方面可以发挥普惠效应,分享社会资源;另一方面也需注意到数据垄断也在逐渐浮现。数据垄断作用于城乡之间,提高了市场进入壁垒和转换成本,从而加大了资本要素进入农村地区的成本,使社会资源更多流通到资源禀赋较好的城市地区,长此以往,便逐渐加大城乡之间的要素配置差距。2020年7月,中央网信办等七部门联合印发《关于开展国家数字乡村试点工作的通知》,重点关注数字乡村建设,以信息流带动技术流、资金流、人才流、物资流。此通知表明,数字经济的发展不仅要激活农村地区的要素流动,也要引导城镇地区的资源禀赋向农村地区适当流动,从而缩小城乡要素配置差距,促进城乡融合发展的实现。

控制变量的回归结果与前述预判基本一致。经济发展水平前后系数均为负,说明人均收入的增加可带动整体城乡居民生活质量的提升,促进城乡流动更为频繁。产业结构系数为负且前后均通过1%的显著性水平,说明产业结构优化升级对城乡要素配置效果显著,促进生产要素在产业间合理配置。政府财政支出和城镇化水平前后系数保持为负,且均通过显著性检验,说明政府财政力度的增加可提高城乡居民的获得感,也能加快城乡基础设施建设,为农村剩余劳动力进城提供基础性保障;城镇化水平是用来衡量城市人口分布情况的。城镇化水平越高,表明农村剩余劳动力进行城镇转移,加速城乡劳动力要素流动,有利于缩小城乡要素配置差距。

二、稳健性检验

(一)替换数字经济发展指数

为进一步解释实证结果的稳健性,本章需要替换不同的数字经济发展指数来进行实证检验,将数字经济统计指标重新赋值,首先对指标进行标准化,然后选择主成分法,选取第一主成分作为数字经济发展水平,记为Digipca,同时取平方项作为非线性特征的解释变量。表7-4中列(1)得到回归结果显示,线性分析和非线性二次项结果系数与固定效应结果系数符号一致,通过显著性检验,再一次证明了H1和H2。

(二)工具变量法

为解决本章实证过程中出现的反向因果内生性问题,本章通过两阶段最小二乘法(2SLS)进行解决,并借鉴赵奎等(2021)的做法,采用份额移动法构造一个工具变量,也称为Bartik工具变量。该工具变量的构造方式是由初始年份的数字经济发展水平与数字经济发展水平平均增长率做交互项，平均增长率为各省份平均增长率，得到数字经济发展水平的工具变量，后将工具变量进行平方构成数字经济发展水平二次项的工具变量，进行 2SLS 回归。由于该工具变量仅通过初始年份工具变量和外生的省份平均增长率做交互项，且与数字经济实际发展水平高度相关，所以满足工具变量要求。第二阶段回归结果如表 7-4 中的列（2）所示：在考虑内生性的问题下，数字经济对城乡要素配置差距依然保持线性扩大作用，具有非线性"U"型特征；分别通过了"工具变量识别不足"和"弱工具变量"检验，证明了工具变量选择的合理性，进一步证明了结果的稳健性。

（三）空间计量模型

随着地区之间的互联贯通，城乡要素流动不再局限于在本城市之间。农村地区居民为追求更多的就业机会和更高的报酬，选择前往周边更大城市；资本要素同样为得到更多的边际效应，选择进入市场化水平更高的大城市。此外，数字经济本身所具有的突破时空障碍的特点，为城际要素流动提供更广阔的通道，城市数字经济的发展不仅影响着本城市之间的要素配置，也深深影响着周边城市城乡要素之间的流动方向。为进一步讨论数字经济对城乡要素配置差距的空间溢出效应，本章在基准回归的基础上引入空间交互项，构建空间面板计量模型进行评估。考虑空间相关类型的差异，本章建立空间滞后模型（SAR）和空间杜宾模型（SDM）以消除空间偏误，进行数字经济发展对城乡要素配置差距的稳健估计，结果如表 7-4 中的列（3）所示，"U"型结果依旧显著。

表 7-4 稳健性检验

	(1) 替换解释变量	(2) 2SLS		(3) SAR	SDM
$Digt$		0.272* (0.165)	−0.627 (0.447)	−0.355** (0.180)	−0.359** (0.180)
$Digt^2$			1.155** (0.486)	0.837*** (0.313)	0.828*** (0.313)
$Digtpca$	0.013*** (0.004)	−0.005 (0.005)			
$Digtpca^2$	0.002*** (0.001)				

续表

	（1）	（2）	（3）	
	替换解释变量	2SLS	SAR	SDM
W×Digt				-1.64 (1.278)
ρ			-0.413* (0.234)	-0.397* (0.234)
控制变量	Yes	Yes	Yes	Yes	Yes	Yes
个体效应	Yes	Yes	Yes	Yes	Yes	Yes
时间效应	Yes	Yes	Yes	Yes	Yes	Yes
观测值	2313	2313	2056	2056	2313	2313
R^2	0.704	0.7110			0.7705	0.7915
Kleibergen-Paaprk LM			18.185 [0.000]	25.833 [0.000]		
Kleibergen-Paaprk Wald F			32.242 {16.38}	19.060 {7.03}		

注：表中括号内数值为P值；大括号内数值为Stock-Yogo弱识别检验10%水平上的临界值。

第五节 异质性分析和门槛变量检验

一、地区异质性检验

由于发展水平和资源禀赋的不同，各地无论是在数字经济发展水平还是在资源错配上都有较大的异质性。为了更全面地分析不同地区数字经济发展对城乡要素错配上的影响，本章将中国各省、自治区、直辖市按照东北、东部、中部和西部四个地区划分，图7-1表示四个地区的数字经济发展状况。从全国整体来看，2011～2019年，全国数字经济发展水平不断提升，其中中部地区增长率最高。从地区划分来看，东北、中部和西部地区数字经济发展水平近似，无明显差别；东部地区相较于其余三个地区，作为我国发展前线，数字技术引入较早，数字经济发展水平突出，始终保持全国前列。

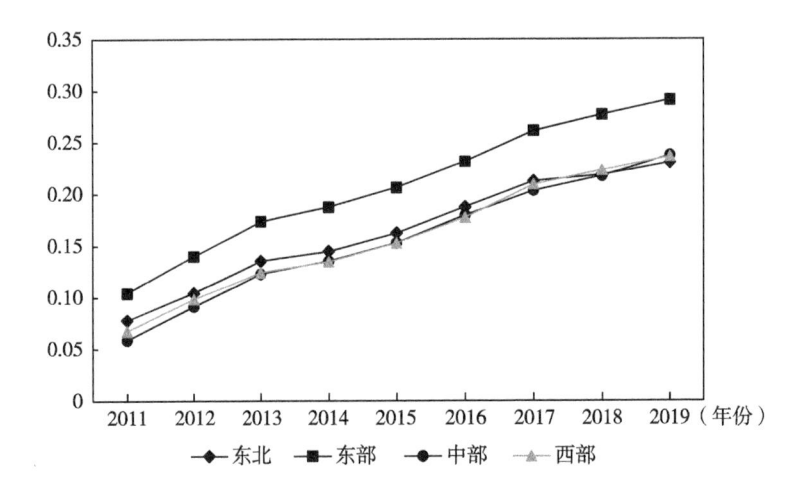

图 7-1 不同地区的数字经济发展趋势

将这四个地区做上述基准回归分析，结果如表 7-5 所示。结果显示：第一，数字经济在我国的不同地区对城乡要素配置差距的影响差别较大，其中最能体现数字经济对城乡要素配置差距的"U"型影响路径的地区为西部地区，通过了1%的显著性水平，但线性影响路径不显著；第二，东北地区也有"U"型特征，但在线性特征中系数为负，且不显著，数字经济可能缩小了东北城乡要素配置差距；第三，东部和中部地区数字经济发展水平二次项并不显著，但衡量线性特征的结果较为显著，反映了这两个地区的数字经济发展水平会扩大城乡要素配置差距，数字鸿沟造成的影响可能较为严重。

从数字经济发展阶段分析上述异质性影响，西部地区发展较为落后，早些年西部地区的发展是实现数字技术接入，属于数字经济发展的初步阶段，西部地区"U"型特征的拐点在 0.225，2018 年前一直在缩小城乡配置差距。东北地区的"U"型拐点在 0.259，现阶段数字经济发展水平一直位于拐点的左侧，数字经济在东北地区发挥了缩小优势。而在东部地区和中部地区，由于人口众多，原先劳动密集型产业居多，数字经济的发展突出了人力资本差异，让东、中部地区的农村居民很难适应数字时代下的技术转变，农村劳动力在城市中的工作压力和生活压力增加，不利于城乡之间劳动力资源的转移；在资本要素上，存在着"马太效应"，城市资本汇聚，资本越来越集中，农村所能享受的资本红利受到压榨，从而不利于资本在城乡之间的流动,扩大城乡要素配置差距。

表 7-5 地区异质性检验

	东北地区		东部地区		中部地区		西部地区	
$Digt$	-0.457 (0.304)	-1.907** (0.811)	0.140** (0.064)	0.330** (0.133)	0.290* (0.148)	-0.375 (0.518)	0.137 (0.148)	-1.307*** (0.311)
$Digt^2$		3.683 (1.840)		-0.239 (0.162)		1.052 (0.871)		2.902 (0.587)
控制变量	Yes	Yes	Yes	Yes	Yes	Yes	Yes	Yes
常数项	3.120*** (0.673)	3.139*** (0.668)	2.302*** (0.296)	2.356*** (0.291)	1.674*** (0.565)	1.687*** (0.560)	2.854*** (0.323)	2.575*** (0.321)
个体效应	Yes	Yes	Yes	Yes	Yes	Yes	Yes	Yes
时间效应	Yes	Yes	Yes	Yes	Yes	Yes	Yes	Yes
观测值	270	270	738	738	585	585	621	621
R^2	0.5076	0.5237	0.7937	0.7945	0.7604	0.7618	0.7677	0.7790

注:东北地区包括辽宁省、吉林省和黑龙江省;东部地区包括北京市、天津市、河北省、江苏省、浙江省、福建省、山东省、广东省、海南省;中部地区包括陕西省、安徽省、江西省、河南省、湖北省和湖南省;西部地区包括内蒙古自治区、广西壮族自治区、重庆市、四川省、贵州省、云南省、陕西省、宁夏回族自治区和新疆维吾尔自治区;其余省份未纳入本章数据。

二、门槛变量检验

由于社会发展水平和资源禀赋条件上的差异,数字经济对城乡要素配置差异的影响比较复杂。基于前文影响机制的理论假设,数字经济和城乡要素配置之间还有其他的非线性影响。为了更全面地分析数字经济发展对城乡要素配置差距的影响,本章建立了两个门槛模型,选择将产业结构层次系数和政府财政投入两个变量作为门槛变量:

$$Theil_{i,t} = \alpha + \beta_1 Digital_{i,t} I(LSLC_{i,t} \leq \theta_1) + \beta_2 Digital_{i,t} I(\theta_1 < LSLC_{i,t} \leq \theta_2) + \cdots +$$
$$\beta_n Digital_{i,t} I(LSLC_{i,t} \geq \theta_n) + \sum \gamma Control_{i,t} + \varepsilon_{i,t} \quad (7-3)$$

$$Theil_{i,t} = \alpha + \beta_1 Digital_{i,t} I(Gov_{i,t} \leq \theta_1) + \beta_2 Digital_{i,t} I(\theta_1 < Gov_{i,t} \leq \theta_2) + \cdots +$$
$$\beta_n Digital_{i,t} I(Gov_{i,t} \geq \theta_n) + \sum \gamma Control_{i,t} + \varepsilon_{i,t} \quad (7-4)$$

其中,$LSLC_{i,t}$ 和 $Gov_{i,t}$ 分别表示产业结构层次系数和政府财政投入;$\theta_1 \cdots \theta_n$

表示门槛值；$I(\cdot)$ 表示示性函数，若括号内条件满足则示性函数取值为 1，否则取 0。

在估计模型之前，本章首先对两个门槛变量进行门槛效应检验，利用 Bootstrap 反复抽样 300 次后，依次进行单一门槛、双重门槛和三重门槛的检验，检验结果如表 7-6 所示。

表 7-6 门槛效应检验结果

门槛变量	模型	F 值	P 值	不同显著性水平临界值		
				10%	5%	1%
LSLC	单一门槛	62.80	0.0000	20.9213	25.4546	32.8306
	双重门槛	44.77	0.0000	18.4828	21.0996	31.5242
	三重门槛	24.32	0.4267	39.2083	46.8861	68.1907
Gov	单一门槛	53.51	0.0000	20.2846	25.8555	36.8651
	双重门槛	22.29	0.0600	19.4500	22.8571	31.9276
	三重门槛	14.25	0.4357	26.2981	28.7140	38.9737

结果表明：产业结构层次系数显著通过了单一门槛和双重门槛，但未通过三重门槛，即存在双重门槛效应；政府财政支出同样显著通过了单一门槛和双重门槛，未通过三重门槛，也存在双重门槛效应。由表 7-7 可知，产业结构层次系数的门槛值为 2.2300 和 2.3700，对应的置信区间分别为 [2.2200, 2.2400] 和 [2.3550, 2.3800]；政府财政投入的门槛值为 0.1722 和 0.2110，对应的置信区间分别为 [0.1701, 0.1728] 和 [0.2053, 0.2117]。

表 7-7 门槛值结果

门槛变量	门槛值	估计值	95%置信区间下界	95%置信区间上界
LSLC	第一个门槛值 θ_1	2.2300	2.2200	2.2400
	第二个门槛值 θ_2	2.3700	2.3550	2.3800
Gov	第一个门槛值 θ_1	0.1722	0.1701	0.1728
	第二个门槛值 θ_2	0.2110	0.2053	0.2117

基于上述门槛结果，设定相应门槛个数的面板回归模型，回归结果如表 7-8 所示。当产业结构层次系数做门槛变量时，数字经济发展水平对城乡要素配置差

距的影响系数在越过第一个门槛值 2.2300 后，由 0.042 上升到 0.112，且效果由不显著变为显著；在越过第二个门槛值 2.3700 后，系数继续上升为 0.248，通过了 1% 的显著性水平。结果表明，数字经济发展与城乡要素配置差距之间呈现复杂的非线性关系，在不同的产业结构下，数字经济发展水平对城乡要素配置差距的影响不同，存在明显的门槛效应，且产业结构层次系数越大，数字经济发展对城乡要素配置差距的扩大作用越强，验证了 H2。可能的原因在于：一方面，产业结构层次系数作为衡量三大产业的优化升级效果，系数越高表示第二、第三产业占比越高，第一产业占比就越小；另一方面，制造业和服务业的发展将在生产方式中更多加入数字技术来提高全要素生产率，拉动社会资源在城市地区产生集聚效应，不利于城乡要素流动。

表 7-8 门槛回归结果

	(1) LSLC	(2) Gov
$Digital_{i,t} \times I(LSLC_{i,t} \leq 2.2300)$	0.042 (0.072)	
$Digital_{i,t} \times I(2.2300 < LSLC_{i,t} \leq 2.3700)$	0.112* (0.067)	
$Digital_{i,t} \times I(LSLC_{i,t} > 2.3700)$	0.248*** (0.064)	
$Digital_{i,t} \times I(Gov_{i,t} \leq 0.1722)$		0.309*** (0.064)
$Digital_{i,t} \times I(0.1722 < Gov_{i,t} \leq 0.2110)$		0.190*** (0.064)
$Digital_{i,t} \times I(Gov_{i,t} > 0.2110)$		0.076 (0.068)
控制变量	Yes	Yes
常数项	2.240*** (0.109)	1.967*** (0.133)
观测值	2313	2313
R^2	0.7127	0.7098

当财政支出系数做门槛变量时，数字经济发展水平的回归系数在财政支出的不同区间存在差异。当财政支出系数低于第一门槛值 0.1722 处，数字经济发展水平对城乡要素配置差距的系数为 0.331，通过了 1% 的显著性水平；当财政支出系数跨过第一门槛值，低于第二门槛值 0.2110 时，数字经济发展水平系数为 0.190，也通过了 1% 的显著性水平，解释系数出现下降趋势；当财政支出系数跨过第二门槛值，解释系数继续下降为 0.076，未通过显著性水平。结果表明，在不同的财政支撑力度下，数字经济发展水平对城乡要素配置差距的影响不同，且在高水平的财政支出下，可以产生对要素配置差距扩大的影响，验证了假设 H3。财政支出作为社会公共性工程，提供基础设施建设，推进数字经济在农村地区的普及，提高农村居民的数字技术应用能力，缓减城乡数字鸿沟；保障农村居民可以更多发挥数字经济平台效应，吸收社会资金，享受普惠金融，从而为农村居民带来包容性增长，促进城乡要素流动。

第六节 结论与建议

本章基于 2011~2019 年 257 个地级市以上的面板数据为基础，刻画了"数字经济—要素配置差距"在城乡间的逻辑关系，并探究其中的推理过程和传导机制，通过构建固定效应模型得到以下结论：第一，数字经济在线性上将扩大城乡要素配置差距，非线性上具有"U"型特征，先缩小后扩大城乡要素配置差距，且通过替换解释变量、工具变量法和空间计量方法的稳健性检验。第二，通过异质性检验分析，数字经济对城乡要素配置具有异质性。通过地区层面将全国分为东北、东部、中部和西部四个经济区域得出结论，在中部和东部人口密集地区，数字经济对城乡要素配置差距的扩大作用较为明显；对于东北和西部地区，则可以利用数字经济来缩小城乡要素配置差距。第三，通过构建门槛效应模型发现，产业结构越高级，数字经济对城乡要素配置差距的扩大作用就越严重；而随着财政支出占比的增加，将降低数字经济对城乡要素配置的扩大作用，缓解数字鸿沟产生的差异问题。

围绕以上结论，为响应《数字中国建设整体布局规划》，促进城乡融合发展，推动共同富裕，本章提出下述几点建议：

第一，精准定位数字乡村建设，缩小城乡数字鸿沟。促进数字经济和实体经济深度融合，以数字产业化和产业数字化为政策导向，以数字化赋能乡村产业发展、乡村建设和乡村治理，填补城乡数字鸿沟，完成数字中国建设的"最后一公里"，推进数字乡村建设。同时，政府需加强对数字经济发展的管理、调控和监督职能，警惕数据垄断，为数字经济发展营造良好的竞争市场，建立数据流通共享的高层次数据协同共享管理机制。

第二，强化科研和技术支撑保障，差异化引导数字经济的要素配置作用。加大科研研发力度，保障数字经济建设过程中所需的关键性技术研发，大力支持积极发展新兴数字技术、5G计算、大数据平台和人工智能等在基础生活上的运用，全面覆盖城乡居民的数字化应用。同时，根据各地资源禀赋，实现数字经济差异化发展，东部和中部地区重点加强数字文化素质教育，全面提高劳动者数字化技能；西部地区以排除数字接入难题为方向，稳步推进数字经济发展，逐步落实数字中国建设整体布局规划。

第三，注重对农村教育水平和金融基础服务能力的提升。一是要加强农村的数字教育，加快农村地区的人力资本开发，提升农村居民对数字化技术的应用和实践能力，提升数字经济为农村居民赋能创造就业岗位水平；二是要健全农村金融服务体系，提升农村居民的金融素养，促进农村地区数字普惠金融的发展，让更多农村居民享受到数字经济发展红利；三是要加大财政投入力度，不断优化产业结构，加快推进城镇化进程，积极消除城乡要素交易壁垒，拓宽城乡要素双向流动渠道，不断改善城乡要素配置均衡，最终实现城乡要素配置的优化。

参考文献

[1] 柏培文，张云．数字经济、人口红利下降与中低技能劳动者权益[J]．经济研究，2021，56（5）：91-108．

[2] 曹玉书，楼东玮．资源错配、结构变迁与中国经济转型[J]．中国工业经济，2012（10）：5-18．

[3] 陈梦根，周元任．数字不平等研究新进展[J]．经济学动态，2022（4）：123-139．

[4] 陈文，吴赢．数字经济发展、数字鸿沟与城乡居民收入差距[J]．南方经济，2021（11）：1-17．

[5] 李晓钟，李俊雨．数字经济发展对城乡收入差距的影响研究[J]．农

业技术经济，2022（2）：77-93.

［6］田鸽，张勋．数字经济、非农就业与社会分工［J］．管理世界，2022，38（5）：72-84.

［7］王建冬，童楠楠．数字经济背景下数据与其他生产要素的协同联动机制研究［J］．电子政务，2020（3）：22-31.

［8］星焱．农村数字普惠金融的"红利"与"鸿沟"［J］．经济学家，2021（2）：102-111.

［9］徐维祥，周建平，刘程军．数字经济发展对城市碳排放影响的空间效应［J］．地理研究，2022，41（1）：111-129.

［10］姚毓春，张嘉实．构建基于全国统一大市场的城乡融合发展路径研究［J］．求是学刊，2022，49（6）：51-63.

［11］叶兴庆．畅通城乡要素流动重在消除体制机制障碍［J］．中国农村经济，2022（12）：6-10.

［12］易君，杨值珍．我国城乡数字鸿沟治理的现实进展与优化路径［J］．江汉论坛，2022（8）：65-70.

［13］郁姣娇，吕军．新型城镇化背景下城乡资源要素的双向流动与整合［J］．农业经济，2023（1）：90-92.

［14］张广辉，陈鑫泓．乡村振兴视角下城乡要素流动困境与突破［J］．经济体制改革，2020（3）：195-200.

［15］张红伟，熊操，陈小辉，等．财政科技投入对数字经济发展的影响［J］．财经科学，2022（5）：135-148.

［16］张薇，阳正发．数字经济视角下农村数字普惠金融发展研究［J］．农业经济，2022（1）：112-114.

［17］张永恒，王家庭．数字经济发展是否降低了中国要素错配水平？［J］．统计与信息论坛，2020，35（9）：62-71.

［18］赵奎，后青松，李巍．省会城市经济发展的溢出效应——基于工业企业数据的分析［J］．经济研究，2021，56（3）：150-166.

［19］周慧，孙革，周加来．数字经济能够缩小城乡多维差距吗？——资源错配视角［J］．现代财经（天津财经大学学报），2022，42（1）：50-65.

［20］周祎庆，杨丹，王琳．数字经济对我国劳动力资源配置的影响——基于机理与实证分析［J］．经济问题探索，2022（4）：154-163.

[21] Acemoglu D, Restrepo P. The Race Between Man and Machine: Implications of Technology for Growth, Factor Shares, and Employment [J]. American Economic Review, 2018, 108 (6): 1488-1542.

[22] Brandt L, Tombe T, Zhu X. Factor Market Distortions Across Time, Space and Sectors in China [J]. Review of Economic Dynamics, 2013, 16 (1): 39-58.

[23] Dekker R, Engbersen G. How Social Media Transform Migrant Networks and Facilitate Migration [J]. Global Networks, 2014, 14 (4): 401-418.

[24] Yuan S, Musibau H O, Genç S Y, et al. Digitalization of Economy is the Key Factor Behind Fourth Industrial Revolution: How G7 Countries are Overcoming with the Financing Issues? [J]. Technological Forecasting and Social Change, 2021, 165: 120533.

第八章

工业智能化如何影响碳排放

——基于我国细分行业面板数据的实证

探究工业智能化对碳排放的影响具有重要的实践意义。本章利用我国2006~2018年18个工业细分行业的面板数据,分别检验了工业智能化对碳排放总量和强度的影响,从碳排放和工业智能化两个角度进行了异质性分析,并对相应的影响机制进行了检验。结果表明:工业智能化水平能够有效降低碳排放强度,但对排放总量仍具有显著的正向影响;工业智能化对碳排放强度的影响存在行业异质性,低碳排放行业和高工业智能化水平行业对碳排放强度的抑制作用更为明显,但对碳排放总量影响的行业异质性并不明显;工业智能化对碳排放的影响存在驱动效应和制约效应的双向影响关系,当前我国工业行业是以驱动效应为主。

第一节 引言

改革开放40余年来，我国经济保持高速发展，经济实力不断提升，已跻身世界第二大经济强国。但是，在经济快速发展的同时，对环境保护重视度不够，导致出现了大气污染、水污染、雾霾、资源过度开采等各种环境问题，粗放型的经济增长方式已不适用。尽管我国已经为全球碳排放做出了较大贡献，但仍然希望未来能够承担更多减碳责任。我国政府在《巴黎协定》框架下提出了"双约束"的国家自主贡献目标，因此以低碳环保引领经济高质量发展成为我国未来经济发展的重要任务。

碳排放主要来源于工业领域生产活动（周五七和聂鸣，2013），推动工业转型升级、提升能源利用效率，是有效降低碳排放的重要路径。发展生产智能化是实现产业转型升级的一个重要方向。近年来，我国政府出台了包括《关于深化"互联网+先进制造业"发展工业互联网的指导意见》《工业互联网创新发展行动计划（2021—2023年）》等在内的一系列政策文件，积极布局并完善工业智能化生态体系建设。以工业机器人为代表的工业智能化在我国迅猛发展，已经连续6年跃升为全球最大的工业机器人市场，越来越多的工业企业将机器人应用到工业生产活动中。推动工业智能化转型升级和控制碳排放都是我国未来发展的目标，两者相互促进又相互制约，工业智能化如何影响碳排放值得深入分析和思考。

工业智能化对碳排放的影响是多途径的，影响方向和强度尚未形成统一的结论。因此，本章将从实证角度利用我国18个工业细分行业的面板数据来探究工业智能化如何影响碳排放，分别考察工业智能化对碳排放总量和强度的影响，考虑从碳排放和工业智能化水平进行异质性分析，并寻求考察影响的内在机制。

第二节 研究设计

一、模型设定

参考已有研究,本章利用面板数据构建以下模型来研究工业智能化对工业行业碳排放的影响:

$$\ln ce_{it} = \mu_i + \beta_1 \ln rob_{it} + \sum control_{it} + \varepsilon_{it} \tag{8-1}$$

其中,t 代表时间,时间跨度为 2006~2018 年;i 代表行业,本章将工业行业划分为 18 个细分行业①;ce_{it} 代表第 i 个行业第 t 年的行业碳排放;rob_{it} 代表第 i 个行业第 t 年的工业机器人运营存量,以此来衡量工业智能化的水平;$\sum control_{it}$ 代表本章选取的其他控制变量;ε_{it} 为随机扰动项。

二、变量选择

(一)被解释变量

碳排放。本章分别用碳排放总量(tce)和碳排放强度(cei)来衡量碳排放。碳排放总量测算②如式(8-2)所示:

$$tce = \sum_i tce_i = \sum_i ce_i \times \mu_i \times \lambda_i \tag{8-2}$$

其中,tce 为某工业行业碳排放总量;tce_i 为第 i 种能源消耗在该行业中产生的碳排放量;ec_i 为该行业第 i 中能源的消耗量;μ_i 为第 i 种能源的折标系数。

碳排放强度为碳排放总量与行业总产值的比值,用来衡量单位产值的碳排放。

(二)核心解释变量

工业智能化水平(rob)。世界机器人联盟(IFR)提供了工业细分行业的机器人数据,本章选取机器人的运营库存作为核心解释变量来衡量工业智能化水平。

现有研究通常认为碳排放的影响因素有行业方面(如行业规模和行业结构等)、技术进步方面(如研究与试验发展 R&D 等)、能源方面(如能源价格、能

---

① 具体行业划分见附录2。
② 由于篇幅限制,具体测算如附录1所示。

源结构等）及对外贸易方面（如 FDI 等）。基于此，本章选取能源结构（ers）、行业结构（is）、R&D（rd）、外商直接投资（rdi）、行业人口规模（pop）、行业利润水平（pro）作为控制变量。

三、数据来源

机器人运营库存数据来自世界机器人联盟。由于 IFR 对于 2006 年前中国行业的统计数据较少，本章实证研究所选数据为 2006 年后的数据，即 2006~2018 年国内 18 个工业行业数据。为确保数据的真实性与准确性，为 0 的数据仍取 0；对于非 0 的数据，本章对其进行取对数处理。碳排放量及碳排放强度根据能源消耗测算得出，其中，能源消费量、能源折标系数来自 2006~2018 年的《中国能源统计年鉴》；碳排放系数来自 IPCC2006 年测算的数据。其余变量数据来自 2006~2016 年的《中国工业统计年鉴》、2017 年和 2018 年的《中国投入产出表》、2018 年的经济普查数据。相关变量的描述性统计结果如表 8-1 所示。

表 8-1 描述性统计结果

变量	样本量	均值	标准差	最小值	最大值
lntce	234	7.2302	2.7358	-2.7040	11.5453
lncei	234	-3.0506	2.4071	-10.3137	2.6386
lnrob	234	5.6037	3.3755	0.0000	12.2145
lners	234	3.9283	1.1039	0.0000	4.6016
lnis	234	1.5062	0.7257	-0.9687	2.5642
lnrd	234	5.3843	1.2860	1.6943	7.7470
lnfdi	234	6.5601	1.0554	3.2566	8.4008
lnpop	234	6.1022	0.6183	4.7034	7.6393
lnpro	234	7.5355	1.5672	-6.5923	9.2537

第三节 实证分析

一、基准回归分析

第一，以碳排放总量为被解释变量。将碳排放总量作为被解释变量，逐步引入解释变量,对回归模型进行参数估计,结果如表8-2所示。由表8-2可知,在控制行业固定效应、逐步加入变量的过程中,核心解释变量lnrob在10%的显著性水平下显著为正,工业智能化每提高1%,行业碳排放总量平均提高0.07%。这说明,在以碳排放总量来衡量碳排放的情况下,我国工业行业还处于工业智能化促进碳排放的阶段,即目前工业智能化促进了行业的经济发展,但也促进了碳排放总量的提升。在碳排放总量方面,目前我国工业智能化对碳排放的影响以驱动效应为主。

表8-2 以碳排放总量 lntce 为被解释变量的回归结果

	(1)	(2)	(3)	(4)	(5)	(6)	(7)
lnrob	0.0950***	0.0110	0.0128	0.0620*	0.0700**	0.0679*	0.0719*
	(0.0351)	(0.0245)	(0.0245)	(0.0355)	(0.0352)	(0.0375)	(0.0377)
lners		1.0661***	1.0917***	1.1284***	1.1116***	1.1096***	1.1124***
		(0.0677)	(0.0719)	(0.0740)	(0.0735)	(0.0746)	(0.0746)
lnis			-0.3168	-0.2229	-0.0240	-0.0206	-0.0109
			(0.3024)	(0.3045)	(0.3120)	(0.3134)	(0.3135)
lnrd				-0.2658*	-0.4762***	-0.4928***	-0.4683***
				(0.1391)	(0.1624)	(0.2048)	(0.1630)
lnfdi					0.4954**	0.4928**	0.4518**
					(0.2037)	(0.2048)	(0.2087)
lnpro						0.0088	0.0073
						(0.0531)	(0.0531)
lnpop							-0.0944
							(0.0934)
cons	6.6977***	2.9801***	3.3469***	4.2168***	1.8211	1.7828	2.5523*
	(0.2128)	(0.2773)	(0.4466)	(0.6537)	(1.1685)	(1.1936)	(1.4153)
样本量	234	234	234	234	234	234	234
R^2	0.0329	0.5517	0.5540	0.5616	0.5735	0.5736	0.5757

注:*、**和***分别表示在10%、5%和1%的水平下显著;括号内数值为估计系数的标准误。下同。

在其他控制变量方面,在控制行业固定效应的情况下,能源结构的系数在1%的水平上显著为正;R&D的影响系数在1%的水平上显著为负,这个结果与现有研究的结论相符,即技术进步是抑制碳排放的有效手段;外商直接投资的影响系数在5%的水平上显著为正,也就是外商直接投资能够促进行业的经济发展,提高行业的经济水平,但也促进了碳排放;行业结构、行业利润水平和人口规模并没有表现出统计上的显著性。

第二,以碳排放强度为被解释变量。在控制行业固定效应的情况下,将碳排放强度作为被解释变量,逐步引入解释变量,对回归模型进行参数估计,结果如表8-3所示。

表8-3 以碳排放强度 lncei 为被解释变量的回归结果

	(1)	(2)	(3)	(4)	(5)	(6)	(7)
lnrob	-0.1590***	-0.1868***	-0.1841***	-0.1273***	-0.1362***	-0.1458***	-0.1438***
	(0.0313)	(0.0309)	(0.0310)	(0.0448)	(0.0465)	(0.0474)	(0.0478)
lners		0.3531***	0.3909***	0.4334***	0.4521***	0.4433***	0.4447***
		(0.0855)	(0.0907)	(0.0935)	(0.0932)	(0.0944)	(0.0947)
lnis			-0.4696	-0.3612	-0.5821	-0.5664	-0.5617
			(0.3814)	(0.3846)	(0.3953)	(0.3967)	(0.3977)
lnrd				-0.3070*	-0.0732	-0.0703	0.0667
				(0.1756)	(0.2058)	(0.2062)	(0.2068)
lnfdi					-0.5505**	-0.5628**	-0.5830**
					(0.2581)	(0.2593)	(0.2648)
lnpro						0.0404	0.0397
						(0.0673)	(0.0674)
lnpop							-0.0465
							(0.1184)
cons	-2.1592***	-3.3905***	-2.8468***	-1.8423**	0.8198	0.6445	1.0233
	(0.1901)	(0.3501)	(0.5542)	(0.8029)	(1.4804)	(1.5110)	(1.7954)
样本量	234	234	234	234	234	234	234
R^2	0.1069	0.1728	0.1787	0.1903	0.2074	0.2088	0.2094

由表8-3可知,在控制行业固定效应的情况下,核心解释变量 lnrob 在1%的显著性水平下显著为负,工业智能化水平每提高1%,碳排放强度平均降低0.14%。这说明,虽然在碳排放总量方面,工业智能化仍然以驱动效应为主,但

是在碳排放强度方面,工业智能化水平的提高以制约效应为主。工业智能化作为技术进步的体现,能够有效提高生产率,促进能源使用效率,降低碳排放强度。从碳排放强度方面看,工业智能化在节能减排中的作用已凸显。

在其他控制变量方面,在控制行业固定效应的情况下,能源结构(煤炭消耗量占总能源消耗量的比重)的影响系数在1%的显著性水平下显著为正;外商直接投资在5%的显著性水平下显著为负;行业结构、行业盈利水平、R&D、行业人口规模对碳排放强度的影响并未表现出统计意义上的显著性。

综上,在碳排放总量方面,工业智能化对其影响以驱动效应为主,即工业智能化水平每提高1%,碳排放总量平均提高0.07%;在碳排放强度方面,工业智能化对其影响以抑制效应为主,即工业智能化水平每提高1%,碳排放强度平均降低0.14%。

二、稳健性检验

基准回归结果中,在控制行业固定效应的情况下逐次引入控制变量,进行了多次回归,计量分析结果均证明了工业智能化水平能够提高碳排放总量,降低碳排放强度。考虑到衡量工业智能化的指标不同,为了验证研究结果的稳定性,本章进一步采用工业机器人每年的新安装量(lnrob)作为核心解释变量,代替工业机器人运营库存指标。稳健性检验结果显示,工业智能化对碳排放总量仍然存在正向的促进作用,对碳排放强度有显著的抑制作用,与基准回归结果基本上是一致的。

第四节 异质性分析和影响机理检验

一、异质性分析

本节从两个维度来划分行业,进而探究工业智能对碳排放影响的行业异质性:一是从碳排放的角度将行业分为高碳排放行业和低碳排放行业;二是从工业智能化水平角度将行业分为高工业智能化行业和低工业智能化行业。

第一,碳排放角度。对高碳行业和低碳行业分别进行计量检验,结果如

表 8-4 所示。当以碳排放总量为被解释变量时,无论是在高碳排放还是在低碳排放行业中,工业智能化的系数相较于基准回归均有所降低,但系数并不显著。在碳排放强度方面,列(1)高碳行业和列(2)低碳行业的核心解释变量机器人运营库存均能够抑制碳排放。在高碳排放行业中,工业智能化对碳排放强度的影响并不显著;在低碳排放行业中,工业智能化水平每提高1%,碳排放强度平均降低0.42%。当以碳排放强度衡量碳排放时,工业机器人的使用均有效降低了碳排放,低碳行业中工业智能化对碳排放的抑制效应明显高于高碳行业。综上,在高碳排放行业和低碳排放行业,工业智能化水平对碳排放强度的影响具有一定的异质性,对低碳行业的作用要明显大于高碳行业,但对碳排放总量影响的异质性作用并不确定。

表 8-4 基于碳排放的行业异质性检验结果

	(1)		(2)	
	高碳排放行业		低碳排放行业	
	lntce	lncei	lntce	lncei
lnrob	0.0287	-0.0481	0.0547	-0.4234***
	(0.0347)	(0.0354)	(0.0845)	(0.1278)
控制变量	是	是	是	是
行业固定效应	是	是	是	是
样本量	117	117	117	117
R^2	0.7504	0.4675	0.7626	0.2111

第二,工业智能化水平角度。对高工业智能化水平和低工业智能化水平行业分别进行计量分析,结果如表 8-5 所示。结果显示,在碳排放总量方面,无论是在高工业智能化水平还是低工业智能化水平行业,工业智能化对碳排放总量的影响均不显著。在碳排放强度方面,在机器人使用密度高的行业,工业智能化水平对碳排放强度的影响在1%的显著性水平下显著为负,工业智能化水平每提高1%,碳排放强度平均降低0.21%;在工业智能化水平低的行业,工业智能化水平每提高1%,碳排放强度平均降低0.16%。可见,工业智能化对碳排放强度的影响,在不同的工业智能化水平行业具有一定的一致性。

表8-5 基于工业智能化水平的行业异质性检验结果

	(1) 高工业智能化水平行业		(2) 低工业智能化水平行业	
	lntce	lncei	lntce	lncei
lnrob	0.0852	−0.2062***	−0.0976	−0.1647**
	(0.0520)	(0.0664)	(0.0683)	(0.0703)
控制变量	是	是	是	是
行业固定效应	是	是	是	是
样本量	117	117	117	117
R^2	0.6476	0.3423	0.5394	0.4235

二、影响机理检验

技术进步理论研究表示，技术进步对碳排放的影响存在双刃效应，即技术进步可能促碳排放，也可能抑制碳排放。本章将工业智能化水平对碳排放的影响分解为驱动效应和制约效应。驱动效应主要为工业智能化水平的提高促进行业的经济发展，经济发展促进碳排放；制约效应为工业智能化本身作为一种技术进步能有效降低单位产出所消耗的能源，即降低能源消耗强度，对碳排放起到抑制作用。

（一）驱动效应分析

为了验证工业智能化水平对碳排放的驱动效应，本章对经济发展的间接影响进行检验，构建间接影响模型如下：

$$\ln iov_{it} = \mu_i + \alpha_1 \ln rob_{it} + \sum control_{it} + \varepsilon_t \tag{8-3}$$

$$\ln ce_{it} = \mu_i + \beta_1 \ln rob_{it} + \beta_2 \ln iov_{it} + \sum control_{it} + \varepsilon_{it} \tag{8-4}$$

其中，$\ln iov_{it}$ 代表行业经济发展水平，本章将工业总产值作为衡量工业行业经济发展水平的指标。

表8-6结果显示，列（1）表示在1%的显著性水平下，工业智能化水平对工业总产值的影响显著为正，工业智能化水平每增加1%，工业总产值平均增加0.07%，表明工业智能化水平的提高能够显著提升工业行业的经济水平，促进工业行业的经济发展。列（2）结果显示，工业智能化对碳排放总量的影响为正，但这种影响并不显著，工业总产值对工业碳排放总量的影响在1%的水平上显著

为正,结合表8-3的分析结果可知,符合间接影响的逻辑。综上,工业智能化水平的提高能够显著提高工业行业经济发展水平,进而促进工业碳排放总量,工业智能化对碳排放总量的驱动效应存在。

表 8-6 驱动效应回归结果

	(1) lniov	(2) lntce
lnrob	0.0748*** (0.0075)	-0.0030 (0.0449)
lniov		1.0016*** (0.3392)
lners	0.0230 (0.0495)	1.0893*** (0.0737)
lnis	0.7250*** (0.0627)	-0.7372* (0.3941)
lnrd	0.2749*** (0.0326)	-0.7437*** (0.1852)
lnfdi	0.5492*** (0.0418)	-0.0982 (0.2770)
lnpro	0.1269 (0.0187)	-0.0053 (0.0524)
lnpop	0.0011 (0.0187)	-0.0956 (0.0917)
cons	3.6236*** (0.2833)	-1.0773 (1.8556)
样本量	234	234
R²	0.9158	0.5927

(二) 制约效应分析

为了验证工业智能化水平对碳排放的制约效应,本章对能源消耗强度对碳排放总量的间接影响进行检验,构建间接影响模型如下:

$$\ln eci_{it} = \mu_i + \alpha_1 \ln rob_{it} + \sum control_{it} + \varepsilon_{it} \tag{8-5}$$

$$\ln ce_{it} = \mu_i + \beta_1 \ln rob_{it} + \beta_2 \ln eci_{it} + \sum control_{it} + \varepsilon_{it} \qquad (8-6)$$

其中，$\ln eci_{it}$ 代表行业能源强度，本章以单位工业产值消耗的能源来衡量碳排放强度。

表8-7结果显示，列（1）表示在1%的显著性水平下，工业智能化水平对能源消耗强度的影响显著为负，工业智能化水平每增加1%，能源消耗强度平均降低0.14%，表明工业智能化水平的提高能够显著降低工业行业的能源消耗强度，即能够提高能源的使用效率。列（2）结果显示，工业智能化对碳排放总量的影响在1%的显著性水平下显著为正，能源消耗强度对工业碳排放总量的影响在1%的显著性水平下显著为正。结合表8-3的分析结果可见，工业智能化能够显著降低能源消耗强度，提高能源效率，降低单位产值的能源消耗量，进而降低碳排放总量，工业智能化对碳排放的制约效应存在。

表8-7　制约效应分析计量结果

	（1）	（2）
	lneci	lntce
lnrob	-0.1395***	0.1374***
	(0.0466)	(0.0314)
lneci		0.4695***
		(0.0456)
lners	0.4358***	0.9077***
	(0.0924)	(0.0640)
lnis	-0.5658	0.2546
	(0.3879)	(0.2571)
lnrd	-0.1064	-0.4183***
	(0.2017)	(0.1331)
lnfdi	-0.5608**	0.7151***
	(0.2583)	(0.1722)
lnpro	0.0371	-0.0100
	(0.0658)	(0.0434)
lnpop	-0.0592	-0.0666
	(0.1155)	(0.0762)

续表

	（1）	（2）
	lneci	lntce
cons	1.5192	1.8398
	(1.7513)	(1.1568)
样本量	234	198
R^2	0.2188	0.7513

综上所述，本节将碳排放总量作为被解释变量，验证了工业智能化对碳排放的驱动效应和制约效应同时存在。分析结果表明，现阶段我国工业智能化对碳排放的制约效应有限，以驱动效应为主。

第五节 结论与建议

本章围绕工业智能化对碳排放总量和强度的影响，可为实现碳达峰和碳中和目标下的产业数字化转型升级提供有力支撑。研究发现，工业智能化的运用能够促进碳排放总量，即工业机器人的使用能够增加碳排放总量，但工业机器人的运用能够显著降低碳排放强度。高碳行业中工业智能化能够降低碳排放总量增加的速度，高碳排放行业和低碳排放行业工业智能化均有效降低碳排放的强度，且低碳行业工业智能化对碳排放强度的抑制作用更为明显。高工业智能化水平行业对碳排放总量的促进作用更加明显，同时其对碳排放强度的抑制作用也更加明显，即高工业智能化水平行业的经济增长速度高于其碳排放的增长速度。工业智能化能够提高行业的经济水平从而提高行业的碳排放总量，驱动效应存在；同时，工业智能化能够降低能源消耗强度，提高能源利用效率，降低单位产值的能耗，从而降低碳排放总量，制约效应存在；目前，在我国工业细分行业中，工业智能化对碳排放的驱动效应起主导作用。

为有效推进工业智能化发展战略，同时实现碳达峰的既定目标，未来我国应当在下述几个方面发力：

第一，优化升级产业结构，提高政策扶持力度。一方面，政府要实施创新驱动型产业优化升级战略，优化产业结构和布局，改造升级传统粗放型产业，淘汰落后产能；另一方面，政府应重点扶持高技术产业，尤其是有利于经济转型升级又兼顾了生态环境保护的科技型、成长型企业，鼓励企业进行自主研发与创新，实现经济增长与生态环境的和谐发展。

第二，大力发展工业智能化水平，提高资源利用效率。一方面，工业智能化是带动产业转型升级的强劲动力，依托于工业机器人，企业要加大科技创新资本投入，提高资源利用效率，践行绿色低碳理念；另一方面，要推动工业智能化发展，促进技术升级，加强绿色技术的应用和推广，从根本上让低碳制约效应大于驱动效应，从而达到降低碳排放的目的。

第三，推进能源结构调整，大力发展清洁能源。一方面，要调整能源结构，减少对煤炭的过度依赖，降低煤炭在能源结构中的比重；另一方面，应因地制宜地发展水电、核电、风能、生物质能、太阳能等清洁能源，注重推广清洁能源的使用，力争实现我国节能减排的目标。

参考文献

[1] 董桂才. 中国工业机器人在全球价值链的地位及变化趋势 [J]. 中国科技论坛, 2016 (3)：49-54+118.

[2] 李凯杰, 曲如晓. 技术进步对碳排放的影响——基于省际动态面板的经验研究 [J]. 北京师范大学学报（社会科学版）, 2012 (5)：129-139.

[3] 刘亮, 胡国良. 人工智能与全要素生产率——证伪"生产率悖论"的中国证据 [J]. 江海学刊, 2020 (3)：118-123.

[4] 申萌, 李凯杰, 曲如晓. 技术进步、经济增长与二氧化碳排放：理论和经验研究 [J]. 世界经济, 2012, 35 (7)：83-100.

[5] 孙早, 侯玉琳. 工业智能化如何重塑劳动力就业结构 [J]. 中国工业经济, 2019 (5)：61-79.

[6] 王文举, 向其凤. 中国产业结构调整及其节能减排潜力评估 [J]. 中国工业经济, 2014 (1)：44-56.

[7] "新一代人工智能引领下的智能制造研究"课题组, 周济. 中国智能制造的发展路径 [J]. 中国经济报告, 2019 (2)：36-43.

[8] 张伟, 朱启贵, 高辉. 产业结构升级、能源结构优化与产业体系低碳化发展 [J]. 经济研究, 2016, 51 (12)：62-75.

［9］周五七，聂鸣.中国碳排放强度下降：结构效应与专利效应［J］.科研管理，2013，34（6）：50-57.

［10］Acemoglu D，Aghion P，Bursztyn L，et al. The Environment and Directed Technical Change［D］. Cambridge：Harvard University，2009.

［11］Graetz G，Michaels G. Robots at Work［J］. Review of Economics and Statistics，2018，100（5）：753-768.

［12］Jaffe A B，Newell R G，Stavins R N. Environmental Policy and Technological Change［J］. Environmental and Resource Economics，2002，22（2）：41-70.

附录1　碳排放测算

能源种类	折扣系数 （千克标准煤/千克） （千克标准煤/立方米）	碳排放系数 （千克碳/千克标准煤）
煤炭	0.7143	0.8550
焦炭	0.9714	0.8550
原油	1.4286	0.5857
汽油	1.4714	0.5538
煤油	1.4714	0.5714
柴油	1.4571	0.5921
天然气	1.215	0.4483

注：天然气的折标系数为一个范围，本章取其均值作为代表。

附录2　工业行业分类

本章行业分类	国民经济行业分类	IFR工业行业分类
1. 采掘业	煤炭开采和洗选业 石油和天然气开采业 黑色金属矿采选业 有色金属矿采选业 非金属矿采选业 开采辅助活动 其他采矿业	采掘业
2. 食品制造业	农副食品加工业 食品制造业 酒、饮料和精制茶制造业 烟草制品业	食品及饮料制造业

续表

本章行业分类	国民经济行业分类	IFR工业行业分类
3. 纺织业	纺织业 纺织服装、服饰业 皮革、毛皮、羽毛及其制品和制鞋业	纺织品制造业
4. 木材和家具制造业	木材加工和木、竹、藤、棕、草制品业 家具制造业	木材及家具制造业
5. 造纸和印刷业	造纸和纸制品业 印刷和记录媒介复制业	
6. 医药制造业	医药制造业	药品、化妆药品制造业
7. 化学制品业	化学原料和化学制品制造业 化学纤维制造业	化学品制造业
8. 橡胶和塑料制品业	橡胶和塑料制品业	橡胶和塑料制品业
9. 非金属矿物制造业	非金属矿物制造业	其他非金属矿物制造业
10. 金属加工制造和冶炼业	黑色金属冶炼和压延加工业 有色金属冶炼和压延加工业	基本金属制造业
11. 金属制品业	金属制品业	金属制品业
12. 计算机、通信和其他电子设备制造业	计算机、通信和其他电子设备制造业	计算机制造业 通信设备制造业 其他电子设备制造业（计算机、通信相关）
13. 电子和电气设备制造业	电气机械和器材制造业 仪器仪表制造业	电子和电气设备制造业（除计算机、通信设备外）
14. 通用及专用设备制造业	通用设备制造业 专用设备制造业	通用及专用设备制造业
15. 汽车及其他交通设备制造业	汽车制造业 铁路、船舶、航空航天和其他运输设备制造业	汽车制造业 铁路、船舶、航空航天和其他运输设备制造业
16. 文体和教育用品制造业	文教、工美、体育和娱乐用品制造业	文体和教育用品制造业
17. 其他制造业	石油加工、炼焦和核燃料加工业 其他制造业 废弃资源综合利用业 金属制品、机械和设备修理业	其他制造业
18. 电力、水、燃气生产和供应业	电力、热力生产和供应业 燃气生产和供应业 水的生产和供应业	电力、水、燃气供应业

第九章

人工智能如何影响进出口贸易

人工智能加速了新一轮产业革命进程，其是否会引发制造业回流，进而对世界贸易格局产业重要影响，成为当前值得关注的热点问题。本章基于中国和32个OECD国家2005~2018年的面板数据，通过构建动态面板模型研究发现，人工智能对进出口贸易具有显著的正向影响，但作用效果存在明显时滞性。进一步，将外商直接投资和科技创新水平作为门槛变量，借助面板门槛模型发现，随着外商直接投资的增加及科技创新水平的提高，人工智能对进出口贸易的积极影响也会进一步扩大，但不同门槛区间影响效果存在差异。

第一节 引言

近年来,党和国家高度重视"人工智能"技术的发展,世界各国和社会各界也给予了广泛关注。国务院办公厅于 2015 年明确提出要加速推进国家新型信息化建设和先进制造业科技融合发展,把智能制造作为两者深度融合的主攻方向。同时,在党的重要会议中,"人工智能"技术的发展也多次成为议题。党的二十大报告指出,"推动战略性新兴产业融合集群发展,构建新一代信息技术、人工智能、生物技术、新能源、新材料、高端装备、绿色环保等一批新的增长引擎"。2019 年 3 月 19 日,习近平总书记主持召开中央全面深化改革委员会第七次会议,会议通过了《关于促进人工智能和实体经济深度融合的指导意见》,确切说明要加快人工智能与实体经济的深入融合发展。不单单是我国在这个领域投入大量关注,世界主要国家都逐渐重视人工智能技术领域,将人工智能技术与经济发展生产过程有机结合也日益成为世界各国的重点发展方向,如日本政府的"再兴战略"、德国颁布的《工业 4.0》及美国提出的"先进制造业伙伴计划"等。

中国虽然已连续 11 年位居世界第一制造业大国,并处于制造业强国的建设中,但产业结构失衡、研发创新能力欠缺及先进制造业基础不足等问题仍阻碍着国内制造业发展的脚步,同时在国际市场上也受到发达国家"再工业化"举措以及发展中国家奋力追赶的双重挤压。因此,如何完善制造业发展体系,促进制造业更快更好地发展是我国当前亟须解决的问题。而人工智能在大国竞争中日益被看作是一个核心部分,它催生了图像识别、语言识别等新兴产业,并通过对医疗、制造等传统行业赋能产生"AI+",推动经济结构转型和升级,培育出新的经济增长点,是我国催发对外贸易发展新推力、探索制造业全球竞争新优势、全方位融入全球经济价值链并生成核心竞争力的重要战略领域。

现阶段人工智能的飞速发展,也催生了新一轮工业革命,美国、日本等部分发达国家也注意到本国制造业日趋"空心化"导致的实体经济不断萎缩、失业率上升等问题,纷纷制定和出台相关政策进行"再工业化",促进制造业回流本国或转入其他发展中国家,相关举措使全球价值链重构和世界经贸格局变革充满无限可能。而且，人工智能技术的发展在一定程度上可以提高企业生产率、降低企业出口固定成本及改变劳动力市场结构等，为发达国家制造业回流以及发展中国家承接产业转移提供了技术支持，进而对各国进出口贸易产生直接或间接的影响。那么，人工智能对进出口贸易的影响有哪些？影响程度有多大？该如何让我国在对外贸易中继续保持现有优势？在全球产业链革新的背景下，回答这些问题具有重要现实意义。

第二节　文献综述

探究国际进出口贸易问题，首先要分析哪些因素可能在影响着我国在国际价值链中的供求状况。有学者分析汇率变动是影响国际贸易最直接的方式之一，贸易收支弹性论是早期解释汇率水平对国际贸易影响的主要理论，当马歇尔-勒纳条件满足时，汇率贬值改善贸易收支（安辉和黄万阳，2009；Boyd 等，2001），多数学者近年来也通过实证分析的方式检验出汇率波动对进出口贸易具有显著影响（张菀洺和张珊珊，2020；金朝辉和朱孟楠，2021）。此外，外商直接投资作为经济全球化的具体表现，对进出口贸易也具有较大影响，但对于影响作用，国内外学者争论不一。外商直接投资（FDI）作为资本和技术输入，对东道主国家的进出口规模和进出口产品质量具有积极作用（Girma 等，2007；Amighini 等，2013），但也可能会产生挤出效应，占据本土企业的出口可能性（高铁梅和康书隆，2006）。Liu 等（2001）通过分析中国与贸易伙伴的贸易数据，总结出进口增加引致了进口国的 FDI，而 FDI 又引致了出口的增加，出口增加又引致进口的进一步增加。再者，基于企业贸易理论可以从企业层面分析生产率对进出口贸易的影响。从出口角度进行分析，生产率的提高将扩大一国出口规模（易靖韬和傅佳莎，2011），生产率较高的企业会选择进入国际市场以实现市场规模扩大（Melitz，2003）。从进口角度进行分析，生产率高的企业为优化企业的中间品投入，以降低可变成本并提升产品质量，更愿意选择支付进口固定成本（Kasahara 和 Lapham，2013）。最后，劳动力要素作为企业的重要生产要素，劳动力成本的提升对出口企业转型升级的"倒逼"作用存在（任志成和戴翔，2015），会促使企业进行创新活动以节约劳动成本，劳动力市场格局的变化，在国际间的流动显著促进了双边贸易的发展，同时对进口贸易和出口贸易产生正向影响（魏浩和陈开军，2015）。

总的来说，现有研究从经济领域的汇率、外商直接投资、生产率和劳动力市场四个方面分析了对进出口贸易的影响。推动国际贸易发展，一方面是站在国家宏观层面，改善整体经济运行状况，优化国际分工外部环境，提高国家的国际竞争力；另一方面是站在企业微观层面，促进企业产业升级，降低企业生产成本，合理分配劳动要素，在国际贸易中占据优势地位。随着人工智能的飞速发展和数字化革命的出现，第二次机器革命的到来并不遥远，并会推动技术实现空前的进步（Brynjolfsson 和 McAfee，2009）。作为新一代"通用目的技术"，人工智能的影响不容小觑，从当前的发展情况来看，已基本遍及整个经济社会，并加速传统行业转型升级创造出众多新兴业态。可以预见，人工智能的发展将会显著影响各国产业发展水平，从而更新国际价值链体系，显著促进中国企业参与全球价值链分工（吕越等，2020）。那么，人工智能具体会如何影响一国进行进出口贸易呢？由于先前文献关于人工智能对进出口贸易相关影响的研究相对较少，所以本章在上文梳理出的进出口贸易影响因素的基础上，通过分析人工智能可能对影响因素产生的作用，间接研究其对进出口贸易的影响。

第一，作为新一轮变革的核心推动力，人工智能在促进经济增长方面的作用不可忽视。进一步地，可将其作用效果拆解为通过加速生产率的提高，进而对经济发展产生正向促进作用。部分文献以经济增长模型为研究基础，尝试摸索人工智能作用于经济增长的机制或模式，但未将工作本身存在的可能的创新纳入考虑，因此会使机器智能的作用效果被低估，有一定的局限性。因此，应将自动化技术引入原模型并提出一个统一框架，认为替代效应和生产力效应同时存在于自动化中（Acemoglu 和 Restrepo，2018），来准确评估人工智能在经济增长的提升效应。同时，人工智能背后的计算机化在短期内对生产率能够产生正向影响，并且这一影响在长期看来更加明显（Brynjolfsson 和 Hitt，2003）。考虑到数据获得的局限性，运用实证分析的文献主要将发达国家作为研究对象，探讨人工智能对经济增长的影响以及对生产率的作用效果，而对发展中国家的相关研究则存在较大空缺。第二，人工智能对劳动要素的影响是显著的，针对人工智能影响劳动力市场的方法主要集中在这两个方面：一是补充作用。人工智能可以提高某些专业领域技能的生产力，为新兴行业带来全新劳动力需求。服务业便是劳动力市场结构变动的受益者，人工智能的发展促使劳动力向服务业倾斜，使服务业的就业率得以提升，促进了该行业的蓬勃发展（路玮孝和孟夏，2021）。二是替代作用。

计算机会替代以前有劳动力完成的重复性工作，对传统生产行业的就业产生抑制作用（Acemoglu 和 Restrepo，2020）。其中，替代作用不仅作用于本国企业生产，也在改变着国际生产分工格局，使发展劳动力密集型增长模型的国家感受到威胁（Frey 和 Osborne，2017）。总的来说，人工智能对劳动力市场的影响并非具有统一标准的效应，数据会因为不同的国家或地区而有所差异。第三，以国际贸易视角分析人工智能对进出口贸易的影响，人工智能技术变革可能推动国际贸易规模扩大，提升服务贸易份额，并促进国际贸易交易模式平台化、小宗化，可为中小企业创造更多参与国际贸易的机会（田云华等，2020）。互联网和对外直接投资能够相结合并产生交互作用，可促进其出口和贸易的增长，但对进口端的促进作用存在时滞（孙穗和朱顺和，2020）。

在人工智能发展对进出口贸易相关测度指标方面的文献中，大多是通过基准回归、门槛效应等方法进行实证分析。党琳等（2021）运用49个国家的网络就绪指数和制造业投入产出数据构建可用于国际比较的行业数字化转型指标，通过识别国家网络就绪指数的门槛效应，证明了制造业行业数字化转型与其出口技术复杂度之间具有显著的非线性特征。张军和郭希宇（2020）基于全国286个城市的截面数据，运用分位数回归、截面门限模型等分析了"互联网+"对中国对外贸易影响的总体效应、条件性效应及阶段性效应，发现我国"互联网+"总指数的提升显著促进了对外贸易的发展，且存在明显的门限效应，跨越门限值后的促进作用大幅降低。

综上所述，在理论上，现有文献仅是分析了人工智能对部分产业发展的影响，尚未构建起人工智能对贸易影响的理论框架；实证分析则主要集中于人工智能领域发展对进出口贸易某项变量的定量分析，基于进口依存度、出口技术复杂度、技术附加值等技术层面来研究人工智能对于进出口贸易的作用是否显著，直接探究人工智能如何影响进出口贸易的实证研究较为匮乏。因此，本章尝试在理论分析的基础上，通过国家层面数据探究人工智能对进出口贸易的影响。

第三节　理论分析与研究假设

随着人工智能技术的迅猛发展，其作为核心驱动力，不断催生新的技术、模式等，极大程度重塑了经济结构。人工智能与产业融合不断深入，世界各国产业也正迎来新一轮的变革。人工智能研究经济领域受人工智能影响的文献较多，但现有研究中鲜有学者直接分析人工智能对进出口贸易的影响，两者相互之间的作用机理也未形成统一的定论。通过对中间领域与两者的关系进行讨论，本章认为人工智能对进出口贸易的影响可以体现在正向促进和反向抑制两方面，即人工智能发展促进进出口贸易和人工智能发展抑制进出口贸易。本章将这两部分影响分别归纳为人工智能对进出口贸易的驱动效应和制约效应，下面就这两部分效应进行分析。

一、驱动效应分析

在驱动效应方面，即人工智能对进出口贸易的正向影响方面，本节主要从生产效率和产业转型升级与结构优化两条间接路径进行分析。从国内外研究成果来看，大多数学者持有的观点是人工智能技术的产业化应用可以从多角度、多方位推动经济增长，具体表现为通过促进生产率、资本回报率等刺激经济产生积极作用。2017年后，国内外学者也掀起了一波关于人工智能的发展是否能够显著推动经济增长的讨论热潮。例如，Prettner（2019）认为经济持续增长是社会发展的必然结果，受技术进步影响程度较小；郭敏和方梦然（2018）则聚焦于全球生产率下降问题，认为人工智能投资并未像计划路径一样对全球生产率产生一定的改善作用。但是，国内学者以中国经济事实与数据为支撑对上述观点进行了反驳。陈彦斌等（2019）、林晨等（2020）分别结合中国经济发展现实，研究论证了人工智能如何与国民经济行业进行结合，从而与国民经济的重要领域（老龄化、就业、消费等）碰撞出不同的火花，进而影响经济增长等问题。总的来说，人工智能的发展对生产率的提高是有明显作用的。基于上述分析，本节得出人工智能促进进出口贸易的第一条路径为：人工智能技术在各行业生产过程中的应用能够提高行业内企业的生产效率，进而推动行业经济增长，促进进出口贸易。

在全球经济持续低迷、经济复苏乏力的大背景下，我国提出要加快构建以国内大循环为主体、国内国际双循环相互促进的新发展格局，并不断探索形成多元化的政策支持体系，保障传统产业转型升级，优化产业结构。耿子恒和汪文祥（2021）基于中国29个省份的面板数据，通过实证分析发现，人工智能的发展可以对制造业产业升级具有明显的促进作用，且作用效果在不同行业之间存在差异，但对产业结构优化方面未表现出明显的影响。从要素分配格局的角度来看，人工智能对劳动和资本都可能产生偏向的替代性，促进生产要素在不同产业部门中流动，优化产业结构转型升级（郭凯明，2019）。而产业升级不仅可以推动贸易结构不断优化,同时也能增强我国在对外贸易中的话语权。基于上述分析可以发现,人工智能作用于进出口贸易的第二条路径为:人工智能技术的飞跃可以带动国内传统行业转型升级,实现产业高质量发展,进而推动进出口贸易的发展。

因此,基于上述驱动效应分析,得出人工智能对于进出口贸易的第一个基本假设:

H1:人工智能可以发挥对进出口贸易的驱动效应,从而推动进出口贸易发展。

二、制约效应分析

自20世纪人工智能开始发展以来,就有大量学者关注人工智能对劳动力市场的影响作用,一方面,人工智能的存在会不可避免地对现有的劳动力产生一定程度的替代作用,但同时又会创造出相当一部分新的就业岗位。至少就目前的形势来看,人工智能并未对劳动力市场规模产生显著的影响,而部分学者担心的人工智能替代现有人工劳动力从而引起大规模失业的问题在短时间甚至未来相当长一段时间内都不会出现。另一方面,从人工智能对劳动力市场结构的影响作用来看,高技能劳动力需要解决问题的能力、直觉和创造力,低技能劳动力需要较强的环境适应能力和沟通能力,人工智能对这两类劳动力的替代威胁是非常低的。也就是说,人工智能会更大范围地去替代中等技能劳动力所从事的工作岗位,这样就会导致劳动力市场呈现两极化或技能劳动力"空心化"。劳动力供需变化将会导致劳动力成本的增加,进而倒逼行业技术转型升级,对进出口贸易产生一定的消极影响。因此得出制约效应的第一条路径:人工智能通过改变劳动力市场结构增加劳动成本,进而抑制行业进出口贸易。

从国际生产格局的角度来看,现在正处于全球价值链重构的关键时期,继美国推出"再工业化"战略后,发达国家纷纷制定并发布相关政策,引导制造业回流本国或转移到其他发展中国家,相关学者对"制造业回流"这一问题也展开了激烈的讨论。杨丽花和张美娟(2013)认为,"制造业回流"不单是简单地引导传统制造业重回本国,而是将创新型、高质量的先进制造业作为发展重点。高敬峰等(2020)通过对价值链质量的影响分析,发现制造业回流会通过降低收入水平,对价值链质量提升产生抑制作用。而人工智能的发展在对这一趋势提供技术支持,换言之,由于各国之间存在一定程度上的技术鸿沟,使人工智能对促进发达国家制造业从发展中国家回流本国发挥着重要作用。作为世界制造业第一大国，我国制造业呈现出明显的出口导向型特征，而发达国家制定的制造业回流政策无疑会使国际产业分工格局持续调整重塑，较大程度影响我国制造业的进出口贸易。因此，将制约效应的第二条路径归纳为：人工智能通过调整国际产业分工格局，对进出口贸易产生消极的影响。

因此，基于上述制约效应分析，得出人工智能对于进出口贸易的第二个基本假设：

H2：人工智能可以发挥对进出口贸易的制约效应，从而妨碍进出口贸易发展。

第四节 研究设计

一、模型选择

（一）动态面板模型

当前，人工智能仍处于飞速发展阶段，其规模可能暂时无法达到影响全局所要求的规模。考虑人工智能对进出口贸易的影响存在一定的时滞，同时为避免内生性问题，为验证人工智能对进出口贸易的影响，本章构建动态面板模型，将被解释变量进出口贸易的滞后项纳入模型，采用GMM估计方法对模型进行估计，具体模型设定如下：

$$imex_{it} = \beta_0 + \beta_1 imex_{it-1} + \beta_2 stock_{it} + \sum control_{it} + \varepsilon_{it} \qquad (9-1)$$

其中，t 代表时间，i 代表国家；$imex_{it}$ 代表第 i 个国家第 t 年的工业行业进出口贸易额，$imex_{it-1}$ 为工业行业进出口贸易额滞后一期的变量；$stock_{it}$ 代表第 i 个国家第 t 年的工业机器人运营存量，作为衡量工业行业人工智能化水平的指标；$\sum control_{it}$ 代表选取的其他控制变量；ε_{it} 代表随机扰动项。本章重点关注核心解释变量前的系数 β_1。

（二）门槛回归结果

受资源禀赋条件的影响，人工智能对进出口贸易的影响机制比较复杂，基于前文影响机制和现状分析的结果，人工智能与进出口贸易之间存在一定程度的非线性关系。为验证人工智能发展对进出口贸易的非线性影响，本章基于前述理论分析，选择外商直接投资和科技创新水平两个变量作为门槛变量，构建如下两个面板门槛模型：

$$imex_{it} = \beta_0 + \beta_1 stock_{it} I(fdi_{it} \leq \gamma_1) + \beta_1 stock_{it} I(\gamma_1 < fdi_{it} \leq \gamma_2) + \cdots$$
$$\beta_1 stock_{it} I(fdi_{it} \geq \gamma_n) + \sum control_{it} + \varepsilon_{it} \quad (9-2)$$

$$imex_{it} = \beta_0 + \beta_1 stock_{it} I(pat_{it} \leq \gamma_1) + \beta_1 stock_{it} I(\gamma_1 < pat_{it} \leq \gamma_2) + \cdots$$
$$\beta_1 stock_{it} I(pat_{it} \geq \gamma_n) + \sum control_{it} + \varepsilon_{it} \quad (9-3)$$

其中，fdi_{it} 和 pat_{it} 分别代表外商直接投资和科技创新水平；$\gamma_1 \cdots \gamma_n$ 代表门槛值；$I(\cdot)$ 为示性函数，若括号内条件满足则示性函数取值为1，否则取0。

二、变量选择与数据来源

如表9-1所示，样本选择范围为中国和OECD中32个国家2005~2018年的相关数据，选择的被解释变量为各国的工业进出口贸易额、进口额和出口额，以此作为该国进出口贸易的衡量指标。核心解释变量选择工业机器人运营存量，来衡量该国人工智能的发展水平。综合考虑前述理论分析及数据可得性，从产业结构、行业就业结构、外商直接投资、科技创新水平、货币购买力和通货膨胀水平六个层面分别选择变量作为控制变量。

表9-1 变量名称及来源

变量类别	变量名称	符号说明	数据来源
被解释变量	进出口贸易额	imex	联合国商品贸易数据库
	进口额	impZ	
	出口额	exp	
核心解释变量	工业机器人存量	stock	世界机器人联盟
	工业机器人新安装量	robot	
控制变量	产业结构	industry	OECD数据库
	行业就业结构	labor	
	外商直接投资	fdi	
	科技创新水平	pat	
	货币购买力	exc	
	通货膨胀水平	cpi	

注：本章选取的32个OECD国家分别为澳大利亚、日本、韩国、新西兰、奥地利、比利时、德国、丹麦、西班牙、爱沙尼亚、芬兰、法国、英国、希腊、爱尔兰、冰岛、意大利、荷兰、挪威、波兰、葡萄牙、斯洛伐克、斯洛文尼亚、瑞典、立陶宛、拉脱维亚、匈牙利、土耳其、美国、以色列、智利、哥伦比亚。

产业结构定义为工业产值占总产值的比重，工业结构用来判断一个国家的经济增长方式和全球产业链分工内容；行业就业结构定义为工业行业就业人数占该国总就业人数的比重，工业就业人口比重越大，对进出口贸易依赖性越强；货币购买力定义为该国货币兑美元汇率，影响该国进出口结构；通货膨胀水平定义为消费者物价指数，影响一个国家的消费能力和消费市场，从而影响进出口贸易；科技创新水平定义为科技类期刊文章数，表现一国的科技水平，与人工智能发展水平挂钩；外商直接投资定义为本土接受外国投资的货币流入量，分析该国家对外开放程度。考虑到度量的差异性可能会对结果产生影响，本章均对其进行了标准化处理。

贸易额相关指标均来源于联合国商品贸易数据库，依据联合国商品贸易数据库（UN Comtrade Database）中商品进出口额分类汇总得到；工业机器人运营存量和新安装量的数据来源于世界机器人联盟；其余变量均从 OECD 数据库获得。对于指标数据缺失过多的国家进行了筛选处理，并对存在少量缺失值的情况使用近年平均增长率进行了补齐处理。所选变量的描述性统计分析如表 9-2 所示。

表 9-2 描述性统计分析

变量名	观测值	均值	方差	最小值	最大值
ln*imex*	462	11.37	0.63	9.77	12.65
ln*import*	462	11.09	0.61	9.53	12.40
ln*export*	462	11.05	0.65	9.19	12.39
ln*stock*	462	3.43	1.26	0.30	5.81
industry	462	0.26	0.07	0.12	0.48
labor	462	0.24	0.05	0.15	0.40
ln*fdi*	462	3.29	2.27	−4.85	5.68
ln*pat*	462	4.19	0.94	0.30	6.41
cpi	462	2.38	2.35	−4.48	16.33
exc	462	134.29	441.78	0.50	3054.12

第五节 实证分析

一、平稳性分析

为避免变量数据不平稳可能导致的伪回归问题，本节在建模之前先对各变量进行平稳性的单位根检验（见表9-3）。由于部分变量未通过 IPS 和 HT 的单位根检验，本节又对各变量进行一阶差分处理，可以看到各变量的一阶差分均在1%的显著性水平下通过了四个检验。

表9-3　平稳性检验

变量	LLC	IPS	Fisher	HT
ln*imex*	0.0000	0.0148	0.0000	0.4297
D. ln*imex*	0.0000	0.0000	0.0000	0.0000
ln*import*	0.0000	0.0074	0.0000	0.4391
D. ln*import*	0.0000	0.0000	0.0000	0.0000
ln*export*	0.0000	0.0078	0.0000	0.3901
D. ln*export*	0.0000	0.0000	0.0000	0.0000
ln*stock*	0.0000	0.0005	0.0000	0.0724
D. ln*stock*	0.0000	0.0000	0.0000	0.0000
industry	0.0000	0.0317	0.0000	0.0322
D. *industry*	0.0000	0.0000	0.0000	0.0000
labor	0.0000	0.0001	0.0000	0.4656
D. *labor*	0.0000	0.0000	0.0000	0.0000
ln*fdi*	0.0000	0.0000	0.0000	0.0000
D. ln*fdi*	0.0000	0.0000	0.0000	0.0000
ln*pat*	0.0122	0.0012	0.0000	0.6484
D. ln*pat*	0.0000	0.0000	0.0000	0.0000
cpi	0.0000	0.0000	0.0000	0.0000
D. *cpi*	0.0000	0.0000	0.0000	0.0000
exc	0.1026	0.3104	0.0172	0.7969
D. *exc*	0.0000	0.0000	0.0000	0.0000

注：表中数据均为对应检验的 P 值；D. 为变量的一阶差分项。

进一步地，为保证建模过程及结果的准确性，对上述变量进行协整检验（见表9-4）。

表9-4 协整检验

检验方法	被解释变量	检验结果
KAO 检验	$lnimex$	0.0292
Pedroni 检验	$lnimex$	0.0000

由表9-4结果可知，在进出口贸易额作为被解释变量的情况下，使用两种协整检验所得结果在5%的显著性水平下均显著，表明变量之间存在明显的协整关系，可以进一步进行建模分析。

二、动态面板估计结果

本节采用系统GMM的方法对动态面板模型进行估计，同时使用稳健标准误处理，以消除面板模型中存在的异方差问题，回归结果如表9-5所示。模型（1）到模型（7）分别为向模型中逐步引入变量进行回归估计所得结果，可知在逐步向模型中引入变量的过程中滞后一期的被解释变量和核心解释变量均在1%的显著性水平下保持显著，可知人工智能发展对进出口贸易存在显著的影响，并且该影响存在一定的滞后效应。此外，AR（2）和Hansen检验结果表明该模型在5%的显著性水平下均没有充分的理由拒绝原假设，表示模型不存在自相关，并且工具变量都是有效的。

表9-5 动态GMM估计结果

	（1） $lnimex$	（2） $lnimex$	（3） $lnimex$	（4） $lnimex$	（5） $lnimex$	（6） $lnimex$	（7） $lnimex$
$L.\,lnimex$	0.186*** (4.39)	0.187*** (3.79)	0.130*** (2.80)	0.148*** (3.01)	0.095** (2.19)	0.094** (2.12)	0.103** (2.17)
$L2.\,lnimex$	−0.273*** (−5.40)	−0.150** (−2.17)	−0.152** (−2.11)	−0.114* (−1.65)	−0.165*** (−3.10)	−0.167*** (−3.01)	−0.162*** (−2.85)
$lnstock$	0.163*** (6.64)	0.184*** (6.06)	0.241*** (7.84)	0.258*** (8.76)	0.160*** (4.41)	0.160*** (4.60)	0.160*** (4.71)

续表

	(1) lnimex	(2) lnimex	(3) lnimex	(4) lnimex	(5) lnimex	(6) lnimex	(7) lnimex
cpi		0.012*** (3.48)	0.014*** (4.44)	0.014*** (4.62)	0.015*** (5.62)	0.015*** (5.69)	0.015*** (4.97)
exc			0.001*** (-3.75)	0.001*** (-3.86)	0.001*** (-4.83)	0.001*** (-4.82)	0.001*** (-4.77)
$industry$				0.414* (1.89)	0.517** (2.13)	0.512** (2.14)	0.555** (1.97)
$lnpat$					0.472*** (4.18)	0.474*** (4.26)	0.467*** (4.20)
$lnfdi$						0.000 (-0.19)	0.000 (-0.19)
$labor$							-0.096 (-0.18)
$AR(2)$	0.501 (0.67)	0.184 (-1.33)	0.253 (-1.14)	0.211 (-1.25)	0.287 (-1.06)	0.284 (-1.07)	0.272 (-1.10)
$Hansen$	0.065 (32.75)	0.070 (32.47)	0.071 (32.38)	0.080 (31.85)	0.083 (31.70)	0.083 (31.68)	0.082 (31.76)

注：***、**、*分别表示在1%、5%、10%的统计水平上显著；括号中数值为对应的t值。本章余同。

从模型结果可知，在逐步加入控制变量的过程中，滞后一期的进出口贸易额和核心解释变量人工智能水平的系数始终显著为正。在模型（7）中，人工智能水平的系数为0.16，且在1%的水平下显著，表示工业机器人运营存量每提高1%，进出口贸易水平平均增加0.16%，表明在人工智能发展的过程中对进出口贸易的正向促进效应较大，验证了H1，拒绝了H2，人工智能的驱动作用效果更为明显。人工智能的发展作用与各国各行业主要表现为：在一些领域通过与传统要素融合，改善资源的配置效率与质量，通过智能化生产、智能监控等技术实现对传统行业的颠覆。同时，在劳动力市场则表现为对部分领域的传统劳动力实现了替代，促进了工业生产的自动化和流程化，极大程度提高了行业的生产效率，进而提高了进出口贸易的效率。

从控制变量的结果来看，科技创新水平在1%的显著性水平下显著为正，表明科技创新水平的提高能显著促进进出口贸易。其中,科技创新水平的系数为0.467,表明其每提升1%能使进出口贸易水平提高0.467%。一方面,科技创新可以对生产力产生变革性的影响,通过改变社会生产力推动国际贸易的高速发展;另一方面,科技创新及技术信息的大力发展对于促进进出口贸易商品结构的变化也产生了深刻影响,因此科技创新水平在整体上呈现出对进出口贸易的正向效应。汇率的波动,无论是正向还是负向,都会对进出口贸易产生影响。货币升值的情况下,国内市场对各类国际资本的吸引力更强,但持续升值可能也会使大量货币在短时间涌入国内市场,产生经济泡沫。货币贬值能够促进国内产业升级、优化产业结构,但也会导致国外投资成本加大,降低货币在海外的购买力。从实证结果来看,汇率变动对进出口贸易产生了显著的正向作用。从劳动力角度来看,人工智能发展对传统的劳动力产生了替代作用,但是该作用表现为对低等技能和高等技能劳动力的替代作用更强,而对中等技能水平的劳动力替代作用并不显著,即低等技能水平的劳动力占比越高,该行业相应的受人工智能发展的颠覆作用越大。从国际层面来说,劳动力资本在各国之间的流动会相应地减弱,从而表现为不利于行业进出口贸易的结果。而外商直接投资对进出口贸易的作用存在一定的时滞,将外资企业优秀技术应用到本土企业的生产过程中需要一定的时间,故两者短期内没有表现出明显的作用效果。

三、面板门槛估计结果

(一) 门槛效应检验

针对本章研究内容及文献梳理,本节归纳出两个可能的门槛变量,分别为外商直接投资和科技创新水平。外商直接投资可以通过技术外溢效应或影响被投资地区的市场结构来促进东道国的产业结构升级,其对东道国行业的贸易效率可能也会随着投资规模的变化呈现出一定的非线性趋势。科技创新水平的差异主要体现在人工智能发展水平与科技创新能力大体保持相当的趋势,而科技创新对技术贸易能够产生直接的关联,进而影响到进出口贸易水平。

在构建面板门槛模型之前,首先对整理出来的两个门槛变量的门槛效应进行检验,结果如表9-6所示。门槛变量外商直接投资通过了单一门槛的检验,双重门槛和三重门槛的P值分别为0.2200和0.6467,大于0.1,未通过检验。在以科技创新水平为门槛变量时,在5%的显著性水平下通过了双重门槛检验,表明以科技创新水平为门槛变量时存在两个门槛值。进一步将门槛值设置为2对变量进行门槛检验，结果显示外商直接投资通过单一门槛检验，科技创新水平通过双重门槛检验。故最终确定构建以外商直接投资为门槛变量的单一面板门槛模型和以科技创新能力为门槛变量的双重面板门槛模型。

表9-6 门槛存在性检验

门槛变量	门槛数	F值	P值	临界值 1%	临界值 5%	临界值 10%
外商直接投资	单一门槛	15.24	0.0400	20.0729	14.4958	12.4051
	双重门槛	7.26	0.2200	28.8441	20.3618	11.0570
	三重门槛	5.43	0.6467	48.7612	39.5595	33.8055
科技创新水平	单一门槛	61.40	0.0000	27.8631	22.6113	20.5261
	双重门槛	24.60	0.0433	28.6053	24.1377	20.6444
	三重门槛	16.63	0.5600	54.7285	44.3197	35.3708

两个门槛变量各自的门槛值及对应的置信区间如表9-7所示，外商直接投资为单一门槛变量，其门槛值为5.3200，对应的置信区间为［5.2450，5.3300］。科技创新水平为双重门槛变量，门槛值为3.4100和4.6200，对应的置信区间分别为［3.3950，3.4300］和［4.5750，4.6300］。

表9-7 门槛估计值及置信区间

门槛变量	门槛数	估计值	置信区间
外商直接投资	单一门槛	5.3200	［5.2450，5.3300］
劳动力教育水平	双重门槛	3.4100	［3.3950，3.4300］
		4.6200	［4.5750，4.6300］

（二）面板门槛估计结果

基于上述检验结果，本节分别设置外商直接投资的单一门槛模型和科技创新水平的双重门槛模型进行回归，回归结果如表9-8所示。当外商直接投资作为门槛变量时，门槛值5.3200将样本划为两个区间，在不同区间人工智能对进出口贸易的影响存在差异。当外商直接投资水平较高，即高于门槛值5.3200时，人工智能对进出口贸易的影响在1%的显著性水平下显著为正；此时工业机器人运营存量的系数为0.158，表示工业机器人运营存量每增加1%，进出口贸易平均提高0.158%。当外商直接投资水平较低，即小于或等于门槛值5.3200时，人工智能发展水平对进出口贸易的影响为正，估计系数稍小于高水平区间。以上表明，当外商直接投资处于较高水平时，人工智能化发展对进出口贸易的促进效用更加明显，且当投资规模较大时对东道主企业在技术进步、管理经验学习等方面更容易产生较大程度的影响，即规模效应；而当规模较小时只能对部分企业或部分领域产生有限的影响，从而表现为对进出口贸易的作用效果比较微弱。按照门槛值，将不同年份不同国家的样本分成高外商直接投资水平国家和低外商直接投资水平国家，可以发现在所有样本中，仅有中国和美国始终处于高水平行列，其余国家均被划分至低水平行列，呈现出极大的不平衡性，这是由于外商直接投资水平与本国经济体之间存在着密切的联系，随着经济的不断发展，各国之间经济差异缩小，这种现象或许会得到改善。

表9-8 门槛回归结果

	（1）lnimex	（2）lnimex
cpi	0.011*** (7.15)	0.010*** (6.36)
exc	-0.001*** (-8.95)	-0.001*** (-8.47)
labor	0.104 (0.53)	0.0657 (0.33)
industry	0.236* (1.84)	0.149 (1.16)
lnfdi		-0.001 (-0.65)
lnpat	0.383*** (8.38)	
lnimex (lnfid≤5.3200)	0.143*** (10.80)	
lnimex (lnfid>5.3200)	0.158*** (11.61)	

续表

	（1）	（2）
	ln*imex*	ln*imex*
ln*imex*（ln*pat*≤3.4100）		0.184*** (14.75)
ln*imex*（3.4100<ln*pat*≤4.6200）		0.225*** (21.91)
ln*imex*（ln*pat*>4.6200）		0.262*** (23.31)
_cons	9.208*** (50.12)	10.520*** (170.54)
N	462	462

当科技创新水平作为门槛变量，构建双重面板门槛模型并进行回归估计。由结果可知，两个门槛值3.4100和4.6200将样本划分为三个区间，人工智能发展水平在不同区间范围内存在显著的差异。在低水平（pat≤3.4100）时，工业机器人运营存量对进出口贸易的作用效果在1%的显著性水平下表现为显著的正相关，即工业机器人运营存量每增加1%，进出口贸易额平均提高0.184%。在中水平区间（3.4100<pat≤4.6200），人工智能化对进出口贸易的作用效果仍显著为正，核心解释变量系数由0.184上升到0.225，表明其影响作用有一定程度的增强。当科技创新水平跨过第二门槛值4.6200，即在高科技创新能力的区间内，人工智能对进出口贸易的影响系数继续增加，表明当人工智能发展到一定水平后，其对进出口贸易的正向促进作用进一步加强。

随着科技创新能力的不断提升，人工智能发展对进出口贸易的影响呈现出持续上升的趋势。相比于低科技创新水平，科技创新能力较强国家的工业智能水平相对比较成熟，能够对本国对外贸易水平乃至国民经济都产生积极推动作用。这也是近年来各国在高科技领域投入大量人力、物力成本，力争在创新型国家行列占有一席之地的重要性所在。不管是排名靠前的美国、瑞典、德国等，还是相对靠后的土耳其、墨西哥，均在不断摸索建立更完善的技术引进和自主创新之间相互融合吸收、促进提高的机制。

由上述回归结果可知，人工智能发展对进出口贸易存在显著的非线性影响作用，存在明显的门槛效应。将外商直接投资水平作为门槛变量时，两个区间内人工智能化对进出口贸易影响的方向一致，但影响程度存在显著差异。将科技创新水平作为门槛变量时，存在两个门槛值，且在门槛值划分的三个区间内，人工智能化对进出口贸易均呈现正向影响效应。同时考虑上述面板门槛模型中控制变量对进出口贸易的影响，可以发现通货膨胀水平和货币购买力两个变量的估计系数在1%的显著性水平下均显著。

四、稳健性检验

为确保原模型估计的稳健性，本节考虑从以下几个方面进行稳健性检验：使用最小二乘法估计（OLS）对模型重新回归；构建固定效应模型进行估计；替换核心被解释变量，重新构建动态面板模型进行 GMM 估计。得到的结果如表9-9中模型（1）至模型（4）所示。模型（1）和模型（2）的结果显示人工智能的系数分别为0.131和0.146，在1%的显著性水平下显著为正，与上文实证结果基本保持一致。模型（3）和模型（4）分别将核心被解释变量由进出口贸易额替换为进口贸易额和出口贸易额，结果显示核心解释变量在1%的显著性水平下仍显著为正。总的来说，虽然各模型中核心解释变量人工智能化水平系数的绝对值大小有所差别，但符号并未发生变化，且绝对值差异也仅在较小范围内波动，表明原模型的估计结果是稳健有效的。

表 9-9　稳健性检验

	（1）	（2）	（3）	（4）
	ln*imex*	ln*imex*	ln*imex*	ln*imex*
ln*stock*	0.131 *** (8.00)	0.146 *** (7.74)	0.189 *** (4.45)	0.153 *** (3.51)
cpi	0.005 (1.22)	0.012 *** (4.90)	0.015 *** (4.18)	0.014 *** (4.94)
exc	0.001 (1.64)	−0.001 *** (−9.60)	−0.001 *** (−4.09)	−0.001 *** (−4.00)
ln*pat*	0.664 *** (21.79)	0.396 *** (5.06)	0.419 *** (3.17)	0.445 *** (3.33)
industry	0.745 *** (6.00)	0.250 (1.39)	0.422 (1.59)	0.645 ** (2.18)
ln*fdi*	−0.005 (−0.86)	−0.000 (−0.20)	−0.001 (−0.38)	0.001 (0.07)

续表

	（1）	（2）	（3）	（4）
	ln*imex*	ln*imex*	ln*imex*	ln*imex*
labor	0.0853 (0.46)	0.162 (0.53)	0.576 (0.89)	-0.781 (-1.24)
L. ln*imp*			0.0529 (1.04)	
*L*2. ln*imp*			-0.183*** (-3.30)	
L. ln*exp*				0.152*** (2.67)
*L*2. ln*exp*				-0.156** (-2.22)
_cons	7.944*** (78.84)	9.129*** (28.01)		
N	462	462	363	363

综上所述，本章利用中国和32个OECD国家数据构建动态面板模型和门槛效应模型，从国家层面分别探讨人工智能对进出口贸易影响表现出来的时滞和非线性作用。首先，将滞后一期的被解释变量引入模型构建动态面板模型，结果显示人工智能对进出口贸易的效果存在一定的时间滞后，但总体上呈现出显著的正向影响作用。随后，分别将外商直接投资和科技创新水平作为门槛变量构建面板门槛模型，研究人工智能和进出口贸易之间的非线性关系。当门槛变量为外商直接投资时，人工智能对进出口贸易的影响随着门槛值的增大而增大；当门槛变量为科技创新水平时，随着门限值的增加，人工智能对进出口贸易同样表现出影响作用逐步扩大的态势。

第六节　结论与建议

本章基于理论分析人工智能化对进出口贸易的影响，并利用中国和32个OECD国家的国际数据基于动态面板模型和面板门槛模型进行了实证分析与检验，得到主要结论如下：在基于 2005~2018 年中国和 32 个 OECD 国家的国际数据中，本章首先建立动态面板模型研究人工智能化和进出口贸易之间影响的滞后效应，同时利用面板门槛模型研究二者之间的非线性影响关系。从实证分析结果来看，人工智能化对进出口贸易的影响作用存在明显的滞后效应。在非线性关系的分析中，通过理论与实证分析，本章找出两个门槛变量，分别为外商直接投资和科技创新水平。在以外商直接投资为门槛变量时，存在一个门槛值，研究得出随着外商直接投资的增加，人工智能化对进出口贸易的促进作用明显提升，呈现出显著的非线性影响关系。在以科技创新水平为门槛变量时，存在两个门槛值，随着门槛值的提高，进出口贸易受人工智能化正向促进的影响作用逐渐加强。对外贸易作为我国经济增长的重要动力，为了应对人工智能对贸易产生的各种影响，我国未来需要在下述几个方面着力：

第一，要坚定不移地大力发展人工智能。一方面，人工智能化水平较低的行业应当加快基础设施建设，开启追赶模式，因地制宜选择适合行业的差异化发展战略，促进行业转型升级。另一方面，我国也应当聚集创造良好的载体和环境，加大人力资本和科学研究投入，推进重点领域数字产业融合发展，推动创新变革，激发创新活力，不断提高我国出口企业国际竞争力。同时，"人工智能+"经济模式正逐渐成为重组全球要素资源、重塑全球经济结构、改变全球竞争格局的关键力量，我国也需要加快人工智能领域的国际合作，以应对由不同国家贸易中的"数字鸿沟"引起的技术差距，实现各国协调发展，共同促进国际贸易良性互动。

第二，要不断优化劳动力市场结构。我国一方面，需要通过制订数字技能提升转向培训计划，扩大优质数字资源供给，提升全民数字素养和技能，同时积极引进优秀外资企业和创业团队，完善相关贸易政策，促进贸易主体转型和贸易方式变革。另一方面，正确处理好人工智能化发展和劳动力市场结构之间的关系，结合当前国内国际大形势，同时考虑产业结构升级、经济发展水平和经济开放程度等条件的变化，大力推进数字产业化和产业数字化，推动数字经济和实体经济相结合，综合制定最佳优化策略，确保劳动力在行业间的合理流动。

第三，要主动推动对外开放并引导外资流向。我国应当坚持改革开放的基本国策不动摇，积极对外发展，以制度开放为引导，着手构建同国际先进制度接轨的法制条款、管理体系、运行机制等，积极推进更高水平对外开放。同时也应当抓住世界科技革命和产业变革的先机，加强关键核心技术攻关，加快新型基础设施建设,加大科研创新人才培养投入,大力推动国内人工智能发展稳步前进,不断吸引外资流入,稳住外贸外资基本盘。并在此基础上合理调配,促进其在国内的流动能够辐射更大范围、更宽领域、更深层次,以得到最大效率的使用。

参考文献

[1] 安辉,黄万阳.人民币汇率水平和波动对国际贸易的影响——基于中美和中日贸易的实证研究[J].金融研究,2009(10):83-93.

[2] 陈彦斌,林晨,陈小亮.人工智能、老龄化与经济增长[J].经济研究,2019(7):47-63.

[3] 党琳,李雪松,申烁.制造业行业数字化转型与其出口技术复杂度提升[J].国际贸易问题,2021(6):32-47.

[4] 高敬峰,王彬,宋玉洁.美国制造业回流对中国国内价值链质量的影响研究[J].世界经济研究,2020(10):121-134+137.

[5] 高铁梅,康书隆.外商直接投资对中国经济影响的动态分析[J].世界经济,2006(4):22-30+95.

[6] 耿子恒,汪文祥.人工智能对产业发展影响的研究进展[J].企业经济,2021(10):31-40.

[7] 郭凯明.人工智能发展、产业结构转型升级与劳动收入份额变动[J].管理世界,2019(7):60-77+202-203.

[8] 郭敏,方梦然.人工智能与生产率悖论:国际经验[J].经济体制改革,2018(5):171-178.

[9] 金朝辉,朱孟楠.人民币实际汇率变动对出口贸易的影响[J].国际贸易问题,2021(5):143-160.

[10] 林晨,陈小亮,陈伟泽,等.人工智能、经济增长与居民消费改善:资本结构优化的视角[J].中国工业经济,2020(2):61-83.

[11] 路玮孝,孟夏.工业机器人应用、就业市场结构调整与服务贸易发展[J].国际经贸探索,2021(9):4-20.

[12] 吕越,谷玮,包群.人工智能与中国企业参与全球价值链分工[J].中国工业经济,2020(5):80-98.

[13] 任志成,戴翔.劳动力成本上升对出口企业转型升级的倒逼作用——基于中国工业企业数据的实证研究[J].中国人口科学,2015(1):48-58+127.

[14] 孙穗, 朱顺和. 中国对外直接投资对东盟国家进出口贸易的影响研究——基于信息通信技术视角 [J]. 工业技术经济, 2020 (5): 38-46.

[15] 田云华, 周燕萍, 邹浩. 人工智能技术变革对国际贸易的影响 [J]. 国际贸易, 2020 (2): 24-31.

[16] 魏浩, 陈开军. 国际人才流入对中国出口贸易影响的实证分析 [J]. 中国人口科学, 2015 (4): 72-82+127-128.

[17] 杨丽花, 张美娟. 美国"再工业化"及其对中国先进制造业发展的启示 [J]. 新视野, 2013 (5): 33-36.

[18] 易靖韬, 傅佳莎. 企业生产率与出口: 浙江省企业层面的证据 [J]. 世界经济, 2011 (5): 74-92.

[19] 张军, 郭希宇. "互联网+"对中国对外贸易影响效应的实证研究 [J/OL]. 重庆工商大学学报（社会科学版）, 2020 (6): 1-13 [2021-07-13]. http://kns.cnki.net/kcms/detail/50.1154.C.20201221.1345.002.html.

[20] 张菀洺, 张珊珊. 中国对外贸易的影响因素研究 [J]. 数量经济技术经济研究, 2020 (11): 81-98.

[21] Acemoglu D, Restrepo P. Low-Skill and High-Skill Automation [J]. Social Science Electronic Publishing, 2018, 12 (2): 204-232.

[22] Acemoglu D, Restrepo P. Robots and Jobs: Evidence from US Labor Markets [J]. Journal of Political Economy, 2020, 128 (6): 2188-2244.

[23] Amighini A A, Rabellotti R, Sanfilippo M. Do Chinese State-owned and Private Enterprises Differ in Their Internationalization Strategies? [J]. China Economic Review, 2013, 27: 312-325.

[24] Boyd D, Caporale G M, Smith R. Real Exchange Rate Effects on The Balance of Trade: Cointegration and The Marshall-Lerner Condition [J]. International Journal of Finance & Economics, 2021, 6 (3): 187-200.

[25] Brynjolfsson E, Hitt L M. Computing Productivity: Firm-level Evidence [J]. Review of Economics and Statistics, 2003, 85 (4): 793-808.

[26] Brynjolfsson E, McAfee A. The Second Machine Age [M]. New York: Norton, 2009.

[27] Frey C B, Osborne M A. The Future of Employment: How Susceptible are Jobs to Computerization? [J]. Technological Forecasting and Social Change, 2017,

114：254-280.

[28] Girma S, Kneller R, Pisu M. Do Exporters Have Anything to Learn from Foreign Multinationals? [J]. European Economic Review, 2007, 51 (4)：993-1010.

[29] Kasahara H, Lapham B. Productivity and The Decision to Import and Export：Theory and Evidence [J]. Journal of International Economics, 2013, 89 (2)：297-316.

[30] Liu X M, Wang C G, Wei Y Q. Causal Links between Foreign Direct Investment and Trade in China [J]. China Economic Review, 2001, 12 (2)：90-202.

[31] Melitz M J. The Impact of Trade on Intra-Industry Reallocations and Aggregate Industry Productivity [J]. Econometrica, 2003, 71 (6)：1695-1725.

[32] Prettner K. A Note on The Implications of Automation for Economic Growth and The Labor Share [J]. Macroeconomic Dynamics, 2019, 23 (3)：1294-1301.

第十章

智能制造与全球价值链分工地位

探究智能制造对全球价值链分工地位的影响,对制造业转型升级和工业4.0发展均具有重大战略意义。本章在梳理和归纳智能制造对全球价值链分工地位的影响机理基础上,利用我国2006~2015年制造业细分行业的面板数据,考察了智能制造对全球价值链分工地位的影响。研究发现:整体上,智能制造对提升我国制造业全球价值链分工地位具有显著的促进作用,该促进作用在非技术密集型行业和高使用密度行业更为显著;人力资本、服务化水平和全要素生产率,均是智能制造影响全球价值链分工地位的有效路径。重视并不断推进智能制造水平,成为我国制造业迈向全球价值链中高端分工地位的关键所在。

第一节 引言与文献综述

我国目前已经是世界第一制造大国，2019年制造业在全球产业链中的占比接近30%。但是，我国制造业也面临着低端产业产能过剩、高端产业产能不足的尴尬局面，粗放型、高能耗、高污染等特点使我国制造业的国际竞争力水平与"世界工厂"的地位并不匹配。更为严峻的是，近年来全球贸易摩擦和贸易保护主义"抬头"，在一定程度上削弱了我国相对完整的产业链带来的竞争优势，我国制造业在未来甚至可能面临来自发达国家和发展中国家的双重夹击（高柏和朱兰，2020）。因此，加快我国制造业转型升级，由制造业大国向制造业强国迈进，是实现我国经济高质量发展的必由之路。当前，在大数据、人工智能、云计算、物联网等新兴数字技术迅猛发展的背景下，智能制造能够有效实现个性化定制和大批量生产的融合，大幅提升服务水平，延展工业生产的价值链条，并推动产业形态从生产型制造向服务型制造转变（卢阳光等，2019），发展智能制造已然成为我国制造业转型升级的主要选择。

智能制造是在制造业生产过程中强调运用新一代信息通信技术，将人工智能应用于生产运作系统中，使其能够自感知、自决策和自执行（李廉水等，2019），通过感知、人机交互、决策、执行和反馈，实现产品设计过程、制造过程和企业管理及服务的智能化，是信息技术与制造技术的深度融合与集成（张曙，2014）。近年来，我国政府十分重视制造业智能化转型升级，接连出台了《中国制造2025》《关于深化制造业与互联网融合发展的指导意见》《2016年智能制造试点示范项目推荐的通知》《关于深化"互联网+先进制造业"发展工业互联网的指导意见》《关于加快推进制造业转型升级的意见》等系列文件，积极布局并完善智能制造生态体系建设，将其作为制造业转型升级的主攻方向。那么，智能制造能否改善全球价值链分工地位，我国大力发展智能制造是否有助于从当前低端价值链分工地位中突围，就成为一个十分关键的问题。

制造业作为国民经济主体行业，一直以来其全球价值链（简称GVC）分工地位问题备受学术界关注，研究成果较为丰富。全球价值链在本质上是根据国家和地区要素禀赋优势的不同对产品生产环节进行配置，从而形成的国际生产网络

（戴翔和张为付，2017），因此要素禀赋在 GVC 地位提升中具有重大作用。大量研究表明，制造业整体的 GVC 分工地位与要素禀赋及其结构密切相关（黎峰，2015；Choi，2015）。技术因素对 GVC 分工地位也具有影响，增加研发投入、提升技术密集度能够提升 GVC 分工地位（Fang 等，2015）。人力资本对提高出口技术复杂度具有显著的促进作用（郑展鹏和王洋东，2017），但更有利于促进资本技术密集型行业全球价值链地位的提升（耿晔强和白力芳，2019），我国出口产品技术水平的推动因素逐渐从非熟练劳动力转变为熟练劳动力，其对出口复杂度较高的产品影响较大（黄永明和张文洁，2012）。制度质量（Feenstra 等，2013）、金融发展水平（吕越等，2016）、制造业服务化（刘斌等，2016）和外商直接投资（Amendolagine 等，2019）等因素均会对制造业 GVC 分工地位产生影响。

学术界目前探讨较多的是人工智能或智能制造对劳动力市场的影响。人工智能对总体劳动力需求的影响具有不确定性（Brynjolfsson 等，2018），对劳动收入份额的影响方向也是不确定的（Sachs 和 Kotlikoff，2012；郭凯明，2019），探讨人工智能对上述经济变量的影响，需要充分考虑资本和劳动的替代弹性，不同行业其影响会存在较大的异质性。人工智能对劳动力就业结构也会产生巨大影响，且对高中和初中劳动力替代作用明显（孙早和侯玉琳，2019）。此外，以工业机器人运用为标志的智能制造还能够提升全要素生产率（Graetz 和 Michaels，2018），促进企业回报率和利润的提升（Ren 等，2018）。

目前，关于智能制造对全球价值链分工地位影响主要集中在机理讨论或案例分析，大部分研究都认为智能制造将有利于全球价值链分工地位的改善。易开刚和孙漪（2014）讨论了智能制造对民营企业制造"低端锁定"困境的突破机制及突破路径，认为智能制造所具备的特征能打破价值链"低端锁定"的本质，改变"低端锁定"的成因，从而提升民营制造质量。吕文晶等（2019）以案例研究方式，剖析了海尔 COSMOPlat 的智能制造模式与全球价值链具体的升级路径，发现智能制造是中国制造业企业实现全球价值链升级的有效途径。李廉水等（2019）认为，基础层面的制造业企业为寻求转型升级而对各环节进行智能化投入，进而引发制造业企业之间的关联和产业结构的转变，国家则会从宏观层面通过政策激励和限制等手段，对制造业进行引导和服务，以实现制造业价值链的攀升。更多关于智能制造的研究，主要讨论了对技术能力（史永乐和严良，2019）、产业结构转型升级（郭凯明，2019）、劳动力就业结构（孙早和侯玉琳，2019）、制造业服务化水平（邓洲，2018）等因素的影响，从而间接对全球价值链分工地位产生作用。

从已有相关研究文献来看：其一，探讨智能制造对于全球价值链分工地位的影响，在我国当前宏观经济背景下具备很强的理论和现实意义；其二，目前已有研究主要为理论或案例分析，缺乏实证类研究，无法量化具体影响的大小；其三，由于研究难度较大，已有研究更多是针对单一层级视角下的探究，缺乏将研究对象整体与结构相结合的系统性分析。为厘清上述问题，本章将利用我国制造业细分行业数据，通过相应计量方法深入系统地探究智能制造对全球价值链分工地位的影响，以此对我国智能制造的推进和全球价值链分工地位变动提供一定的理论参考。

第二节 机理分析和研究假设

智能制造作为一种新的经济活动形态，目前专门探讨其对全球价值链影响的已有研究并不多，相互影响的机理尚不清晰。但是，归结起来，智能制造至少可以通过下述四个路径来影响全球价值链的分工地位：

第一，劳动力的人力资本路径。智能制造可被视作是一种实现自动生产的新技术（Acemoglu 和 Restrepo，2019），其对劳动密集型生产方式的替代具有很强的偏向性（郭凯明，2019）。一般情形下，企业发展智能制造可以提高技术密集度，能够促使劳动力通过再学习向技能型劳动力转变，并加剧先进设备对低技能劳动者的替代作用，对高技能劳动者就业存在正向影响（韩民春等，2020），从而推动劳动力结构的转型升级。孙早和侯玉琳（2019）在研究智能化对不同教育程度劳动者替代作用时，发现工业智能化将促使先进设备替代初中和高中学历劳动力，并增加对高、低教育程度劳动力的需求，导致中国劳动力就业结构整体上呈现出两极化特征。尽管会出现两极化情形，但智能制造对劳动力人力资本的影响总体上应该是正向的，而人力资本是影响全球价值链分工地位的重要因素（耿晔强和白力芳，2019）。

第二，资本和技术路径。智能制造尤其是工业机器人、信息系统的大量应用，在一定程度上可以被视为企业的智能物质资本投入（孙早和侯玉琳，2019）。

与此同时，智能制造与许多数字化技术密切相关，其也被认为是企业改善生产经营环节的技术投入。由于智能制造可以节约企业人力成本，提升经营绩效，从而能够加快资本累积的速度，实现从劳动密集型产业到资本和技术密集型产业的跃升（董桂才，2016）。资本与技术密集型行业的出口复杂度要高于劳动密集型产业（李小平等，2015），从而能够推进我国出口产品技术结构的升级，提升制造业 GVC 分工地位。

第三，服务化路径。借助于现代信息技术和智能设备，企业可以根据消费者的需求从单纯的产品制造商向服务提供者转变，促进制造业服务化转型、增强制造业质量控制能力（邓洲，2018），这有助于加速制造业服务化进程，并通过提升出口产品质量、增强技术复杂度、增加贸易附加值，以提升企业在价值链体系中的分工地位，从而实现对制造业价值链的重塑（史永乐和严良，2019）。

第四，全要素生产率路径。全要素生产率对企业的全球价值链参与水平的提升具有显著影响（吕越等，2017）。人工智能本质上也是一种技术，拥有模仿大脑工作的能力，使机器不仅能够像过去一样进行重复性的简单劳动，还能够扮演更多种复杂的社会角色，而技术进步有利于生产效率的提升（闫雪凌等，2020）。由此，人工智能在替代劳动力要素的同时，也能显著提高企业的全要素生产率，继而提高全球价值链的参与水平（吕越等，2020）。

因此，基于以上分析，本章提出下述理论假设：

H1：总体来看，发展智能制造会显著促进制造业全球价值链分工地位的提高。

智能制造对于全球价值链分工地位的影响大小和方向，在不同技术密集程度的行业内可能表现出明显的异质性。低技术行业相对更少运用工业机器人（Lehn，2019），更多的机器人使用主要集中在中等技术行业中，这是因为，高技术行业的岗位不容易被计算机所替代，而中等技能行业主要从事结构化程度更高的常规任务，与机器人所执行的任务形成相互替代的关系，更容易受到新技术的冲击（闫雪凌等，2020）。智能化对就业结构的影响也具有明显差异，工业智能化会减少对高中和初中教育程度劳动力的就业需求，增加对大学专科及以上和小学及以下劳动力的就业需求，出现所谓的两极化现象（孙早和侯玉琳，2019）。总体来看，智能制造对技术密集型行业全球价值链分工地位的影响，会小于劳动密集型行业，这与吕越等（2020）的结果有所不同。智能制造的实现需要人机互联、机机互联，这种无缝对接能够充分实现整个系统的信息交流与分析，实现资源整合和规模效应（李永红和王晟，2017）。此外，信息还通过企业集群向市场渗透，形成规模效应，提高经营效益（柳洲，2015）。可见，智能化水平的不断提高会形成规模效应，从而使高智能化水平行业中智能制造对全球价值链分工地位的影响会大于低智能化水平行业。

因此，基于以上分析，本章提出下述假设：

H2：在技术密集型行业，智能制造对全球价值链分工地位的影响会小于非技术密集型行业。

H3：在高智能化水平行业，智能制造对全球价值链分工地位的影响会大于低智能化水平行业。

第三节 研究设计

一、模型设定

本章在 Acemoglu 和 Restrepo（2019）研究的基础上，对面板模型进行选择与检验。传统 Hausman 统计量为负值，检验失效，故进一步采用修正的 Hausman 检验，得出修正的 Hausman 统计量为 28.59，对应 P 值为 0.0001，因此拒绝原假设，选择固定效应模型。综上，本章构建了计量模型（10-1），来实证检验我国智能制造对制造业细分行业全球价值链分工地位的影响。

$$\ln gvcis_{it} = \beta_0 + \beta_1 \ln rbts_{it} + \sum control_{it} + \sigma_i + \lambda_t + \varepsilon_{it} \quad (10-1)$$

其中，i 代表行业，t 代表年份；$gvcis_{it}$ 表示 i 行业 t 年的全球价值链分工地位；$rbts_{it}$ 表示 i 行业 t 年的工业机器人存量；$\sum control_{it}$ 表示其他控制变量。此外，σ_i 代表行业固定效应；λ_t 代表年份固定效应；ε_{it} 代表随机扰动项。

二、变量选择

被解释变量：制造业全球价值链分工地位（gvcis）。目前，度量全球价值链分工地位主要有两种方法：一是利用价值链后向参与度和前向参与度来构建分工地位指标；二是利用出口国内和国外所得份额构建 GVC 地位指数。两种方法各有优劣，但考虑到利用世界投入产出表（WIOD）数据对我国制造业各细分行业参与度测算，需要重新考虑不同行业分类的对应问题，且只能得到 2014 年及之前的结果，因此，这里借鉴杨仁发和李娜娜（2018）的做法，以 GVC 地位指数测算中国制造业全球价值链分工地位。

$$gvc_{it} = \ln(1+IV_{it}/E_{it}) - \ln(1+FV_{it}/E_{it}) \tag{10-2}$$

其中，gvc_{it} 表示 i 行业第 t 年全球价值链地位；IV_{it} 表示 i 行业第 t 年出口中间附加值，也就是由进口国加工再出口至第三国的价值增加值部分；FV_{it} 表示 i 行业第 t 年出口中的国外附加值；E_{it} 表示 i 行业第 t 年总出口。考虑到模型中被解释变量取对数时有意义，这里将 gvc_{it} 加 1 得到 $gvcis_{it}$ 来表征 i 行业第 t 年全球价值链分工地位。$\ln gvcis_{it}$ 越大，代表 i 行业第 t 年所处全球价值链分工地位越高。

核心解释变量：智能制造水平（$rbts$）。度量智能化水平包括单指标和多指标综合评价两种方法。由于行业层面的数据受限，多指标综合评价方法难以实施。因此，本章选择目前最能代表智能制造水平的变量，即工业机器人存量来刻画。IFR 提供的代表中国制造业各行业工业机器人使用情况的变量有两个：一是某行业某年工业机器人新安装数量；二是某行业某年工业机器人的存量。这里采用 lnrbts（工业机器人年度存量的对数值）来衡量智能制造水平，需要注意的是，由于 $rbts$ 变量中有部分数据取值为零，所以此处采用 $rbts+1$ 之后再取对数得到 lnrbts；将考虑在模型中使用 lnrbtn（工业机器人年度新安装量的对数值）替代 lnrbts 作为智能制造水平进行稳健性检验，lnrbtn 的处理方式与 lnrbtn 保持一致。

其他控制变量。借鉴黎峰（2015）、Choi（2015）、Fang 等（2015）、Amendolagine 等（2019）、闫雪凌等（2020）的研究，考虑加入以下控制变量：①外商直接投资（lnfdi）。采用各行业规模以上企业的外商资本（结果取自然对数处理）衡量。②行业规模（lnsc）。采用各行业规模以上企业的工业总产值除以制造业行业总产值（结果取自然对数）衡量。③行业出口依存度（lneo）。采用各行业规模以上企业的出口额除以各行业规模以上企业的工业总产值（结果取自然对数）衡量。④盈利能力（lnprof）。考虑到存在部分行业在部分年份出现负利润，采用各行业规模以上企业的利润总额的绝对值（取自然对数）再乘以相应利润总额的符号系数表示。⑤研发投入比率（lnrd）。采用各行业规模以上企业的科研内部支出除以销售收入（取其自然对数）衡量，考虑到研发投入对 GVC 影响的滞后效应，取上一期研发投入比率作为本期实际的研发投入比率。

三、数据来源

被解释变量（gvcis）是根据 2018 年 12 月 OECD-WTO 联合发布的附加值贸

易（TiVA）数据库计算得到。核心解释变量（rbts）是根据 IFR 提供的中国制造业分行业工业机器人数据整理得到。其他控制变量是根据《中国工业统计年鉴》和《中国科技年鉴》整理得到。由于上述三类变量的数据来源不同，并且它们对于制造业细分行业的划分标准不同，经过详细比较 ISIC Rev 4.0 和 GB/T 4754—2017 的具体内容，最后把本章的研究行业确定为 13 个行业。TiVA 数据库提供的中国制造业分行业数据区间为 2005~2015 年；IFR 提供的中国制造业分行业工业机器人数据区间为 1993~2018 年，但是 2006 年以前绝大部分数据值均为零；考虑到数据可得性和有效性，本章研究的时间区间为 2006~2015 年。各变量的描述性统计结果如表 10-1 所示。

表 10-1 各变量的描述性统计

变量	样本量个数	均值	中位数	标准差	最小值	最大值
ln$gvcis$	130	0.2091	0.2142	0.0563	-0.0005	0.3321
ln$rbts$	130	5.4638	5.9321	3.1543	0.0000	11.4414
lnfdi	130	7.3485	7.3042	0.7824	5.1389	9.1179
lnsc	130	-2.0655	-2.2629	1.0718	-3.9598	-0.0316
lneo	130	-2.1626	-2.1124	0.6791	-3.6342	-0.8236
ln$prof$	130	7.5051	7.6833	1.8571	-6.4929	9.1934
lnrd	130	-5.0873	-5.0605	0.6862	-7.1081	-3.7299

第四节　计量结果与分析

一、基准回归结果

本章在仅控制行业固定效应和同时控制行业、年份效应两种情况下，对基准回归模型（1）进行参数估计，可分别得到相应回归结果，具体如表 10-2 和表 10-3 所示。同时，在控制两种固定效应的基础上，逐步引入控制变量，以观测回归结果是否会产生较大变动。

表 10-2　仅控制行业固定效应回归结果

	（1）	（2）	（3）	（4）	（5）	（6）
lnrbts	0.0085*** (0.0015)	0.0048*** (0.001)	0.0048*** (0.0012)	0.0043*** (0.001)	0.0040*** (0.0011)	0.0063*** (0.0014)
lnfdi		0.0298*** (0.007)	0.0300*** (0.0069)	0.0264*** (0.0055)	0.0264*** (0.0055)	0.0187** (0.0078)
lnsc			−0.0035 (0.0378)	−0.0185 (0.0368)	−0.0195 (0.0364)	−0.0388 (0.0382)
lneo				−0.0152 (0.0142)	−0.0153 (0.0139)	−0.0205 (0.0137)
lnprof					0.0009** (0.0004)	0.0015** (0.0006)
lnrd						0.0466*** (0.0088)
cons	0.1627*** (0.0084)	−0.0363 (0.0522)	−0.0451 (0.1003)	−0.0793 (0.1086)	−0.0864 (0.1082)	0.1384 (0.1092)
样本量	130	130	130	130	130	130
R^2	0.3701	0.4274	0.4275	0.4338	0.4357	0.6012

注：***、**分别表示在1%、5%的显著性水平下显著。

表 10-2 中的列（1）至列（6）结果显示，在仅控制行业固定效应时，核心解释变量 lnrbts 的估计系数在1%的显著性水平下显著为正，与本章前面的预期 H1 相符。表 10-3 中的列（1）至列（6）结果显示，在同时控制行业和年份固定效应后，核心解释变量 lnrbts 的估计系数均在11%的水平上显著为正，与 H1 相符。回归结果反映出，智能制造水平能够显著提高我国制造业分行业全球价值链分工地位，H1 得证。

表 10-3　同时控制行业固定效应以及年份效应的回归结果

	（1）	（2）	（3）	（4）	（5）	（6）
lnrbts	0.0051*** (0.0012)	0.0031** (0.0012)	0.0032** (0.0012)	0.0032** (0.0013)	0.0032** (0.0013)	0.0049*** (0.0015)
lnfdi		0.0237*** (0.0043)	0.0240*** (0.0041)	0.0243*** (0.0045)	0.0244*** (0.0045)	0.0132* (0.0070)

续表

	（1）	（2）	（3）	（4）	（5）	（6）
lnsc			−0.0071 (0.0376)	−0.0043 (0.0339)	−0.0048 (0.0333)	−0.0103 (0.0330)
lneo				0.0031 (0.0149)	0.0027 (0.0151)	0.0173 (0.0160)
lnprof					0.0002 (0.0004)	0.0001 (0.0005)
lnrd						0.0538*** (0.0098)
cons	0.1676*** (0.0071)	0.0084 (0.0325)	−0.0092 (0.0894)	0.0003 (0.0835)	−0.0027 (0.0795)	0.3523*** (0.0973)
样本量	130	130	130	130	130	130
R^2	0.4151	0.4471	0.4474	0.4476	0.4476	0.6522

注：***、**、*分别表示在1%、5%、10%的显著性水平下显著。

控制变量方面，在仅控制行业固定效应的情况下，盈利能力的影响系数显著为正，但在同时控制行业和年份固定效应时，并无统计显著性。外商直接投资与全球价值链分工地位在两种固定效应控制方式下均显著正相关，表明外商直接投资能够通过引进技术，改善现有技术水平，从而提高出口产品质量，增加出口附加值，提升制造业全球价值链分工地位。这与杨仁发和李娜娜（2018）、李怡和李平（2018）的结论相似。研发投入比率与全球价值链分工地位显著正相关，表明研发投入比率的提高会带来更多新的中间产品，这些中间产品会被用到最终产品部门，从而提升制造业全球价值链的分工地位。这与余海燕和沈桂龙（2020）的研究结论相似。这些均说明，自主研发能明显扩大国际贸易增值，从而提升全球价值链分工地位。

二、内生性处理

上述结果虽能够在一定程度上证实智能制造水平对我国制造业全球价值链分工地位具有显著的促进效应，但囿于变量可得性等问题，仍然可能存在遗漏变量等情况而导致内生性问题。如果存在内生性，那么意味着基准回归的基本假定被破坏，所得结论的可靠性也将大打折扣。为此，这里尝试借助工具变量方法解决潜在的内生性问题。

借鉴 Acemoglu 和 Restrepo（2019）、闫雪凌等（2020）的思路，采用美国同行业工业机器人存量 AMrbts 作为我国工业机器人存量的工具变量，相关结果如表 10-4 所示。结果显示，AMrbts 变量能够通过相应检验，在引入工具变量后，智能制造水平对我国制造业细分行业的全球价值链分工地位依然是显著的促进作用，这在一定程度上说明了前述实证结果是可靠的。

表 10-4 工具变量的回归结果

	因变量	
	（1）	（2）
ln$rbts$	0.0044*** (0.0015)	0.0041** (0.0017)
	第一阶段回归	
ln$AMrbts$	0.9644*** (0.0488)	0.8970*** (0.0449)
	模型设定检验	
弱工具变量识别检验	通过	通过
控制变量	是	是
行业固定效应	是	是
年份固定效应	否	是
样本量	130	130

注：***、** 分别表示在 1%、5% 的显著性水平下显著。

三、稳健性检验

本章在基准回归结果中采用了逐步引入控制变量的方式进行了多次回归，回归结果均证明了智能制造水平对全球价值链分工地位的提升有明显的促进效果。为了再次加强研究结果的稳健性，此部分分别采用分行业工业机器人新安装量 ln$rbtn$ 和分行业工业机器人增加量 ln$rbta$ 作为智能制造水平的替代变量，在控制行业固定效应以及同时控制行业和年份固定效应情况下进行回归，具体回归结果如表 10-5 和表 10-6 所示。表 10-5 和表 10-6 中，列（1）和列（2）显示，无论是仅控制行业固定效应，还是同时控制行业和年份固定效应，核心解释变量（ln$rbtn$ 或者 ln$rbta$）的系数均在 5% 的显著性水平下均显著为正。上述稳健性检验结果反映出智能制造水平可以显著提高我国制造业细分行业的全球价值链分工地位，与前面所得到的结论基本上是一致的。

表 10-5 稳健性检验回归结果（一）

	（1）	（2）
ln*rbtn*	0.0052*** (0.0013)	0.0048** (0.0016)
ln*fdi*	0.0274*** (0.0075)	0.0171** (0.0065)
ln*sc*	−0.0431 (0.0372)	−0.011 (0.0313)
ln*eo*	−0.0233 (0.0133)	0.0231 (0.0155)
ln*prof*	0.0022** (0.0008)	0.0001 (0.0005)
ln*rd*	0.0452*** (0.0084)	0.0549*** (0.0105)
cons	0.0578 (0.1004)	0.3414*** (0.0927)
行业固定效应	是	是
年份固定效应	否	是
样本量	130	130
R^2	0.5804	0.6538

注：***、**分别表示在1%、5%的显著性水平下显著。

表 10-6 稳健性检验回归结果（二）

	（1）	（2）
ln*rbta*	0.0044*** (0.0010)	0.0037** (0.0010)
ln*fdi*	0.0585*** (0.0166)	0.0494** (0.0065)
ln*sc*	−0.0430 (0.0283)	−0.0255 (0.0294)
ln*eo*	−0.0212 (0.0149)	0.0044 (0.0180)

续表

	（1）	（2）
ln$prof$	0.0016** (0.0006)	0.0005 (0.0004)
lnrd	0.0507*** (0.0076)	0.0549*** (0.0088)
cons	−0.1344 (0.1268)	0.0429 (0.1271)
行业固定效应	是	是
年份固定效应	否	是
样本量	117	117
R^2	0.6228	0.6493

注：***、**分别表示在1%、5%的显著性水平下显著。

第五节 异质性和机理检验

一、异质性检验与分析

（一）行业技术含量差异分析

工业机器人是人工智能应用于工业生产的重要组成部分，也是智能制造水平的典型代表。智能制造水平对全球价值链分工地位的影响是否会在不同技术含量行业存在差异？本节根据闫雪凌等（2020）的分类方法将样本分为两组：技术密集型行业和非技术密集型行业，然后分别进行回归，结果如表10-7所示。在列（2）中，核心解释变量在10%的显著性水平下显著为正，在列（1）核心解释变量统计上不显著。上述事实说明，在非技术密集型行业，智能制造水平的提升能够促进我国制造业的全球价值链分工地位的提高；但在技术密集型行业，这种影响关系并不显著，可能意味着智能制造水平目前并不会对全球价值链分工地位产生影响。上述实证结果在一定程度上能够证实前面所设定的H2，即非技术密集型行业智能制造水平对全球价值链分工地位的影响会大于技术密集型行业。

表10-7 区分行业技术含量的异质性检验结果

	（1） 技术密集型	（2） 非技术密集型
lnrbts	0.0086 （0.0049）	0.0023* （0.0011）
控制变量	是	是
行业固定效应	是	是
年份固定效应	是	是
样本量	50	80
R^2	0.7578	0.7077

注：*表示在10%的显著性水平下显著。

（二）行业工业机器人使用差异

本节根据工业机器人年度存量将样本分为两组，即低使用密度行业和工业机器人高使用密度行业。从分类结果可以看出，我国制造业中工业机器人使用密度高的有交通运输设备制造业、电子和电气设备制造业及橡胶和塑料制品业，特别是交通运输设备制造业以及电子和电气设备制造业，同时属于技术密集型行业。工业机器人的大量使用容易形成规模效应，使增值贸易增加，能够带动行业全球价值链分工地位的上升。交通运输设备制造业、电子和电气设备制造业在2006~2015年平均全球价值链分工地位处于洼地位置，原因在于，这两个行业中自主高新技术目前还牢牢掌握在他国，这些行业获取的贸易增值更多是来源于全球价值链微笑曲线中的凹点——组装生产。

表10-8的回归结果显示，核心变量在5%的显著性水平下显著为正，表明智能制造水平的提升，能够同时显著促进低使用密度行业和高使用密度行业全球价值链分工地位的提升，但对高使用密度行业全球价值链分工地位的促进作用更强，H3得证。这也从侧面证明了智能制造水平的提升会产生规模效应，对全球价值链分工地位的促进作用更强。同时，研发投入比率在1%的显著性水平下显著为正，表明加大研发力度对行业全球价值链分工地位的提高具有重要作用。

表10-8 区分行业工业机器人使用密度的异质性检验结果

	（1） 低使用密度	（2） 高使用密度
lnrbts	0.0056** （0.0018）	0.0148** （0.0029）

续表

	（1）低使用密度	（2）高使用密度
lnrd	0.0516*** (0.0096)	0.0926*** (0.0039)
其他控制变量	是	是
行业固定效应	是	是
年份固定效应	是	是
样本量	100	30
R^2	0.6747	0.9107

注：***、** 分别表示在1%、5%的显著性水平下显著。

二、影响机理检验与分析

在理论机制分析中，智能制造可能会通过多条传导路径来影响制造业细分行业的全球价值链分工地位。这里尝试检验劳动力人力资本、服务化水平和全要素生产率三条影响路径的有效性。

（一）劳动力人力资本的间接影响

为检验劳动力人力资本对全球价值链分工地位的间接影响，加入人力资本比率（lnhcr）构建间接影响回归模型。

$$\ln hcr_{it} = \alpha_0 + \alpha_1 \ln rbts_{it} + \sum control_{it} + \sigma_i + \lambda_t + \varepsilon_{it} \quad (10-3)$$

$$\ln gvcis_{it} = \beta_0 + \beta_1 \ln rbts_{it} + \beta_2 \ln hcr_{it} + \sum control_{it} + \sigma_i + \lambda_t + \varepsilon_{it} \quad (10-4)$$

其中，lnhcr代表人力资本比率，这里为制造业各行业规模以上企业中，研发人员全是当量除以对应行业年度平均从业人员总计的法定工作时间，总计的法定工作时间为全年天数减去法定休息日天数的结果再乘以每天法定工作时间（按8小时计算）。

具体检验回归结果如表10-9所示。从列（1）可以看出，智能制造水平对人力资本结构的影响在1%的显著性水平下显著为正，表明智能制造水平显著优化了行业人力资本结构。同时根据表10-8中列（2）的结果，人力资本结构对全球价值链分工地位的影响在接近5%的显著性水平下显著为正，说明人力资本结构的优化显著促进全球价值链分工地位的提升，而且此处的影响系数较基准模型偏小一些，符合间接影响途径的逻辑。

表 10-9　劳动力人力资本间接影响的检验结果

	（1） lnhcr	（2） lngvcis
lnrbts	0.1046*** (0.0244)	0.0035* (0.0016)
lnhcr		0.0140** (0.0054)
lnfdi	−0.0668 (0.1079)	0.0141* (0.0075)
lnsc	0.5685 (0.5978)	−0.0183 (0.0383)
lneo	0.1663 (0.3931)	0.0149 (0.0132)
lnprof	0.0038 (0.0169)	0.0000 (0.0004)
lnrd	0.2596** (0.0856)	0.0501*** (0.0087)
cons	−1.3614 (1.6145)	0.3714*** (0.0904)
样本量	130	130
R^2	0.2748	0.6697

注：***、**、*分别表示在1%、5%、10%的显著性水平下显著。

（二）服务化水平的间接影响

为了检验服务化水平对全球价值链分工地位的间接影响，加入服务化水平（lnservice）构建间接影响模型。

$$\text{lnservice}_{it} = \alpha_0 + \alpha_1 \text{lnrbts}_{it} + \sum control_{it} + \sigma_i + \lambda_t + \varepsilon_{it} \quad (10\text{-}5)$$

$$\text{lngvcis}_{it} = \beta_0 + \beta_1 \text{lnrbts}_{it} + \beta_2 \text{lnservice}_{it} + \sum control_{it} + \sigma_i + \lambda_t + \varepsilon_{it} \quad (10\text{-}6)$$

其中，lnservice代表制造业行业服务化水平，这里借鉴刘斌等（2016）的做法，采用完全消耗系数 b_{ij} 表示。

间接影响检验的结果如表10-10所示。从列（1）可以看出，智能制造水平对服务化水平的影响在5%的显著性水平下显著为正，表明智能制造水平显著优化了行业服务化水平。同时根据表10-9中第（2）列的结果，行业服务化水平对全球价值链分工地位的影响在5%的显著性水平下显著为正，说明行业服务化水平的提高显著促进全球价值链分工地位的提升，而且此处的影响系数较基准模型偏小一些，符合间接影响途径的逻辑。

表 10-10 服务化水平间接影响的检验结果

	(1) lnservice	(2) lngvcis
ln*rbts*	0.0107** (0.0040)	0.0035** (0.0015)
ln*service*		0.1375*** (0.0345)
ln*fdi*	−0.0313** (0.0140)	0.0175** (0.0068)
ln*sc*	−0.0553 (0.0762)	−0.0027 (0.0331)
ln*eo*	−0.0097 (0.0201)	0.0186 (0.0160)
ln*prof*	−0.0007 (0.0008)	0.0002 (0.0005)
ln*rd*	0.0137 (0.0134)	0.0519*** (0.0094)
cons	1.0254*** (0.2039)	0.2113** (0.0904)
样本量	130	130
R^2	0.1737	0.6871

注：***、**分别表示在1%、5%的显著性水平下显著。

（三）全要素生产率的间接影响

为了检验全要素生产率对全球价值链分工地位的间接影响，加入全要素生产率（ln*tfp*）构建间接影响模型。

$$\ln tfp_{it} = \alpha_0 + \alpha_1 \ln rbts_{it} + \sum control_{it} + \sigma_i + \lambda_t + \varepsilon_{it} \qquad (10\text{-}7)$$

$$\ln gvcis_{it} = \beta_0 + \beta_1 \ln rbts_{it} + \beta_2 \ln tfp_{it} + \sum control_{it} + \sigma_i + \lambda_t + \varepsilon_{it} \qquad (10\text{-}8)$$

其中，ln*tfp* 代表制造业各行业全要素生产率。这里参考柴志贤（2013）的思路，利用测算得到的不考虑环境约束的各行业传统全要素生产率刻画，具体检验结果如表 10-11 所示。根据表 10-11 列（1）可知，智能制造水平对全要素生产率的影响在5%的显著性水平下显著为正，表明智能制造水平显著提高了行业全要素生产率。同时根据表10-11列（2）的结果，行业全要素生产率对全球价值链分工地位的影响在5%的显著性水平下显著为正，说明行业全要素生产率的提高显著促进全球价值链分工地位的提升，而且此处的影响系数较基准模型偏小一些，也是符合间接影响途径的逻辑。

表10-11 全要素生产率间接影响的检验结果

	(1) ln*tfp*	(2) ln*gvcis*
ln*rbts*	0.0136** (0.0045)	0.0038** (0.0013)
ln*tfp*		0.0840*** (0.0221)
ln*fdi*	−0.0429** (0.0181)	0.0168** (0.0062)
ln*sc*	0.1254 (0.1130)	−0.0208 (0.0380)
ln*eo*	0.1244** (0.0515)	0.0068 (0.0145)
ln*prof*	0.0028 (0.0016)	−0.0002 (0.0006)
ln*rd*	0.0823*** (0.0213)	0.0468*** (0.0087)
cons	0.9840** (0.4279)	0.2697** (0.0981)
样本量	130	130
R^2	0.4875	0.6797

注：***、**、*分别表示在1%、5%、10%的显著性水平下显著。

第六节 结论与政策启示

近年来，大力发展智能制造已经成为我国突破制造业转型升级瓶颈的重要手段，全面客观地评估智能制造对制造业全球价值链分工地位的影响具有重要作用。本章通过对相关文献进行全面梳理，并在归纳影响机理的基础上，提出了待检验的理论假说；在详细比对 ISIC Rev 4.0、GB/T 4754—2017、TiVA 和 IFR 中制造业行业细分的情况下,匹配出了用于本章研究的13个制造业细分行业。进一步,本章利用我国2006~2015年制造业细分行业的面板数据,考察了智能制造对全球价值链分工地位的影响。实证结果表明,智能制造对提升我国制造业分行业全球价值链分工地位具有显著的促进作用,在进行稳健性检验和引入工具变量后,所得结论没有发生变化。异质性分析结果显示,智能制造对全球价值链分工地位的促进作用,在非技术密集型行业作用效果显著,但在技术密集型行业不显著;同时,在工业机器人低使用密度行业和高使用密度行业作用均较为显著,但在高使用密度行业作用相对更大。此外,实证结果还显示,智能制造可以通过劳动力人力资本、服务化水平和全要素生产率三个途径对全球价值链分工地位产生影响。

本章所得研究结论对如何发展智能制造以提升制造业全球价值链分工地位,具有一定的启示意义。

第一,要坚持推进智能制造这一大方向不变,充分发挥其对制造业全球价值链分工地位有效提升作用,促使我国由制造大国向制造强国转变。总体而言,智能制造水平对提升制造业细分行业全球价值链分工地位的正向性作用十分显著。一直以来,我国制造业大而不强、竞争力并不突出,"中国制造"更多是充当了"中国组装"或"中国加工",制造业出口难以获得高附加值。发展智能制造虽然会引起机器人对就业岗位的替代效应,但同时也会对劳动力人力资本结构、服务化水平和全要素生产率产生积极效果。发展智能制造为我国制造业产业升级和向制造业强国迈进提供了一条可行路径。

第二,不同性质行业借助智能制造来提升全球价值链分工地位要有所区别。在非技术密集型行业中,发展智能制造更加能够通过劳动力人力资本结构、服务化水平和全要素生产率等途径,提升行业的全球价值链分工地位。目前,我国智能制造尚处于起步阶段,能够带来一定的规模效应,因而高使用密度行业对全球价值链分工地位的作用较低使用密度行业要大,当然从远期看,这种行业层面的规模效应会随着智能化水平的上升而逐步下降。因此,从全球价值链分工地位角度来看,现阶段在政策层面应当优先支持非技术密集型行业和高使用密度行业中有条件的企业开展智能化建设与升级改造。

第三,贸易争端、逆全球化叠加疫情影响,推进了智能化的发展,增强了制造业的国际竞争力。当前,贸易保护主义盛行,美国和日本均提出了制造业回流战略,其中一个关键性的条件就在于机器人的应用场景更加广泛,智能制造下企业对劳动力的需求将大大减少。加之我国逐步步入老龄化社会,劳动力成本优势和比较优势将慢慢丧失，有一些制造业确实已经流向了越南等国家。我国未来制造业面临的贸易环境势必更加残酷，因而必须未雨绸缪、早做打算，通过逐步推进和发展智能制造来强化竞争优势，只有这样，才能在与欧美发达国家和东南亚国家在制造业世界市场竞争中把握主动权。

参考文献

[1] 柴志贤. 利用外资、环境约束与中国工业全要素生产率的增长——基于Malmquist指数与Malmquist-Luenberger指数的比较研究[J]. 技术经济, 2013 (1): 64-70.

[2] 戴翔, 张为付. 全球价值链、供给侧结构性改革与外贸发展方式转变[J]. 经济学家, 2017 (1): 39-46.

[3] 邓洲. 促进人工智能与制造业深度融合发展的难点及政策建议[J]. 经济纵横, 2018 (8): 41-49.

[4] 董桂才. 中国工业机器人在全球价值链的地位及变化趋势[J]. 中国科技论坛, 2016 (3): 49-54+118.

[5] 高柏, 朱兰. 从"世界工厂"到工业互联网强国：打造智能制造时代的竞争优势[J]. 改革, 2020 (6): 30-43.

[6] 耿晔强, 白力芳. 人力资本结构高级化、研发强度与制造业全球价值链升级[J]. 世界经济研究, 2019 (8): 88-102+136.

[7] 郭凯明. 人工智能发展、产业结构转型升级与劳动收入份额变动[J]. 管理世界, 2019 (7): 60-77+202-203.

[8] 韩民春, 韩青江, 夏蕾. 工业机器人应用对制造业就业的影响——基于中国地级市数据的实证研究[J]. 改革, 2020 (3): 22-39.

[9] 黄永明, 张文洁. 中国出口技术复杂度的演进机理——四部门模型及对出口产品的实证检验[J]. 数量经济技术经济研究, 2012 (3): 49-62+89.

[10] 黎峰. 要素收益差异、贸易分工与"比较收益悖论"[J]. 当代财经, 2015 (9): 86-98.

[11] 李廉水, 石喜爱, 刘军. 中国制造业40年：智能化进程与展望[J]. 中国软科学, 2019 (1): 1-9+30.

[12] 李小平, 周记顺, 王树柏. 中国制造业出口复杂度的提升和制造业增长[J]. 世界经济, 2015 (2): 31-57.

［13］李怡，李平．FDI 对中国工业价值链升级影响的异质性考察［J］．世界经济研究，2018（5）：37-50+135-136．

［14］李永红，王晟．互联网驱动智能制造的机理与路径研究——对中国制造2025 的思考［J］．科技进步与对策，2017（16）：56-61．

［15］刘斌，魏倩，吕越等．制造业服务化与价值链升级［J］．经济研究，2016（3）：151-162．

［16］柳洲．＂互联网+＂与产业集群互联网化升级研究［J］．科学学与科学技术管理，2015（8）：73-82．

［17］卢阳光，闵庆飞，刘锋．中国智能制造研究现状的可视化分类综述——基于 CNKI（2005-2018）的科学计量分析［J］．工业工程与管理，2019（4）：14-22+39．

［18］吕文晶，陈劲，刘进．工业互联网的智能制造模式与企业平台建设——基于海尔集团的案例研究［J］．中国软科学，2019（7）：1-13．

［19］吕越，谷玮，包群．人工智能与中国企业参与全球价值链分工［J］．中国工业经济，2020（5）：80-98．

［20］吕越，吕云龙，包群．融资约束与企业增加值贸易——基于全球价值链视角的微观证据［J］．金融研究，2017（5）：63-80．

［21］吕越，罗伟，刘斌．融资约束与制造业的全球价值链跃升［J］．金融研究，2016（6）：81-96．

［22］史永乐，严良．智能制造高质量发展的＂技术能力＂：框架及验证——基于 CPS 理论与实践的二维视野［J］．经济学家，2019（9）：83-92．

［23］孙早，侯玉琳．工业智能化如何重塑劳动力就业结构［J］．中国工业经济，2019（5）：61-79．

［24］闫雪凌，朱博楷，马超．工业机器人使用与制造业就业：来自中国的证据［J］．统计研究，2020（1）：74-87．

［25］杨仁发，李娜娜．产业集聚、FDI 与制造业全球价值链地位［J］．国际贸易问题，2018（6）：68-81．

［26］易开刚，孙漪．民营制造企业＂低端锁定＂突破机理与路径——基于智能制造视角［J］．科技进步与对策，2014（6）：73-78．

［27］余海燕，沈桂龙．对外直接投资对母国全球价值链地位影响的实证研究［J］．世界经济研究，2020（3）：107-120+137．

[28] 张曙. 工业 4.0 和智能制造 [J]. 机械设计与制造工程, 2014 (8): 1-5.

[29] 郑展鹏, 王洋东. 国际技术溢出、人力资本与出口技术复杂度 [J]. 经济学家, 2017 (1): 97-104.

[30] Acemoglu D, Restrepo P. Automation and New Tasks: How Technology Displaces and Reinstates Labor [J]. Journal of Economic Perspectives, 2019, 33 (2): 3-30.

[31] Amendolagine V, Presbitero A F, Rabellotti R, et al. Local Sourcing in Developing Countries: The Role of Foreign Direct Investments and Global Value Chains [J]. World Development, 2019, 113: 73-88.

[32] Brynjolfsson E, Mitchell T, Rock D. What Can Machines Learn, and What Does It Mean for Occupations and the Economy? [J]. AEA Papers and Proceedings, 2018, 108: 43-47.

[33] Choi N. Global Value Chains and East Asian Trade in Value-Added [J]. Asian Economic Papers, 2015, 14 (3): 129-144.

[34] Fang Y, Gu G, Li H. The Impact of Financial Development on the Upgrading of China's Export Technical Sophistication [J]. International Economics and Economic Policy, 2015, 12 (2): 257-280.

[35] Feenstra R C, Hong C, Ma H, et al. Contractual Versus Non-contractual Trade: The Role of Institutions in China [J]. Journal of Economic Behavior & Organization, 2013, 94: 281-294.

[36] Graetz G, Michaels G. Robots at Work [J]. Review of Economics and Stats, 2018, 100 (5): 753-768.

[37] Lehn C V. Labor Market Polarization, the Decline of Routine Work, and Technological Change: A Quantitative Analysis [J]. Journal of Monetary Economics, 2019, 110 (C): 62-80.

[38] Ren H, Zhou S, Hu A, et al. Industrial Robots and Jobs Turnover: Evidence from Chinese Firm Level Data [J]. SSRN Electronic Journal, 2018.

[39] Sachs J, Kotlikoff L. Smart Machines and Long-term Misery [R/OL]. www.nber.org/papers/w18629.